L'INDUSTRIE DU LIVRE

EN FRANCE ET AU CANADA

Christine Evain

Frédéric Dorel

L'INDUSTRIE DU LIVRE

EN FRANCE ET AU CANADA

Perspectives

L'Harmattan

© L'HARMATTAN, 2008
5-7, rue de l'École-Polytechnique ; 75005 Paris

http://www.librairieharmattan.com
diffusion.harmattan@wanadoo.fr
harmattan1@wanadoo.fr

ISBN : 978-2-296-05699-2
EAN : 9782296056992

Nous souhaitons remercier toutes celles et ceux que nous avons interviewés pour le présent ouvrage et qui nous ont généreusement accordé un temps précieux. Sans leur apport riche en expérience et en analyse nous n'aurions sans aucun doute pas été à même de restituer la réalité des situations souvent critiques que nous abordons. En particulier, nous remercions Nic Diament de La Joie par les livres en France et Jim Douglas au Canada, qui nous ont spontanément ouvert leurs précieux carnets d'adresses, Fabrice Piault de Livres Hebdo, qui a consacré du temps et de l'énergie à la relecture de ce livre, et enfin Luc Pinhas de l'Université Paris XIII, qui en a écrit la préface.

Puis, par ordre alphabétique : Pierre Astier (agent), Margaret Atwood (auteur), Marie-Hélène Baron (Bibliothèque de Centrale Nantes), Michelle Benjamin (Pole Star, Raincoast), Olivier Bessard-Banquy (Université Bordeaux III), Roberta Cinni (Bologna Book Fair), Louise Dennys (Random House Canada), Jim Douglas (Douglas & McIntyre's Canada), Colette Gagey (Bayard Jeunesse), Etienne Galliant (Alliance des Editeurs Indépendants), Douglas Gibson (McClelland & Stewart Canada), Scott Griffin (Prix Scott Griffin), Guillaume Husson (BIEF), Brian Lam (Arsenal Pulp Press Canada), Michelle Lapautre (agent) , Rowland Lorimer (Publishing Programme à SFU), Alberto Manguel (auteur), Jean-Yves Mollier (Université Saint Quentin en Yvelynes), Sylvain Neault (Librairie du Québec Paris), Stephen Osborne (Arsenal Pulp Press, GEIST), Hedwige Pasquet (Gallimard-Jeunesse), Margaret Reynolds (Association of Book Publishers of British Columbia), Christian Roblin (SOFIA), Rob Sanders (Greystone & McIntyre's Canada), Anne-Lise Schmitt (AILF), Marc Vanderhagen (FNAC Nantes), Josée Vincent (Université de Sherbrooke).

Merci également à tous ceux que nous avons croisés trop rapidement au cours de cette étude, notamment au cours de salons ou d'autres manifestations autour du livre, que ce soit en France ou au Canada, et qui ont su nous orienter efficacement.

Préface

Luc Pinhas

Si la dimension comparatiste a commencé à se développer au cours des dernières années dans le domaine de l'histoire du livre et de l'édition[1], elle reste encore peu présente dans le champ de la socio-économie de l'édition contemporaine. Pourtant, malgré les avancées de la mondialisation, les différences restent souvent notables d'un modèle éditorial à l'autre, tout au long de la chaîne de production et de commercialisation du livre et engendrent parfois malentendus ou difficultés de compréhension entre acteurs ou analystes d'horizons dissemblables. L'ouvrage que proposent Christine Evain et Frédéric Dorel vient donc, de ce point de vue, contribuer à combler un manque et appelle à de nouvelles recherches qui prennent en considération d'autres aires culturelles.

Le cas du Canada, sur lequel se penchent les deux auteurs pour le rapporter à la situation française, est particulièrement complexe puisque coexistent au sein du même ensemble fédéral deux industries culturelles distinctes, l'une tournée essentiellement vers le monde anglophone, l'autre fort logiquement sensible au tropisme francophone. Les deux ont toutefois en commun de ne s'être développées que fort tardivement tant les marchés du livre locaux ont été longtemps comme « colonisés » par les grandes puissances culturellement et linguistiquement proches, Grande-Bretagne, Etats-Unis et France, et en restent par bien des traits dépendants. L'on sait ainsi que, jusqu'aux années 1960, 85 à 90% des livres commercialisés dans la Belle Province provenaient encore de l'Hexagone et Josée Vincent a montré[2] de manière détaillée toutes les difficultés de l'édition québécoise pour tenter au cours des dernières décennies de s'implanter sur le territoire français. Il n'en est guère allé autrement dans les provinces anglophones du Canada, ainsi que le signale Carole Gerson : « L'édition canadienne est toujours à défendre. Comme tous les petits pays de langue anglaise, le Canada anglophone a du mal à promouvoir une culture indépendante face au flux médiatique constant provenant des Etats-Unis[3] […] ».

---

[1] Cf. notamment Michon Jacques et Mollier Jean-Yves, *Les Mutations du livre et de l'édition dans le monde du XVIIIe siècle à l'an 2000*, Sainte-Foy/Paris, Les Presses de l'Université Laval et L'Harmattan, 2001.
[2] Josée Vincent, *Les Tribulations du livre québécois en France*, Québec, Nuit blanche éditeur, 1997.
[3] Carole Gerson, « The Question of a National Publishing System in English-Speaking Canada : As Canadian as Possible, under the Circomstances », dans Michon Jacques et Mollier Jean-Yves, *Les Mutations du livre et de l'édition dans le monde du XVIIIe siècle à l'an 2000*, p. 305.

Sans doute la situation a-t-elle aujourd'hui évolué sous l'effet des politiques publiques menées depuis les années 1960-1970, tant par Ottawa que par Québec, et a-t-elle permis au champ éditorial canadien d'acquérir une certaine autonomie et de gagner des parts sur son marché intérieur. L'exportation du livre que produit ce dernier n'en reste pas moins malaisée, et d'autant plus en cas de méconnaissance des spécificités des marchés visés. Inversement, les éditeurs français ne sauraient penser pouvoir s'établir fermement sur le marché québécois, sous prétexte qu'il est francophone, sans en avoir pris en compte toutes les particularités. Le grand intérêt de l'étude menée par Christine Evain et Frédéric Dorel est précisément de présenter l'ensemble des trois marchés éditoriaux et de s'attacher à mettre en évidence leurs différences, dont la liste, d'amont en aval n'est pas négligeable. Ainsi, par exemple, de part et d'autre de l'Atlantique, les caractéristiques de la propriété intellectuelle divergent-elles, notamment en ce qui concerne la définition et la protection du droit moral. Il en résulte des relations distinctes entre auteurs et éditeurs, de même qu'un regard différent sur le rôle de l'agent littéraire. D'une manière similaire, les formes de l'intervention de l'État pour soutenir l'industrie nationale du livre et favoriser la bibliodiversité, comme les modalités de commercialisation, diffèrent d'un territoire à l'autre. Quant à la fixation d'un prix unique pour le livre, chère à la France et à d'autres pays européens, elle ne semble, dans le contexte nord-américain, en passe d'adoption ni par le niveau fédéral, ni par le gouvernement provincial du Québec, ce qui produit des effets sur les paysages de la vente respectifs. Enfin, de manière plus générale, les approches culturelles de chaque population induisent, il faut prendre garde à ne pas l'ignorer, à considérer le fait que le succès d'un ouvrage dans un contexte donné ne signifie aucunement, de manière automatique, sa réussite auprès d'un autre lectorat.

Autant de sujets traités, parmi d'autres, dans cet ouvrage qui devrait permettre une meilleure compréhension entre les marchés du livre analysés.

Luc Pinhas
Université Paris XIII.

SOMMAIRE

INTRODUCTION : UN DIALOGUE TRANSATLANTIQUE............. 19
I. L'INDUSTRIE DU LIVRE EN FRANCE.. 23
   I.1. La répartition des coûts 23
   I.2. L'évolution de la chaîne du livre 24
   1. Les principaux acteurs 26
      1.1.   L'édition 26
         1.1.1. Les grands groupes 27
         1.1.2. Les petites maisons 29
         1.1.3. Les packagers ou l'édition déléguée.................................... 33
      1.2. La commercialisation 35
         1.2.1. La diffusion et le système des offices 35
            1.2.1.1. La diffusion 35
            1.2.1.2. Le système des offices.. 38
         1.2.2. La distribution 39
         1.2.3. La gestion des flux informationnels 42
            1.2.3.1. Dilicom 42
            1.2.3.2. Cyber Scribe 44
            1.2.3.3. Electre.. 44
         1.2.4. La vente au détail 45
            1.2.4.1. Les librairies indépendantes et autres circuits 46
      1.3.   Le soutien de l'Etat... 58
         1.3.1.   La loi Lang 60
         1.3.2.   La loi du 1er juillet 1992 relative au Code de la propriété intellectuelle. 61
         1.3.3.   La loi du 18 juin 2003 61
         1.3.4.   Le ministère chargé de la culture 62
            1.3.4.1.   La Direction du livre et de la lecture (DLL) 62
         1.3.5. Le Centre national du livre (CNL) 63
            1.3.5.1. Aides aux auteurs 64
            1.3.5.2. Aides aux éditeurs 64
            1.3.5.3. Aides à la vie littéraire.. 65
         1.3.6. Les Directions régionales des affaires culturelles (DRAC) et les Centres régionaux du livre (CRL) 65
         1.3.7.La Fédération interrégionale du livre et de la lecture (FILL)... 65
         1.3.8. Le ministère des Affaires Etrangères (MAE)....................... 66
      1.4.   Les organisations professionnelles.. 67
         1.4.1.   Les groupements de distributeurs............................... 67

  1.4.1.1. Le Syndicat de la librairie française (SLF) 67
  1.4.2. Les groupements d'éditeurs 69
   1.4.2.1. Le Syndicat national de l'Édition (SNE) 69
   1.4.2.2. Le Bureau international de l'édition française (BIEF)...... 70
   1.4.2.3. Le Centre d'exportation du livre français (CELF) 70
   1.4.2.4. La Centrale de l'édition 70
  1.4.3. Les groupements d'éditeurs au niveau européen 71
   1.4.3.1. La Fédération des éditeurs européens (FEE/FEP) 71
   1.4.3.2. L'Union Internationale des Editeurs (UIE/IPA)................ 71
   1.4.3.3. L'Agence Internationale ISBN 71
  1.4.4. Les groupements d'écrivains 71
   1.4.4.1. La Maison des écrivains 71
   1.4.4.2. La Société Française des Intérêts des Auteurs de l'Ecrit (SOFIA) 73
   1.4.4.3. La Société des Gens de Lettres (SGDL)............................. 74
 1.5. Les agents 75
  1.5.1. Michelle Lapautre... 77
  1.5.2. Pierre Astier 78
  1.5.3. Les agents vus par les professionnels du livre 79
2. Les principaux secteurs 79
 2.1. La littérature 80
 2.2. Les sciences 81
 2.3. Livres pratiques et beaux livres.. 83
 2.4. La bande dessinée et les mangas 83
 2.5. Le livre scolaire et parascolaire.. 85
  2.5.1. Les prescripteurs pour le livre parascolaire : l'exemple du ministère de l'Education nationale.. 86
 2.6. Les éditions pour la jeunesse 86
  2.6.1. Les prescripteurs pour l'édition jeunesse : l'exemple de « La Joie par les livres » 87
  2.6.2. La littérature pour la jeunesse vue par la presse 89
  2.6.3. La fiction dans la littérature de jeunesse 89
  2.6.4. Le livre de poche en littérature de jeunesse............................... 89
  2.6.5. Le livre pour la petite enfance.. 90
  2.6.6. Le livre documentaire 90
  2.6.7. La diffusion de représentation 90
  2.6.8. L'ouverture vers l'international 90
  2.6.9. La Charte des auteurs et illustrateurs jeunesse 91
3. L'environnement 91
 3.1. Les medias 92

  3.1.1. Journaux et magazines 93
  3.1.2. Les émissions littéraires 97
   3.1.2.1. Programmes télévisés 97
   3.1.2.2. Programmes radiophoniques 99
 3.2. La rentrée littéraire 99
 3.3. Les prix et les concours littéraires 101
 3.4. Les institutions 102
  3.4.1. L'Académie française 102
  3.4.2. Les bibliothèques 102
   3.4.2.1. La Bibliothèque publique d'information (BPI) : la bibliothèque du Centre Pompidou. 103
   3.4.2.2. La Bibliothèque Nationale de France 104
   3.4.2.3. L'Association des bibliothécaires de France (ABF) 104
   3.4.2.4. Initiatives de numérisation et projets de bibliothèques numériques européennes 105
4. Ce que disent les faits et les chiffres 109
 4.1. Une situation préoccupante 109
 4.2. Une maîtrise inégale de la production et une baisse des tirages ... 110
 4.3. La perte de vitalité des différents secteurs 111
 4.4. L'évolution des maisons d'édition 111
 4.5. Les éditeurs étrangers 112
 4.6. Les auteurs étrangers et la traduction 112
 4.7. Le repli de la distribution 114
 4.8. Un développement limité de l'exportation 114
Conclusion : « des locomotives sans wagons » 115
II. L'INDUSTRIE DU LIVRE AU CANADA. DEUX MONDES : CANADA ANGLOPHONE ET QUEBEC 117
I. L'IMPULSION NATIONALE AU CANADA ANGLOPHONE : UN DYNAMISME LITTERAIRE ET EDITORIAL QUI REMONTE AUX ANNEES 1970. 119
1. Les principaux acteurs 121
 1.1. L'édition 122
  1.1.1. Les petites et les grandes maisons : historique 124
   1.1.1.1. Anansi Press 125
   1.1.1.2. McClelland & Stewart 126
 1.2. La commercialisation 129
  1.2.1. La diffusion 130
  1.2.2. La distribution 130
   1.2.2.1. La gestion des flux informationnels 131
   1.2.2.2. Les systèmes informatiques 131

1.2.3. La vente au détail 132
   1.2.3.1. Les librairies indépendantes 133
   1.2.3.2. Les webrairies.................................. 133
1.3. Le soutien de l'Etat.................... 134
   1.3.1. Les programmes d'aide 136
      1.3.1.1. Le Conseil des arts du Canada (The Canadian Council) 136
      1.3.1.2. Le ministère du Patrimoine canadien (Canadian Heritage) 137
   1.3.2. La loi.................................. 139
1.4. Les organisations professionnelles 139
   1.4.1. L'Association of Canadian Publishers (ACP)........ 139
   1.4.2. Le « Literary Press Group of Canada » (LPG) 140
   1.4.3. Les groupements de libraires 141
   1.4.4. Les groupements d'écrivains....................... 141
   1.4.5. Les groupements américains ouverts aux Canadiens 142
   1.4.6. Les bibliothèques 143
1.5. Les agents 143
2. Les principaux secteurs 146
  2.1. La littérature 146
  2.2. Les sciences humaines, sociales et techniques 147
  2.3. Arts, sports, beaux livres et livres pratiques 147
  2.4. La bande dessinée 147
  2.5. Le livre scolaire et parascolaire 148
  2.6. Les éditions pour la jeunesse 149
3. L'environnement 150
  3.1. L'événementiel 150
  3.2. Les médias 152
   3.2.1. Journaux et magazines........................... 152
   3.2.2. Les émissions littéraires 154
   3.2.3. Les prix et les concours 155
   3.2.4. L'impact des prix, des sélections et des listes de best-sellers sur les ventes 160
4. Comment conclure sur le Canada anglophone ? 162
  4.1. Exportation des auteurs et production nationale 163
  4.2. L'implication des acteurs de la chaîne du livre 164
  4.3. Pérégrinations depuis les années 1970 165
  4.4. Le soutien de l'Etat 166

II. L'ESSOR QUEBECOIS. 167
1. Les principaux acteurs 168
  1.1.   L'édition 168

   1.2. Les grands groupes 170
   1.3. Les petites maisons.. 173
2. La commercialisation 175
   2.1. La diffusion et la distribution 175
   2.2. La vente au détail 176
      2.2.1. Les librairies indépendantes 176
         2.2.1.1. Statut 176
   2.3. Le soutien de l'Etat.. 177
      2.3.1. La loi... 178
         2.3.1.1. Agrément des distributeurs.................................... 179
         2.3.1.2. Agrément des éditeurs 179
         2.3.1.3. Agrément des libraires.. 179
         2.3.1.4. Droits d'auteur – Littérature et écriture dramatique 180
      2.3.2. Le ministère québécois chargé de la culture.................... 181
   2.4. Les organisations professionnelles 183
      2.4.1   Les groupements d'éditeurs... 183
      2.4.2.   Les groupements de libraires... 184
      2.4.3.   Les groupements d'écrivains.. 184
   2.5.   Les agents 185
3. Les principaux secteurs 185
   3.1.   La littérature 185
   3.2.   Le roman best-seller 188
   3.3. Les sciences humaines et sociales 188
   3.4. Arts, sports, beaux livres et livres pratiques............................ 189
   3.5. La bande dessinée 190
   3.6. Le livre scolaire et parascolaire 191
      3.6.1. Les manuels scolaires 191
      3.6.2. Le domaine parascolaire et les usuels 192
   3.7. Les éditions pour la jeunesse et pour la petite enfance 192
4. L'environnement 193
   4.1.   L'Académie des Lettres du Québec 193
   4. 2. Les médias 193
      4.2.1.   Journaux et magazines... 193
      4.2.2. Les émissions littéraires 195
      4.2.3. Les prix et les concours 195
         4.2.3.1. Le Salon du livre de Montréal 195
         4.2.3.2. Le prix Québec/Wallonie-Bruxelles de littérature de jeunesse 196
         4.2.3.3. Le prix littéraire ville de Québec (Salon international du livre de Québec) 196

        4.2.3.4. Le Festival littéraire international de Montréal Metropolis bleu 197
        4.2.3.5. Le Festival de Trois-Rivières 197
    4.2.4. Les Bibliothèques 197
        4.2.4.1. La Bibliothèque et Archives nationales du Québec 198
        4.2.4.2. La Bibliothèque électronique du Québec 198
  5. La difficile implantation du livre québécois en France 198
  6. Conclure sur le Québec 205

III RECOMMANDATIONS 207
  1. Recommandations générales 207
    1.1. Fichiers, annuaires et modèles porteurs 208
    1.2. Les foires et autres événements d'envergure internationale 209
        1.2.1. La Foire de Francfort 210
        1.2.2. BookExpo America 211
        1.2.3. La foire de Bologne 211
        1.2.4. London Book Fair 213
        1.2.5. World Book Fair de New Delhi 214
        1.2.6. Le Festival Suisse de Littérature pour l'Enfance et l'Adolescence de Genève 214
        1.2.7. La Foire du livre de Bruxelles 214
        1.2.8. La Foire du livre de Pékin 214
        1.2.9. La Foire du livre du Caire 215
        1.2.10. Les Foires de Sao Paulo et de Guadalajara 215
        1.2.11. Autres foires en expansion 215
        1.2.12. Pour conclure sur le sujet des salons internationaux 215
    1.3. Les agents et services internationaux 216
  2. Recommandations pour les professionnels canadiens (anglophones et francophones) 216
    2.1. Contacts privilégiés, fichiers et annuaires 216
        2.1.1. Le « European Book World » (EBW) 218
        2.1.2. L'Alliance des Editeurs 219
    2.2. Les foires et événements français d'envergure nationale ou internationale 220
        2.2.1. Le Salon du livre de Paris 221
        2.2.2. Les Belles Etrangères 222
        2.2.3. Le Salon du livre de la jeunesse à Montreuil 222
        2.2.4.   Les autres salons 223
    2.3. Les agents 225
  3. Recommandations pour les professionnels français 225
    3.1. Contacts privilégiés, fichiers et annuaires 225

3.2. Les foires et événements canadiens d'envergure nationale ou internationale 227
   3.2.1. Le Salon du Livre de Montréal 227
   3.2.2. Harbourfront 228
   3.2.3. The Word on the Street 228
3.3. Les agents 228
CONCLUSION **229**
BIBLIOGRAPHIE **235**
  1. Ouvrages Généraux 235
    1.1.   France 236
    1.2. Pays anglophones 237
    1.3. Québec 239
  2. Articles Universitaires 239
    2.1. France 239
    2.2. Pays anglophones 239
  3. Articles de presse 241
    3.1. France 241
    3.2. Pays anglophones 241
    3.3. Québec 243
  4. Sites Internet 244
    4.1. Sites événementiels (salons du livre, etc.) : France, Québec et Canada anglophone (et Etats-Unis) 244
    4.2. France 244
      4.2.1. Professionnels du livre (éditeurs, libraires, distributeurs, agents, revues professionnelles, etc.) 244
      4.2.2. Groupements professionnels (associations d'éditeurs, de libraires, d'écrivains, etc.) 245
      4.2.3. Institutionnels ou instances gouvernementales 245
      4.2.4. Autres sites (radios, encyclopédies, journaux, programmes de promotion du livre, etc.) 246
    4.3. Canada anglophone (et Etats-Unis) 247
      4.3.1. Professionnels du livre (éditeurs, libraires, revues professionnelles, etc.) 247
      4.3.2. Groupements professionnels (associations d'éditeurs, de libraires, d'écrivains, prix littéraires, etc.) 247
      4.3.3. Institutionnels ou instances gouvernementales : 248
      4.3.4. Autres sites (radios, encyclopédies, journaux, programmes de promotion du livre, etc.) 248
    4.4. Québec : 248

4.4.1. Professionnels du livre (éditeurs, libraires, distributeurs, revues professionnelles, etc.) 248
4.4.2. Groupements professionnels (associations d'éditeurs, de libraires, d'écrivains, etc.) 249
4.4.3. Institutionnels ou instances gouvernementales 250
4.4.4. Autres sites (radios, encyclopédies, journaux, programmes de promotion du livre, etc.) 250
5. Rapports, conférences et colloques sur Internet 250
6. Entretiens 251
  6.1. Canada : 251
  6.2. France : 252

INTRODUCTION : UN DIALOGUE TRANSATLANTIQUE.

L'industrie du livre connaît aujourd'hui une crise majeure[4]. Au cours de ces trente dernières années, les techniques semblent avoir mis à l'ordre du jour la fin des métiers que le livre a portés pendant plusieurs centaines d'années. L'heure est marquée par l'inquiétude et un questionnement angoissé sur un avenir qui, soudain, est déjà là : le monde est en mutation, le monde a déjà changé. On croyait les usages anciens seulement menacés, ils ont aujourd'hui presque disparu.

Comment préserver son identité devant les changements brutaux d'échelle et de régime ? Comment répondre à la concentration rapide de l'industrie du livre ? Quel avenir pour les petites maisons d'éditions, pour les petites librairies, pour les bibliothèques, et pour la critique ? Quel avenir pour le livre lui-même, naguère principal vecteur de liberté, d'imaginaire et d'émancipation ? Comment admettre et intégrer la crise de la lecture, les problèmes de la médiation, de la nécessité croissante pour chaque structure de justifier son développement, voire son existence ? Comment redonner à l'Etat le rôle de médiateur et de promoteur que beaucoup réclament dans un environnement où l'individualisation croissante de l'ensemble des pratiques sociales remet en question les structures collectives ? Internet en est sans doute l'image emblématique, système industriel dans lequel le lecteur, devenu à la fois auteur et consommateur par l'effet inattendu d'une démocratisation de l'accès à la culture, hors médiation, se passe d'éditeurs, de distributeurs, de libraires, de bibliothèques.

Ce guide pratique se veut une simple contribution à l'analyse comparée des paysages éditoriaux français et canadiens. Il s'adresse aux professionnels et aux chercheurs, comme aux curieux. Il n'est pas question ici d'exhaustivité : les panoramas se renouvellent sans cesse et les tendances fugitives n'y figurent pas nécessairement.

Notre préoccupation en revanche est de restituer les vastes perspectives, les larges à-plats de couleurs qui caractérisent les cultures éditoriales des deux pays, afin de dégager une forme de réflexion sur leurs points communs et leurs particularités, et par voie de conséquence de produire les recommandations pratiques que nous souhaitons apporter à nos lecteurs. Il nous paraît utile également de faire entendre alternativement les voix de certains acteurs et de constater leurs connivences et leurs désaccords, à la manière d'un dialogue

---

[4] « La crise du livre est dans l'air du temps, car nous sommes en un temps de crise. » Renaud Donnedieu de Vabres, Ministre de la Culture et de la Communication, Colloque « L'avenir du livre », Direction du livre et de la Lecture, Centre National du Livre, Paris, le 22 février 2007, p. 10. http://www.centrenationaldulivre.fr/spip.php?article1001.

transatlantique favorisant, nous le souhaitons, une meilleure et fructueuse compréhension mutuelle. Il s'agit en outre de situer les paysages éditoriaux du Canada et de la France et leurs éventuels points d'articulation dans un contexte global et international.

Dans ces conditions, pourquoi le choix particulier d'une étude comparative entre ces deux pays ? La relation entre la Grande-Bretagne et la France eût été un sujet fécond, tout autant que la fidèle inimitié entre la France et les Etats-Unis, ou encore les rapports complexes entre le Canada et la Grande-Bretagne, etc. En fait ce qui nous a attachés à ce choix est qu'à l'instar des relations entre le Canada et la France, les rapports éditoriaux entre ces deux nations constituent une histoire complexe, sans doute auréolée de plusieurs succès, mais majoritairement troublée par un nombre considérable de malentendus et d'échecs. Si l'industrie du livre au Canada anglophone parvient à s'affirmer, malgré la difficulté, face aux industries du livre des Etats-Unis et de la Grande-Bretagne, le Québec connaît aujourd'hui un cheminement similaire dans ses relations avec la France. En effet, jusqu'à très récemment, autant les éditeurs et les auteurs français ne semblent pas éprouver davantage de difficultés sur le marché canadien que dans d'autres environnements éditoriaux, notamment au Québec, autant la situation inverse, celle des éditeurs canadiens qui se tournent vers la France, paraît nettement moins confortable. Invariablement, des confusions nous paraissent trouver leur origine à la fois dans une trompeuse proximité historique entre les deux pays et dans une méconnaissance profonde des cultures et des structures de l'autre. Ces malentendus nous ont semblé, pour une large part, explicables, et donc évitables.

Ainsi cet ouvrage devrait, nous l'espérons, faciliter les démarches des auteurs, éditeurs et distributeurs canadiens et français – anglophones comme francophones – qui souhaitent trouver leur place de l'autre côté de l'Atlantique. Cette démarche est indissociable de la prise en compte d'un contexte plus large dans lequel figurent évidemment les leaders mondiaux de l'édition que sont les Etats-Unis et la Grande-Bretagne. En dressant ce panorama des éditions française et canadienne dans le contexte mondial, nous avons souhaité ouvrir des pistes pour le commerce et la réflexion à l'usage de ceux qui ambitionnent d'entreprendre ou de renforcer une collaboration dans le domaine de l'édition.

Il ne sera pas question ici seulement de littérature classique, mais aussi d'autres littératures : littératures grises, de jeunesse, etc., ainsi que des livres en général, représentant autant de domaines pour lesquels la forme papier et la forme numérique, tout en répondant à des attentes différentes, ne sont plus, comme nous le constatons désormais, systématiquement en concurrence, mais plutôt en position de complémentarité et d'hybridation dans un monde de connaissance distribuée.

Pierre Bourdieu nous a montré que le livre circule immanquablement sur deux marchés : le marché symbolique et le marché économique[5]. Par voie de conséquence, en France comme dans les pays anglo-saxons, l'éditeur assume une fonction double, à la fois intellectuelle et financière, conciliant « l'art et l'argent, l'amour de la littérature et la recherche du profit, dans des stratégies qui se situent quelque part entre les deux extrêmes, la soumission réaliste ou cynique aux considérations commerciales et l'indifférence héroïque ou insensée aux nécessités de l'économie »[6]. Plongé dans « l'économie anti-économique de l'art pur »[7], l'éditeur est celui qui autorise le texte, l'authentifie et le juge. Il sélectionne, et se tournant vers les auteurs, il propose modifications et adaptations.

Lorsque l'éditeur souhaite investir un nouveau marché, il lui arrive de passer commande à un auteur. L'éditeur et sa maison acceptent la plus large part du risque financier (mise en page, traduction si nécessaire, impression et mise en marché, etc.) et en partagent les bénéfices entre les différents maillons de la chaîne du livre.

Si le processus est similaire de part et d'autre de l'Atlantique, l'équilibre entre les différents acteurs de la chaîne, ainsi que leurs droits, ne sont pas identiques dans les systèmes français et anglo-saxon, malgré les effets comparables de la mondialisation. Le système français se différencie du système nord-américain, entre autres exemples, par les relations entre l'auteur et l'éditeur. En France, si le premier cède les droits d'exploitation de son texte au second afin que celui-ci travaille avec le diffuseur et distributeur à sa promotion et à sa commercialisation, il ne s'agit en aucun cas des droits intellectuels, qui pour leur part demeurent inaliénables. En revanche dans le système anglo-saxon, l'auteur peut céder par contrat l'œuvre elle-même, qui devient alors la propriété de l'éditeur.

Par ailleurs les agents ont bien davantage de pouvoir au Canada. Si l'agent en France prend en charge des fonctions que l'éditeur ne cède pas volontiers, l'éditeur anglo-saxon empiète sur le pouvoir de l'auteur en contrôlant de près le processus de création. Cependant, il faut noter que, dans le système français comme dans le système anglo-saxon, les structures de pouvoir dans les grosses maisons sont extrêmement formalisées contrairement à celles des petites maisons.

Dans les deux pays, une fois le livre réalisé, celui-ci est commercialisé par le diffuseur, le distributeur et le point de vente. Mais le système de vente est radicalement différent en France – où la commercialisation du livre est régie par la loi Lang – et dans les pays qui n'ont pas de législation en matière de prix

---

[5] Bourdieu, Pierre, « Une Révolution conservatrice dans l'édition », *Actes de la recherche en sciences sociales*, vol. 126-127, mars 1999, Seuil, Édition, Éditeurs, Paris, p. 3-28.
[6] Bourdieu, *op. cit.*, p. 16.
[7] *Ibid.*

unique. Ainsi, au Canada, ce sont les grandes chaînes qui ont le quasi monopole de la vente, et suite à une série de rachats, celles-ci se réduisent maintenant à deux enseignes : Chapters-Indigo pour le Canada anglophone et Archambault-Renaud-Bray pour le Québec, comme nous le verrons.

Parallèlement à la vente, la promotion du livre est assurée auprès des divers médias concernés. Chacun des deux pays présente des spécificités en matière d'opérations publicitaires et promotionnelles. Ces dernières s'inscrivent également dans un cadre promotionnel international (lancements, salons, etc.) que les professionnels intègrent dans leurs stratégies marketing.

Nous proposons donc une description des paysages de l'édition en France et au Canada (anglophone puis francophone). Après ces deux parties descriptives mais également analytiques sur des modes de fonctionnement parfois similaires et souvent distincts, nous présenterons, dans une troisième partie, nos recommandations à destination des professionnels français, canadiens et autres, souhaitant élargir leur ouverture à l'international.

I. L'INDUSTRIE DU LIVRE EN FRANCE

Restée fortement familiale, voire artisanale, jusqu'au début des années 1980, l'édition française s'est depuis professionnalisée à marche forcée, avec la création du Groupe de la Cité, devenu Vivendi Universal Publishing, puis Editis, alors que dans les décennies précédentes la maison Hachette était le seul poids lourd de ce secteur. La concentration rapide des structures éditoriales et des outils de commercialisation ainsi que les méthodes de gestion mises aux normes des grands marchés, ont donc provoqué nombre de bouleversements, en particulier l'émergence nouvelle d'un vaste marketing éditorial.

I.1. La répartition des coûts

Voici une représentation synthétique des diverses étapes de la chaîne du livre, indiquant la part de rémunération de chacun des intervenants.

Fonction	Pourcentage moyen du coût
Auteur (textes, illustrations, traduction)	11
Editeur (lecture, correction, maquette)	10[8]
Impression (impression, façonnage)	16
Editeur (promotion)	8
Diffusion	8
Distribution (stockage, manutention, livraison, facturation)	11
Points de vente (vente aux particuliers)	36

---

[8] 45% avant la mise en marché.

Une évidence : la marge du détaillant est nettement supérieure à celle du distributeur. Dans les pays anglo-saxons, la fonction logistique n'est pas aussi largement rémunérée, même si également la marge du détaillant est plus importante, tout comme celle de l'éditeur.

En France comme au Canada, on retiendra de cette répartition le grand nombre d'intervenants pour un produit qui, traditionnellement, ne représente pas un coût très élevé. En France, pour un livre qui coûtera approximativement 20 €, 6 intervenants sont à rémunérer (en regroupant les 2 fonctions éditoriales). Si on considère l'ensemble des efforts de chacun des acteurs afin de produire et de vendre un livre, la rémunération paraît bien faible.

L'éditeur canadien Scott Griffin, alors qu'il s'apprête à racheter la maison d'édition canadienne Anansi, fait ce même constat[9]. L'industrie du livre est confrontée à une difficulté structurelle qui ne peut se résoudre qu'en éliminant plusieurs des maillons de la chaîne. Cette stratégie est rendue possible par la vente directe sur Internet, mais celle-ci ne permet pas de satisfaire l'attente de l'ensemble des clients, ni d'assurer la pérennité du conseil du libraire auprès du lecteur.

I.2. L'évolution de la chaîne du livre

Les métiers de libraire et d'éditeur se sont développés avec l'invention de l'imprimerie qui a fait du livre un produit industriel, nécessitant des structures de production et de commercialisation de plus en plus élaborées. Si la chaîne du

---

[9] Scott Griffin : « Je dois dire que l'industrie du livre est l'industrie la plus folle que j'ai jamais rencontrée. Elle est structurellement problématique. Si vous avez un livre qui se vend à 25 ou 30 dollars, cette somme doit aller de l'auteur à l'agent, à l'éditeur, au distributeur à la librairie, au lecteur. Et tous se battent pour 25 dollars. Ça devrait être le montant de la marge sur ce produit ! C'est impossible ! Et ensuite personne ne paie ses factures. Et ensuite les éditeurs peuvent renvoyer des livres. Personne ne procède de manière responsable pour les commandes : *Commandez ce dont avez besoin, ou ce que vous pensez vendre* ! C'est totalement fou. Ça n'a aucun sens ! Ainsi, le commerce en ligne commence à prendre de la valeur. Vos marges vont de 20% à 80%, vous êtes payés avant que de livrer le livre, vous éliminez beaucoup d'étapes intermédiaires et il n'y a pratiquement aucun retour de livres. Maintenant, la clef, ici, est comment inciter les gens à aller sur le site d'Anansi et acheter un livre. Et tout d'abord, comment peuvent-ils savoir que c'est un livre d'Anansi? Deuxièmement, qui les amène sur le site et qui les incite à acheter? Donc nous avons travaillé sur ces questions et nos ventes ont plus que doublé, mais elles n'étaient pas très importantes lorsqu'on a commencé. Donc je crois toujours que la vente en ligne est une des réponses à l'industrie du livre ». Entretien de Christine Evain avec Scott Griffin, Toronto, mai 2005.

livre n'a guère varié depuis le XVIIIe siècle, elle n'a pas toujours existé sous sa forme actuelle.

Une rupture considérable s'est produite à la fin du XXe siècle avec la généralisation du codage numérique des textes, des images fixes et animées, ainsi que des sons. L'hypertexte a encore amélioré l'accès à l'information. Enfin, Internet, en faisant presque disparaître les coûts de production et de mise en marché, provoque aujourd'hui une circulation et une démocratisation de l'information dont les effets sont comparables à ceux occasionnés en Europe par l'invention de l'imprimerie. Une part importante de l'information de référence, destinée à un accès direct et non à une lecture séquentielle, comme celle prodiguée par les encyclopédies, n'existe aujourd'hui pratiquement plus sous une forme imprimée et chaque jour davantage sous forme virtuelle (DVD, sites web). Le texte se sépare brutalement de son support. Ainsi les livres électroniques, ou e-books, apparus dans les années 1990, et qui se sont maladroitement situés à mi-chemin entre les deux régimes, n'ont pas connu le succès escompté.

La vente du livre sous sa forme codex[10] assurée par les sociétés de distribution et par les libraires (points de vente ultimes) se trouve donc en concurrence avec la voie électronique : Internet devient un mode privilégié d'achat et de vente de livres. Ceux-ci sont directement proposés aux clients, et certaines compagnies d'envergure, comme Amazon ou Google, qui ont choisi une stratégie particulière pour diffuser leurs titres, viennent proposer aujourd'hui des ouvrages immédiatement consultables ou téléchargeables, bousculant le système classique de vente.

Il semble certain néanmoins que la forme codex a encore un avenir pour tout ce qui nécessite une lecture séquentielle, comme les romans, les essais, les livres d'art ou les bandes dessinées, en se présentant autant comme un objet à toucher, à manipuler à sa guise, que comme support d'information.

Dans un premier temps, nous proposons d'étudier successivement les principaux acteurs de cette situation en France, ses principaux secteurs, son environnement et enfin ce que révèlent les chiffres actuels.

---

[10] Succédant à l'antique et encombrant *volumen*, rouleau de papyrus, le *codex* apparaît au début de notre ère. C'est une feuille de parchemin puis de papier pliée et repliée afin de produire un carnet de maniement confortable, de transport et de rangement aisés, et permettant l'écriture sur les deux cotés de chaque page. Il s'agit de l'ancêtre direct de notre livre papier actuel. Voir Blasselle, Bruno, *A pleines pages, Histoire du livre*. Paris, Gallimard, 1997, vol. 1, p. 16.

1. Les principaux acteurs

Quatre catégories majeures : l'édition, la diffusion, la distribution et la vente au détail. Si au demeurant cette articulation en quatre maillons de la chaîne du livre rejoint d'autres modèles nationaux et internationaux, ce sont évidemment sur les particularités françaises que nous souhaitons nous arrêter.

1.1. L'édition

Comme Bourdieu nous l'indique, l'éditeur « fait accéder un texte et un auteur à l'existence *publique* par le principe de la consécration »[11]. Le « *dispositif institutionnel* (comités de lecture, lecteurs, directeurs de collection, spécialisés ou non, etc.) »[12] chargé de la sélection opère dans le cadre d'un champ éditorial. Celui-ci peut être vu comme national, notamment dans le cadre de notre analyse, et c'est dans ce champ que se positionnent les maisons d'édition et les opérateurs qui la constituent et l'entourent, depuis l'auteur jusqu'au lecteur, dans une dialectique propre aux « croyances », au « capital symbolique » de chaque maison d'édition dans chaque culture. Le capital économique est absolument incontournable : tout comme les entreprises industrielles et commerciales, les maisons d'édition sont constituées par des réseaux complexes de relations financières, commerciales et familiales, et sont donc sujettes à de multiples forces économiques qui les dépassent. C'est ce qu'Olivier Cohen, directeur des éditions de l'Olivier, appelle la « financiarisation de l'édition »[13]. La tâche est donc de préserver ce qui est au cœur même de toute politique éditoriale autonome : la liberté et la capacité de décision. C'est à partir de cet espace étroit que semble se jouer, au début du XXIe siècle, le destin de l'édition dans le monde global.

Les chiffres publiés par le ministère de l'Economie, des Finances et de l'Industrie à la fin du mois de mai 2007 montrent qu'en 2005 en France on observe un grand nombre de petites entreprises pour un chiffre d'affaires porté

---

[11] Pierre Bourdieu, *Une Révolution conservatrice dans l'édition, op. cit.*, p. 3 : « un *transfert de capital symbolique* (analogue à celui qu'opère une préface) qui est d'autant plus important que celui qui l'accomplit est lui-même plus consacré, à travers notamment son "catalogue", ensemble des auteurs, eux-mêmes plus ou moins consacrés, qu'il a publiés dans le passé ».

[12] *Ibid.*, p. 3.

[13] Colloque « L'avenir du livre », Direction du livre et de la Lecture, Centre National du Livre, Paris, le 22 février 2007, *op. cit.*, p. 57.
http://www.centrenationaldulivre.fr/spip.php?article1001.

par les grandes unités. Le chiffre d'affaires total du secteur reste stable à environ 5 milliards d'euros avec une légère baisse de 0,7% par rapport à 2004. Le volume d'emploi continue de régresser (-3,5%) et le nombre d'entreprises également : 1549 unités de 20 salariés et plus sont recensées, une majorité étant de petite dimension.

Alors que plusieurs groupes comme Québécor, groupe canadien, ou Hachette livres, dominent le paysage, seules 270 entreprises disposent d'un effectif égal ou supérieur à 100 salariés. Ces dernières réalisent près des 2/3 du chiffre d'affaires global. Classé dans l'ensemble « biens de consommation », le pôle édition, reproduction, imprimerie, représente environ 36% des entreprises. Il emploie 25% des effectifs et génère 20% du chiffre d'affaires. Ce secteur dépend essentiellement du marché national, son taux d'exportation reste faible avec 7% du chiffre d'affaires total.

L'édition et la presse réalisent un chiffre d'affaires de 150 milliards d'euros, stable par rapport à 2004. La presse écrite, composée de l'édition de journaux, de revues et de périodiques y contribue pour l'essentiel avec 110 milliards d'euros, dont presque la moitié repose sur la publicité et les annonces. La presse écrite payante doit faire face à l'explosion de la presse gratuite d'information ; selon la DDM (Direction du développement des médias[14]) cette famille de presse affiche une évolution de son chiffre d'affaires, proche de 40% par rapport à 2004. L'édition de livres propose un catalogue général de 68 000 titres pour 558 millions d'exemplaires imprimés (y compris les réimpressions). Cette activité est largement représentée par les maisons d'édition de petite dimension souvent positionnées sur des niches à caractère culturel. Les PME réalisent plus de la moitié du chiffre d'affaires. Selon le SNE (Syndicat national de l'édition), le secteur jeunesse soutient cette évolution avec des succès tels que *Harry Potter* ou les mangas[15].

1.1.1. Les grands groupes

A la fin de l'année 2002, après la débâcle de Vivendi Universal Publishing, le groupe Hachette, filiale de l'industrie d'armement et d'aéronautique Matra-Lagardère, tenta de racheter les lambeaux de l'ex n° 2 mondial de la communication. Cette fusion aurait donné naissance à un immense conglomérat,

---

[14] Organisme qui dépend du ministère chargé de la Culture en France. http://www.ddm.gouv.fr/

[15] Ministère de l'Économie, des Finances et de l'Industrie 29/05/2007. Statistiques et études industrielles (Sessi) Panorama de l'industrie en France, édition 2007. http://www.industrie.gouv.fr/observat/chiffres/panorama/ifc20.htm

qui aurait contrôlé notamment près de 60% du secteur du livre de poche, 98% des dictionnaires français et 65% de la distribution. Ainsi se serait formé, avec le concours des kiosques Relay placés dans les gares et les aéroports, un ensemble monopolistique sans précédent en France, que les groupes de moindre taille (Gallimard, etc.), pas plus que les éditeurs indépendants comme Actes Sud, n'auraient pu concurrencer. La fusion avorta après l'intervention de la Commission européenne, qui jugea, après avoir été alertée par un collectif d'éditeurs et d'intellectuels, que le rachat total mettait en danger la libre concurrence. Il fallut à Hachette[16] céder la plus grosse part du gâteau qui, sous le nom d'Éditis[17], alla au groupe d'investissement Wendel.

En 2007 les deux groupes dominent toujours le paysage français. On dénombre 40 maisons chez Hachette, dont Calmann-Lévy, Fayard, Grasset, Stock, Lattès, Pauvert, Hatier, Didier, Larousse, Virgin, le Furet du Nord, etc. ; et 40 maisons chez Editis, dont La Découverte, Les Presses de la Cité, Belfond, Plon, Perrin, Julliard, Seghers, 10/18, Bordas, les dictionnaires Robert, Gründ, etc.

On dénote également une forme de consanguinité entre le monde de l'édition et celui des medias : ces maisons contrôlent l'essentiel de la presse. Ainsi Hachette détient Paris Match, Elle, Cosmopolitain, Télé 7 jours, Le Journal du Dimanche à 60%, Première, Europe 1, Europe 2, RFM, et Marie-Claire à 42%. Editis, pour sa part détient, Campagne Décoration, Première, Photo, Pariscope, France-Dimanche, l'Echo des Savanes, etc. Cette consanguinité a souvent été dénoncée : les « cumulards » sont légion – aucune loi en France n'interdit d'être auteur, éditeur, directeur de collection, critique, animateur de télévision, juré dans plusieurs prix, etc. – et les délits d'initiés fourmillent.

Il importe également de distinguer les politiques des deux grands groupes qui, pour des raisons historiques peuvent opter pour des stratégies différentes. La présence de maisons d'édition affichant une marque et des images fortes et reconnues au sein du groupe Hachette, fait qu'à travers la relative indépendance éditoriale des filiales citées, le groupe Hachette continue à jouer un rôle actif sur la scène littéraire. Cet aspect est nettement moins sensible, notamment pour la littérature française dans les maisons appartenant au groupe Editis. D'une manière générale les maisons d'édition les plus importantes, fortes d'un solide capital économique et symbolique, dominent le marché, comme le montrent leur pouvoir sur l'attribution des prix littéraires et, par voie de conséquence, leur quasi monopole des best-sellers.

---

[16] http://www.hachette.com/index.htm
[17] http://www.editis.com

Universitaire spécialiste de cette question, Olivier Bessard-Banquy[18] récuse cette vision pessimiste de la suprématie des grands groupes éditoriaux et de leur concentration toujours plus forte. Il affirme que l'édition créative se porte bien en France : *La première gorgée de bière*[19] et *Matin brun*[20] ont trouvé un marché solide grâce à la petite librairie et aux petits éditeurs. Il cite les pamphlets de Schiffrin comme des exemples paradoxaux[21] : tout en dénonçant la mainmise des grands groupes, ces ouvrages qui eux-mêmes se situent dans la catégorie de la petite production, connaissent un succès qui montre qu'il subsiste en France des moyens par lesquels des livres produits à peu de frais peuvent trouver leur voie. Mais il reconnaît également que les petits éditeurs ne sont pas nécessairement les garants de la qualité. Il arrive qu'on soutienne de petites structures qui ont une vocation d'amateur et qui ne produisent pas nécessairement des ouvrages de qualité. Si le rapport entre le nombre de livres produits et le nombre de salariés qui les produisent est trop élevé, la qualité peut en effet devenir médiocre. Ainsi il semble impossible de produire 200 ou 300 titres de qualité pour une petite maison comptant à peine quelques auteurs. Par ailleurs, certaines grandes maisons gardent des éditeurs de qualité. Il s'agit avant tout de préserver une forme de professionnalisme.

Elément supplémentaire : le secteur du livre ne représente plus qu'une part très minoritaire du chiffre d'affaires des deux grands groupes. La profession est désormais soumise aux impératifs du commerce mondial : les groupes éditoriaux sont désormais dirigés par des managers qui, issus de sphères économiques totalement étrangères au monde de l'édition, menacent la production littéraire en la ravalant au niveau d'une production de loisirs ordinaires.

1.1.2. Les petites maisons

Souvent nées sous la forme de SARL, créées après 1946, comptant généralement moins de dix salariés, peu riches en capital économique et symbolique, on trouve, souvent en province, parfois dirigées par des femmes, les petites maisons d'édition. Ce sont en particulier Chambon, Champvallon,

---

[18] Entretien avec Christine Evain et Frédéric Dorel, décembre 2006. Voir également la bibliographie en fin de volume.

[19] *La Première gorgée de bière* de Philippe Delerm, Gallimard, collection L'Arpenteur, Paris, 1997.

[20] *Matin Brun* de Franck Pavloff, Editions Chêne, Le Chambon sur Lignon, 1998 pour la première édition.

[21] Schiffrin, Andre, *The Business of Books: How the International Conglomerates Took Over Publishing and Changed the Way We Read.* New York, Verso Books, 2000 ; *L'édition sans éditeurs*, la fabrique éditions, 1999.

Climats, Complexe, Des Femmes, Hamy, Nadeau, Ombre, Picquier, Jean-Michel Place, Présence africaine, Salvy, Le temps qu'il fait, Verdier, Virag, etc. Tout en étant à la marge, voire exclues du grand jeu de l'édition et de la critique littéraire et notamment de la course aux prix, peu à même de soutenir la concurrence des grands groupes dans la reprise de best-sellers étrangers, ces maisons semblent toutefois être au cœur de l'innovation : elles manifestent un courage et un goût du risque dont les grandes maisons ne témoignent pas suffisamment, ou seulement en apparence. Souvent dans le domaine littéraire, ces petits éditeurs professent un traitement artisanal et donc davantage personnalisé du rapport entre les différents opérateurs de la publication et de la commercialisation du livre. Ainsi ces maisons, qui peuvent compter sur le soutien des petites librairies, leurs homologues sur le versant commercial de la chaîne du livre, forment dans le domaine de la qualité un contrepoids aux puissantes machines des grands groupes. Leur capital symbolique, par la séduction qu'opèrent aujourd'hui dans de nombreux secteurs les salutaires démarches dites alternatives, ne cesse de se développer.

Plusieurs comptes rendus de réunions ou forums organisés pour la petite édition révèlent également les inquiétudes de cette dernière. Ainsi le syndicat national de l'édition (SNE) et le ministère chargé de la culture, en particulier la Direction du livre et de la librairie (DLL), ont été à l'origine d'une série d'initiatives pour soutenir cette branche en grande difficulté. Une première enquête lancée en juillet 2004 auprès de 2 500 correspondants, suivie d'une étude du ministère et du SNE, a mis en lumière la diversité des petites structures éditoriales, leur hétérogénéité, leurs difficultés à se connaître et à se rapprocher, et finalement leurs attentes. Le syndicat s'est appuyé sur ces travaux pour engager un ensemble de mesures annoncées au Salon du livre en mars 2005. En 2006, une hypothèse en matière de distribution est avancée avec l'annonce du Projet Calibre destiné à assurer la distribution des tout petits éditeurs, en général autodistribués, dont la taille ou la rotation des stocks n'intéressent pas les industriels du secteur.

La société Calibre SAS[22] est donc créée en janvier 2007 pour traiter les commandes de livres dans un cadre contractuel et logistique transparent. Les prestations de cette société sont financées par les éditeurs. Son taux est fixé à 14% dont 3% sont pris en charge, au démarrage, par les points de vente, laissant aux éditeurs un coût réel de 11%. Calibre SAS n'a pas d'objectif lucratif : après atteinte de l'équilibre financier, ses résultats seront affectés à la baisse de la commission de distribution et à l'amélioration du service. Son financement au démarrage est assuré par les actionnaires et par une importante subvention du Cercle de la Librairie qui marque ainsi, une fois encore, son intérêt pour l'action interprofessionnelle. Les regroupements réalisés par Calibre offrent des

---

[22] http://www.sne.fr/1_sne/petits_editeurs.htm

avantages immédiats tant aux éditeurs qu'aux points de vente. Par la diminution des frais fixes et la baisse des coûts variables unitaires, ils entraînent de véritables économies pour chacun des intervenants et permettent une plus grande souplesse dans la vente des ouvrages. Le gain de temps important obtenu permettra à chacun de se consacrer davantage à son métier respectif : pour l'un, éditer et faire connaître sa production (Calibre n'est pas diffuseur) ; pour l'autre, conseiller et orienter la clientèle vers une plus grande diversité d'ouvrages en connaissant mieux la petite édition. Ce qui devrait se traduire pour les uns et les autres par un développement des ventes. Toutefois les activités de Calibre suscitent la plus grande inquiétude chez les petits, qui y voient un projet qui ne tient pas compte de la différence entre les grandes et les petites structures d'édition, et coûteux pour l'éditeur. Le débat fait rage.

Par ailleurs, pour les grands groupes comme pour les structures moyennes, on observe une stratégie commune de rachat de petites maisons, en tout ou en partie, afin, entre autres avantages, de s'approprier les auteurs (dont celles-ci ont fait la découverte) en leur offrant des à-valoir et des possibilités de diffusion plus importants. Cela démontre, comme nous l'indiquerons dans le cas du Canada, que dans le domaine de la littérature, les petites structures jouent un rôle de découverte fondamental. En France les éditeurs des maisons à caractère fort comme Viviane Hamy, Anne-Marie Métailié, Nadeau, Jacqueline Chambon, Joëlle Losfeld, etc., jouent un rôle pionnier dans le renouvellement du vivier des auteurs littéraires par la mise en commerce d'auteurs au ton nouveau comme Djian, Bobin, Houellebecq ou Pineau.

Le risque pour ces éditeurs est d'être relégués au rang d'outils de découverte pour le compte des groupes installés qui éventuellement détourneront leurs auteurs, leurs idées et leur fonds. Paradoxalement, c'est au moment où les éditeurs indépendants de littérature veulent passer à un stade supérieur de développement, acquérir justement le statut d'éditeur moyen, diversifier leur production, se doter d'une équipe autonome de représentants, en d'autres termes « jouer dans la cour des grands », que cette indépendance est menacée. Le besoin, à ce moment, de capitaux externes supérieurs à ce que permet l'autofinancement, les amène à entrer dans l'orbite des groupes. De ce point de vue, mis à part aujourd'hui Actes Sud, aucun éditeur apparu depuis les années 1970 n'a réussi à préserver son indépendance en parvenant à une taille moyenne.

Si les maisons d'édition déjà reconnues dans la sphère littéraire sont les plus prolifiques en nombre de titres publiés mais aussi en nombre de premiers romans, il convient de noter que même les petits éditeurs parviennent parfois à prendre part aux manifestations de la rentrée littéraire. Ces petits éditeurs, pour la plupart, agissent en découvreurs d'œuvres d'avant-garde produites dans les langues de petits pays, en opposition aux grandes maisons qui publient régulièrement des best-sellers souvent anglo-saxons, achetés à grands frais, dans une surenchère d'à-valoir, souvent davantage pour leur réputation commerciale que pour leur qualité littéraire[23]. Ainsi certaines de ces petites maisons se façonnent des niches correspondant à des littératures nationales : catalane pour Jacqueline Chambon, brésilienne pour Anne-Marie Métailié, hongroise pour Ibolya Virag ou extrême-orientale pour Picquier. La littérature étrangère qui, pour les grandes maisons, est un objet d'investissement économique des plus fructueux, est également pour les petites une arme sûre de la résistance littéraire à l'invasion des productions commerciales. Certaines maisons se spécialisent d'ailleurs dans la traduction d'auteurs de pays très éloignés de la sphère anglo-saxonne, et pourraient laisser penser qu'il existerait des affinités ou un sort commun entre les petites maisons d'édition et les minorités linguistiques, culturelles et nationales. Ainsi les petites maisons, en France comme au Canada, comme nous le verrons, font office de découvreurs de talents et courent en permanence le risque de perdre leurs auteurs au bénéfice de maisons plus solides économiquement et symboliquement.

Sur la « grandeur » des petites maisons, on peut dès lors laisser à la parole à Pierre Bourdieu, dans un article datant de 1996 précédemment cité, qui demeure d'une actualité vibrante : « Il est clair que le bastion central de la résistance aux forces du marché est constitué aujourd'hui par ces petits éditeurs qui, enracinés dans une tradition nationale d'avant-gardisme inséparablement littéraire et politique (manifeste aussi dans le domaine du cinéma), se font les défenseurs des auteurs et des littératures de recherche de tous les pays politiquement et/ou littérairement dominés – cela, paradoxalement, sans pouvoir pratiquement compter sur l'aide de l'État qui va aux entreprises éditoriales les plus anciennes et les plus dotées de capital économique et symbolique. On peut sans doute voir dans cet *internationalisme pratique*, en tout opposé à la fermeture arrogante des nations assurées de la domination commerciale (« Les Anglais n'achètent rien, excepté la production américaine. Quant aux Américains, ils s'intéressent à eux, c'est tout », dit une directrice littéraire de grande maison), la survivance d'une tradition d'impérialisme de l'universel. Mais, contre ceux qui, dans ce domaine comme ailleurs, veulent enfermer le débat dans l'alternative de la résignation aux nécessités de l'économie abandonnée à sa propre loi, celle de la recherche du profit maximal à court terme, ou d'un enfermement régressif dans la défense de tradition nationales tenues pour archaïques, on peut affirmer, sans trop de scrupules éthiques et d'inquiétudes politiques, que défendre la tradition française, ce n'est pas, en ce cas, céder au nationalisme, mais défendre

---

[23] Du côté de la littérature étrangère, la langue anglaise est la plus traduite : 112 titres. Très loin derrière se classent les romans traduits de l'espagnol (21 titres traduits), de l'italien (12 titres) et de l'allemand (11 titres).

les conquêtes, intrinsèquement internationales et internationalistes, de toute l'histoire cumulative de la littérature ».[24]

1.1.3. Les packagers ou l'édition déléguée

L'évolution rapide du monde de l'édition a conduit les entreprises à recourir ponctuellement, ou de façon régulière, aux prestations de professionnels sous-traitants. Peu à peu ceux-ci ont élargi leur palette de services. L'exemple des ateliers de P.A.O.[25] est le plus caractéristique : il s'agit d'opérateurs techniques qui se sont initiés aux règles de la production éditoriale jusqu'à étendre leur offre à la création graphique ou à la création de projets clés en main. Aujourd'hui, l'augmentation constante de la production, la réduction des effectifs dans les entreprises d'édition ainsi que la montée en régime des marchés européens pour le livre rendent nécessaire la délégation de tâches traditionnellement attachées à la fonction éditoriale.

Le métier de packager est donc un métier d'avenir en France, bien qu'il soit encore peu connu. InTexte, structure dédiée à l'édition déléguée ou au packaging depuis 1999, définit le packager en quelques mots : « un éditeur au service d'autres éditeurs »[26]. Ce service comble les lacunes de plus en plus fréquentes de chaque ligne éditoriale.

Les packagers réalisent une grande partie de leur chiffre d'affaires à l'export (60% pour InTexte)[27]. La tâche de l'éditeur délégué (ou packager) est donc d'entrer dans la logique internationale des marchés du livre de grande diffusion en fournissant des contenus correspondant aux cahiers des charges de leurs clients éditeurs. Souvent, les éditeurs demandent aux packagers de produire des livres qui seront publiés simultanément en plusieurs langues. Les livres d'art de vivre, les encyclopédies pour la jeunesse et les livres pour enfants constituent un secteur privilégié de l'édition internationale multilingue. En effet, pour ce type d'ouvrages, les éditeurs européens visent une très large diffusion internationale et produisent des versions en 5, 10 langues différentes, voire plus. Les éditeurs ont recours aux packagers recrutés dans les pays concernés pour concevoir ou adapter leurs ouvrages. Cette collaboration internationale exige du packager le respect des lignes directrices de l'éditeur client. InTexte met en avant sa capacité à effectuer un minutieux travail éditorial destiné à adapter les contenus au marché français, et à entretenir une relation de qualité avec les traducteurs, dont la prestation et la rémunération incombent à l'éditeur. Par ailleurs, un respect

---

[24] Pierre Bourdieu, *Une Révolution conservatrice dans l'édition, op. cit.*, p. 26.
[25] www.intexte.net
[26] *Ibid.*
[27] *Ibid.*

absolu des plannings et une interface fiable avec l'imprimeur sont indispensables au bon déroulement des projets.

Concrètement, le packager reçoit la mise en page de l'ouvrage original. Il doit livrer à son client éditeur (allemand, anglais, italien, etc.) le fichier constituant l'édition française prête à l'impression. Ainsi, la traduction est la première étape de travail du packager. Ce dernier constitue et anime son propre réseau de traducteurs, afin de gérer en parallèle plusieurs projets provenant de clients étrangers. Le packager répartit la charge de travail qu'il confie à ses traducteurs en fonction de la spécialisation éventuelle de chaque traducteur et des impératifs du planning. Le respect par les traducteurs des délais fixés et la qualité de leur prestation constituent un maillon essentiel de la chaîne éditoriale en packaging international. L'intégration de la traduction dans le fichier de la maquette représente une étape cruciale de la prestation du packager. Il incombe, en effet, au packager d'harmoniser le texte à l'intérieur d'un même volume, mais aussi d'une collection : choix des termes, mise au point de protocoles pour les abréviations, pour la graphie des mots étrangers[28].

Enfin, le packager représente une structure éditoriale à part entière. En effet, InTexte, par exemple, est référencé à l'Agence francophone pour la numérisation internationale du livre (AFNIL) et dispose d'un indicatif international d'ISBN. L'entreprise a signé un contrat de diffusion et de distribution avec Le Comptoir du livre qui lui permet de commercialiser en librairie des productions publiées sous sa marque.

Bon nombre de grandes maisons d'édition ont leurs propres services de design qui se consacrent à la mise en page et à l'élaboration des couvertures. Alors que l'édition pour la jeunesse a pour habitude de travailler aussi bien avec des illustrateurs que des auteurs, ce type de sous-traitance dans les autres domaines de l'édition en plein développement. Parallèlement les agences de design et de communication démarchent activement le monde de l'édition. La plupart de ces agences se consacrent aux travaux d'édition dans tous les domaines : livres, magazines, tous supports. Leurs réalisations s'échelonnent du dépliant au catalogue en passant par la couverture d'ouvrage. Les agences qui souhaitent tout particulièrement cibler les maisons d'édition tentent d'être présentes sur les salons qui leur permettent non seulement de lier contact avec de potentiels clients, mais également de concourir pour des prix qui assurent aux lauréats une plus grande notoriété.

---

[28] Voir l'exemple du livre *Arts et civilisations de l'Islam* présenté sur le site de InTexte : www.intexte.net

1.2. La commercialisation

1.2.1. La diffusion et le système des offices

Toute distinction entre distribution et diffusion en France et au Canada prête à confusion à cause de la traduction des termes. En anglais, le « distributor » est tout à la fois le diffuseur et le distributeur, le distributeur canadien se chargeant de la promotion des livres auprès des points de vente. On peut considérer également que les éditeurs canadiens remplissent en partie la fonction du diffuseur français, grâce à leur force de vente (sales force) qui assure une partie de la mise en marché.

Nous proposons, dans un premier temps, d'exposer la logique française de la diffusion et du système des offices sans faire référence au système anglo-saxon.

1.2.1.1. La diffusion

Le diffuseur est chargé de la promotion du livre par l'organisation de campagnes promotionnelles, la livraison du livre dans les différents points de vente et la mise en place du « réassort », expression professionnelle pour le « réassortiment », le système de réapprovisionnement des détaillants. Il s'agit de commander la quantité nécessaire d'ouvrages en ménageant l'équilibre entre la disponibilité du stock et la fréquence des ventes. On estime actuellement de nombre de points de vente en France à 25 000[29].

Les diffuseurs assurent la promotion des ouvrages auprès des détaillants à l'aide de représentants exclusifs ou multicartes. Le travail de ces représentants varie considérablement selon le type de point de vente auquel ils s'adressent (hypermarchés, grandes surfaces spécialisées, enseignes multiculturelles, petits librairies, points de vente de presse, librairies-papeteries, grands magasins, etc.).

Jean-Pierre Ohl nous indique que les libraires et les représentants sont très proches les uns des autres, sociologiquement et psychologiquement :

« Ce n'est guère étonnant : très souvent, les représentants ont été libraires, et connaissent les difficultés de la profession. Les plus anciens... savent par expérience qu'il est inutile de « mettre en place » à toute force tel titre dans tel

---

[29] *Livres Hebdo, Le Marché du livre 2007, supplément au numéro 682*, 23 mars 2007. Fabrice Piault, rédacteur en chef adjoint de *Livres Hebdo*, indique qu'il s'agit là d'une estimation élevée qui comprend jusqu'au plus petit point de vente.

point de vente, ou d'extorquer au libraire une commande de vingt volumes quand celui-ci ne peut en vendre que cinq. A l'inverse, ils savent jouer de la spécificité de chacun des libraires comme d'une palette et positionner chacun des titres qu'ils défendent à un emplacement adéquat ».[30]

Ainsi, les représentants devraient être les alliés des libraires. Or, les premiers subissent une forte pression de la part de leurs directions – les diffuseurs – qui travaillent avec le distributeur. En effet :

« Les objectifs de mise en place fixés par le distributeur connaissent la même inflation galopante ; et le représentant se voit dans l'obligation d'user de son crédit auprès du libraire pour obtenir des notés suffisants sur certains titres jugés « sensibles » par sa direction commerciale, quitte à passer sous silence un autre titre plus conforme à ses goûts. Ils doivent aussi, souvent, à contrecœur, recourir à des arguments de moins en moins crédibles pour distinguer tel titre de tel autre au sein d'une production dont la masse empêche toute visibilité »[31].

Par ailleurs, comme l'indique également Jean-Pierre Ohl, la pratique de la « préconisation » tend à « déresponsabiliser le représentant comme l'office déresponsabilise le libraire »[32]. Les critères de recrutement des représentants évoluent : « De nouveaux VRP apparaissent, étrangers au monde du livre, fraîchement émoulus des écoles de commerce ».[33] Souvent, le représentant se trouve face à un acheteur qui n'est pas libraire. Dans la grande distribution et même chez certains grands libraires indépendants, les acheteurs attendent peu de leur représentant qui devient, selon l'expression de Jean-Pierre Ohl, un simple « porteur de valise » :

« En face d'un interlocuteur unique, aux objectifs bien peu littéraires, [le représentant] se borne à transmettre des informations formatées en amont par la direction commerciale, et ne rencontre qu'incidemment les vendeurs sur le terrain »[34].

La diffusion, pour résumer, s'intéresse à la mise en marché du livre. Le diffuseur est en contact direct avec les points de vente, grandes surfaces ou libraires. Le commercial se charge de la promotion des collections des éditeurs qu'il représente. Son rôle est essentiel dans la mise en valeur des nouveautés. C'est en fonction de la qualité des produits qu'il présente, de la remise qu'il

---

[30] Jean-Pierre Ohl, in Bessard-Banquy, Olivier, dir. *L'Edition littéraire aujourd'hui*. Presses Universitaires de Bordeaux, Université Bordeaux 3, Pôle des métiers du livre, 2006, p. 207.
[31] Jean-Pierre Ohl, *Ibid.*, p. 208.
[32] *Ibid.*
[33] *Ibid.*, p. 209.
[34] *Ibid.*

accorde, du relationnel qu'il entretient avec son interlocuteur que l'office (c'est-à-dire la commande standard) est revu et adapté aux besoins des points de vente. La diffusion s'opère avant que la machine de la distribution ne se mette en route. Rémi Amar, des éditions du Seuil, lors d'un forum organisé par le Syndicat National de l'Edition le 9 mars 2004, apportait une vision claire de la diffusion :

« Il est très difficile de faire un livre. Quand on arrive au bout, c'est presque un aboutissement. Or, en réalité, ça ne fait que commencer. L'objectif ultime est en effet de trouver un lecteur, ce qui passe par toute une série de gestes à faire, à commencer par réfléchir au bon diffuseur. Qu'est-ce qu'un bon diffuseur ? Ce n'est pas forcément le plus gros, celui qui a le plus d'équipes, le plus de représentants. En fait, le bon diffuseur est celui dont les équipes commerciales comprendront le mieux la spécificité éditoriale d'une maison d'édition. Au Seuil, parce qu'on a un style, une expertise, une expérience, on sait bien vendre certains livres. Dans d'autres cas, on n'est peut-être pas les meilleurs. En premier lieu, il faut donc se demander vers qui se tourner pour commercialiser tel livre. Ensuite, sachant que l'objectif est de trouver un lecteur, il faut réfléchir au marketing »[35].

Outre l'abondance de livres, la difficulté réside dans la définition des cibles et dans la segmentation des lectorats. Rémi Amar ajoute :

« Il est évident que tout le monde n'est pas lecteur de tout. Ceci suppose de motiver la force de vente qui va présenter l'ouvrage à un libraire déjà surchargé, mais aussi de ne pas oublier les relais médiatiques, par exemple la presse. Et chacun sait la difficulté de travailler avec la presse! Il ne s'agit pas simplement d'envoyer un livre en disant "Je vous signale que mon livre est paru". Il est nécessaire de fournir un travail de fond pour connaître les gens et faire connaître les collections »[36].

La diffusion d'un livre pour les grandes maisons d'éditions passe également par une collaboration avec les médias. Il s'agit de développer les actions des attachés de presse et de disposer de budgets de publicité importants. Avec Internet, une visibilité supplémentaire est possible pour l'éditeur. Bien qu'il soit encore peu fréquent de voir des consommateurs de livres consulter le site de l'éditeur avant d'acheter, la recherche en ligne est une démarche en développement. Ainsi, il est essentiel pour un éditeur de mettre à jour en permanence ses catalogues par mots-clé et par thèmes. La diffusion est avant tout une affaire de visibilité du travail de l'éditeur. Sans elle, comment savoir ce qui se publie ? Tant au niveau de la distribution qu'à celui de la diffusion, la difficulté demeure entière pour les petites maisons. Beaucoup s'éreintent à faire connaître leurs productions, en vain. Si la production demeure limitée, la vente et

---

[35] www.sne.fr/2_actualite/pdf_doc/Petite-edition.pdf
[36] *Ibid.*

la distribution le seront tout autant. En fait, une garantie de la visibilité serait de produire le plus possible. Montrez au libraire l'étendue de votre collection, et les commandes arriveront et la distribution pourra se mettre en marche. Pour les petites maisons d'édition, le regroupement est sans doute une issue possible.

1.2.1.2. Le système des offices

Ce système n'a pas d'équivalent dans les pays anglo-saxons. Le contrat entre le détaillant et le diffuseur permet à un choix de nouveautés d'être automatiquement envoyé au détaillant. Grâce à ce système, très contesté au demeurant, la gestion des flux est simplifiée. En ce qui concerne les réassorts, la distribution est plus complexe. Les commandes varient en qualité et en quantité, et les flux en sont considérablement complexifiés.

Depuis le début du XXIe siècle et le boom du e-commerce, la vente traditionnellement assurée par les sociétés de distribution et les libraires se trouve concurrencée par la voie électronique. Internet est devenu un mode privilégié d'achat et de vente de livres, en croissance exponentielle. Les ouvrages sont directement proposés aux lecteurs par plusieurs entreprises d'importance telles Amazon ou Google.

Cependant, bien qu'Internet, Wikipedia, le Projet Google ou d'autres encore soient susceptibles de faire évoluer fortement la chaîne du livre dans les années à venir, on peut penser que la forme codex a encore de beaux jours devant elle pour ce qui nécessite une lecture séquentielle, et pour les livres qui demeurent un objet à toucher, à aimer pour lui-même, tout autant qu'un support d'information, tels les romans, essais, bandes dessinées ou livres d'art.

A priori, le système des offices ne présente pas d'inconvénient pour le détaillant. Le système garantit la faculté de retour et lui permet de disposer d'un assortiment constant. Les arguments des éditeurs, via le diffuseur, auprès du détaillant sont les suivants :

- L'office permet de disposer des indispensables nouveautés et de ne pas rater de ventes

- L'office encourage la diversité de production en proposant aux détaillants des ouvrages qu'ils n'auraient pas commandés en compte ferme

- Le détaillant ne prend aucun risque car il peut retourner les invendus.

Toutefois ces arguments parfaitement recevables dans un système autorégulé perdent toute valeur dans le système actuel. En effet, comme le souligne Jean-Pierre Ohl : « L'énorme et périlleuse avance de trésorerie consentie par le libraire qui souscrit à l'office ne se justifie que par l'espérance raisonnable de vendre une partie conséquente de l'assortiment. Sinon, le stock enfle inutilement, les frais de retour – à la charge du libraire – grimpent, le temps passé à gérer les flux aller et retour grève son efficacité dans tous les autres domaines, et la gestion de son magasin devient une activité à peu près aussi exaltante que la course du hamster dans une roue sans fin. Il existait une clause tacite et de bon sens, au contrat de l'office : c'est que les livres étaient réputés vendables, ou à tout le moins que l'éditeur les publiait dans ce but. Est-ce bien toujours le cas en 2005 ? »[37].

Jean-Pierre Ohl montre effectivement que les éditeurs ont intérêt à dilater l'office afin de bénéficier de l'avance de trésorerie des libraires : « Comme tout système, l'office génère ses spéculateurs et ses aigrefins : en poussant les choses jusqu'à l'absurde, on pourrait très bien imaginer un éditeur qui subsisterait sans vendre le moindre livre, en usant de l'avance de trésorerie du libraire comme de traites de cavalerie. Nous n'en sommes pas encore là, sans doute, mais une chose semble sûre : une bonne partie de la production superfétatoire à laquelle nous assistons obéit à cette logique spéculative ». [38]

C'est bien ce qui inquiète aujourd'hui : éditeurs et distributeurs ont un intérêt financier incontestable à abuser du système de l'office. Les détaillants ne sont pas de taille à affronter les grands distributeurs et leurs éditeurs satellites. Quand bien même l'idée d'une réforme serait proposée, celle-ci se heurterait à d'autres résistances spécifiquement françaises parmi lesquelles on trouve la rentrée littéraire.

1.2.2. La distribution

La distribution est une lourde machine logistique qui s'intéresse essentiellement à l'acheminement et à la facturation du produit « livre ». Ce système ne se préoccupe pas des caratéristiques éditoriales du produit, pas plus que de son succès sur le marché.

La fin du XXe siècle témoigne d'une évolution des méthodes due à l'électronique et à Internet. Comme l'indique Olivier Bessard-Banquy, on assiste aujourd'hui au développement des centres de distribution qui intègrent toutes les étapes logistiques. La logistique gagne de l'argent. Tout est facturé : l'envoi des livres ainsi que tous les services autour des envois et des retours. La rotation des livres est accrue par cette imposante machine logistique. Il existe en France 6 ou 7 grands réseaux qui l'emportent dans tous les domaines et ne peuvent plus perdre d'argent. Ainsi, publier pour rentabiliser l'outil de distribution provoque une énorme circulation de livres.

---

[37] Jean-Pierre Ohl, *Ibid.*, p. 197.
[38] *Ibid.*

Le distributeur joue un rôle logistique rendu plus complexe par de multiples créneaux. Il gère le stock de livres pour le compte de l'éditeur. Il se charge du transport. Il répond aussi aux commandes des divers points de vente. Les distributeurs s'intéressent à l'ensemble des tâches matérielles liées à la circulation du livre en tant qu'objet commercial, ce qui implique également la gestion des flux financiers. Trois chiffres résument la situation des flux logistiques : chaque année 500 millions d'ouvrages provenant de 5000 éditeurs sont acheminés vers 25 000 points de vente.

La distribution génère du profit. Les fonctions d'auteur, d'éditeur, et de diffuseur demeurent moins rentables que la distribution, et les représentants de divers maillons de la chaîne du livre se plaignent de la lourde charge que représente cette dernière. En effet, celle-ci représente plus de 10% du prix du livre, ce qui est moins que le coût de l'édition, hors impression et promotion.

Jean-Pierre Ohl explique ainsi les profits du système de distribution :

« Le distributeur se rémunère à l'aller, par un pourcentage prélevé sur la vente, et au retour, par un autre pourcentage pénalisant l'éditeur. L'activité de distribution devient "un centre de profit indépendant", qui fait son miel de la vente comme du retour. Les éditeurs indépendants sont ainsi pris en otages, comme les libraires. Quant à ceux qui font partie d'un grand groupe, leurs pertes éventuelles sont largement compensées par les bénéfices du circuit de distribution. N'oublions pas que, parmi les cinq plus grosses plateformes de distribution, une seule (la Sodis) appartient toujours à un éditeur indépendant (Gallimard). Les quatre autres sont contrôlés plus ou moins directement par des capitaux qui n'ont rien à voir avec le métier d'éditeur : on ne s'étonnera pas, dans ces circonstances, que les logiques de groupe et les pratiques de type industriel prévalent sur toute autre considération… »[39]

L'organisation des grands groupes ainsi que le contrôle des capitaux est en effet un élément incontournable si on veut comprendre la logique de la distribution. Cette activité est aujourd'hui extrêmement concentrée entre les mains de partenaires financiers extérieurs au monde du livre. Il s'agit principalement des groupes qui détiennent Hachette et Editis, sur lesquels nous reviendrons dans les chapitres suivants. En chiffres, on constate que les 10 distributeurs les plus importants assurent 90% des flux physiques et financiers de 90% de la totalité de la production éditoriale. Les deux plus gros distributeurs, Hachette Distribution et Interforum (Editis) représentent près des ¾ du chiffre d'affaires du secteur. Au-delà de ce quasi duopole, on peut recenser trois autres entreprises importantes dans la distribution : Sodis (Gallimard), Volumen (Le Seuil La Martinière), l'Union Distribution (Flammarion). Au total, 190

---

[39] Jean-Pierre Ohl, *Ibid.*, p. 197-198.

diffuseurs/distributeurs prennent en charge la production dans son intégralité, représentant les 2 400 éditeurs qui passent par un distributeur.

La distribution s'est organisée en tant que nouveau métier au début des années 1970. C'est en effet en 1972 que la Sodis, le service de distribution des éditions Gallimard, est créée. En l'espace d'une trentaine d'années, ce métier s'est développé considérablement. On compte actuellement 7 gros distributeurs : Hachette, Interforum (Editis), la Sodis, UD (Groupe Flammarion), Volumen (regroupant Le Seuil et Diff Edit du Groupe la Martinière), MDS (Groupe Média Participations), et Dilisco (Groupe Albin Michel).

André Imbaud, PDG de la Sodis parlait son métier lors d'un forum organisé par le Syndicat National de l'Edition, le 9 mars 2004 :

« La distribution, c'est l'intendance. La fonction de distribution est au carrefour de l'imprimeur, de l'éditeur, du diffuseur et bien évidemment du libraire. Cette fonction va être de gérer des échanges : échanges d'information, échanges physiques et échanges financiers entre ces divers interlocuteurs. Les informations échangées avec l'éditeur et le diffuseur concernent tout ce qui a trait à la diffusion du produit et tout ce qui a trait au suivi des affaires, notamment avec les libraires au quotidien : j'ai passé une commande, il y a trois jours, je ne l'ai pas encore reçue, comment ça se fait ? J'ai reçu ça, je ne l'avais pas commandé ! Etc. ». [40]

C'est le distributeur qui facture aux libraires et qui recouvre le montant des commandes. La distribution est un pôle de pouvoir important. « Qui contrôle la distribution contrôle tout » pouvait-on entendre lors du rachat d'Editis par Hachette. En se regroupant, les deux premières enseignes de la distribution française distançaient leurs concurrents pour former une énorme structure monopolistique. Actuellement, l'ensemble des opérations de distribution se fait de manière informatisée. Le « zéro papier » est de rigueur : les points de vente sont pour la plupart informatisés et peuvent connaître l'état des stocks de leurs distributeurs et commander en ligne par Dilicom.

Après l'édition, la distribution s'est, à son tour, regroupée. Volumen a donné l'exemple, malgré les différences de politiques de distribution entre Le Seuil et la Martinière. La question récurrente, à chaque mouvement de concentration est : La distribution va-t-elle prendre le pouvoir sur l'édition ? Dans une interview à *Livres Hebdo*, André Imbaud est catégorique : « La distribution ne restera que de l'intendance et l'intendance ne prend jamais le pouvoir. D'ailleurs, qui sont les actionnaires des distributeurs ? ». [41]

---

[40] perso.orange.fr/cielj/charte/parcours%20livre.html.
[41] *Ibid.*

1.2.3. La gestion des flux informationnels

L'informatisation du monde du livre s'est développée considérablement. Voici la chaîne des informations :

- L'éditeur, à la signature du contrat avec l'auteur, demande une immatriculation ISBN.

- Trois mois avant la sortie prévisionnelle du livre, ces informations ainsi que le résumé du livre, un prix, parfois la couverture, etc., sont transmises par EDI (Echanges de Données Informatisées) au distributeur. Ces informations seront utilisées par le réseau de vente, c'est-à-dire par les représentants qui démarchent les libraires.

C'est entre ce moment où le distributeur acquiert les informations et la sortie effective du livre que les différents acteurs dans cette chaîne d'informations reçoivent les données.

- Dilicom récupère ces données afin que les libraires puissent gérer leurs commandes en amont de la sortie du livre.

- Electre acquiert l'essentiel de ses informations auprès de Dilicom. Les données sont alors corrigées et complétées[42].

Des erreurs dans les bases de données subsistent parfois du fait de l'éloignement entre l'émetteur de l'information (l'éditeur) et de ses médiateurs (Dilicom et Electre).

Voici, davantage en détail, les services que propose chacun des médiateurs d'informations :

1.2.3.1. Dilicom

Depuis 1989, le Ficher Exhaustif du Livre, géré par Dilicom (précédemment Edilectre), développe les Echanges de Données Informatisées (E.D.I.) entre les partenaires commerciaux du livre, c'est-à-dire les éditeurs, les distributeurs et les libraires. Dilicom permet le transfert électronique directement d'un ordinateur à un autre de plusieurs catégories de messages : commandes, catalogues, avis d'expédition, factures, etc., selon deux circuits distincts. Dilicom regroupe l'ensemble des fiches-produits dans une seule base de données. Ces fiches-produits sont des descriptifs normalisés de chaque livre édité comprenant toutes les données nécessaires à sa circulation commerciale : titre, auteur, éditeur, date de parution, collection, prix, code, format, etc. Dilicom est un

---

[42] Voir plu bas p. 42 davantage d'informations sur Electre.

service professionnel, destiné aux libraires et aux éditeurs et distributeurs pour faciliter la diffusion des catalogues et la transmission des commandes.

Plusieurs fonctions coexistent dans la base de données :

- Une fonction *annuaire* : la recherche à partir d'un mot pour retrouver l'éditeur.

- Une fonction *catalogue* : la recherche à partir d'un mot ou d'un titre de livre pour connaître les éditeurs.

- Une fonction *commandes et réalisation des commandes* (les commandes allant directement à l'éditeur / distributeur par voie électronique).

- Une fonction *suivi de commandes* qui indique la date et l'heure de la remise de la commande à l'éditeur.

- Une fonction *CELF* pour l'exportation du livre français à l'étranger.

- Une fonction *gestion des erreurs de saisie*.

Dilicom gère entre autres le Fichier Exhaustif du Livre (FEL) qui a pour objectif de référencer les livres et les éditeurs francophones quels que soient leur taille et leur système de distribution. Les informations de ce fichier sont strictement commerciales et font référence aux données nécessaires à la gestion des commandes par les libraires : titre, auteur, prix TTC, disponibilité, etc. Ce fichier est utilisé aujourd'hui par plus de 4 000 libraires pour effectuer leurs commandes et il alimente presque toutes les bases de données commerciales sur le livre français. Ce service est gratuit, mais, en contrepartie, il exige de la part de l'éditeur / distributeur un engagement dans la fréquence et la fiabilité des informations mises à disposition sur le FEL, telles que les nouvelles parutions, les changements de prix ou encore de disponibilité (ouvrage épuisé, en réimpression, etc.).

En effet, une base de données ne sert que si elle est fiable et donc régulièrement mise à jour. Cet engagement est pris lors de l'inscription en acceptant les termes de la « Charte Dilicom pour le FEL ».

Les éditeurs disposant d'un distributeur ne référencent pas les ouvrages, c'est au distributeur qu'il incombe de le faire. Il appartient à l'éditeur assurant sa propre distribution de procéder directement à son inscription au FEL. La procédure est simple en passant par Cyber Scribe. Pour la transmission des commandes, Dilicom offre un service payant pour les distributeurs et les éditeurs auto-distribués. Les tarifs dépendent de la taille de la maison, établis sur la base du nombre de titres au catalogue.

1.2.3.2. Cyber Scribe

Pour les distributeurs / éditeurs proposant plus de 1 000 titres à leur catalogue, l'inscription est directe auprès de Dilicom. Pour ceux qui offrent moins de 1 000 titres, l'inscription se fait auprès de Cyber Scribe, sur la base d'un forfait annuel, catalogue et commandes compris, lié au nombre de titres. Ce service permet aux éditeurs / distributeurs de gérer non seulement le référencement des ouvrages de leur catalogue sur le Fichier exhaustif du livre (FEL), mais aussi (entre autres fonctionnalités), de recevoir et de gérer les commandes des libraires. Il permet ainsi la gestion du catalogue dans le cadre du FEL, la consultation des news, la gestion des commandes, l'accès au fichier des librairies du réseau, et les statistiques des commandes.

Deux fois par jour, Cyber Scribe réceptionne, via le serveur de Dilicom, les commandes EDI des libraires et les met à disposition des éditeurs / distributeurs sous de multiples formats : consultation et édition sur le site, expédition par e-mail, expédition par fax, ou sous la forme de fichiers pouvant être traités directement par un système de gestion informatique.

A ce jour, Cyber Scribe gère pour le compte de Dilicom plus de 300 éditeurs qui représentent un catalogue de plus de 20 000 titres et un flux annuel de 600 000 lignes de commandes.

1.2.3.3. Electre

Sur son site Internet, l'organisme Electre indique qu'il est la filiale commerciale du Cercle de la Librairie, organisme interprofessionnel de promotion du livre créé en 1847. Electre produit les outils d'information de référence des professionnels du livre : la revue *Livres Hebdo*, des ouvrages spécialisés édités par les Editions du Cercle de la Librairie et la base bibliographique Electre.

« D'abord éditée sous forme papier, cette base a été informatisée dans sa forme actuelle en 1984. Les indisponibles sont conservés ainsi que les résumés des ouvrages. A l'occasion du Salon du livre de 1986, le Cercle de la Librairie présente le service Minitel Electre, "nouvel outil informatique des professionnels du livre". Par la suite, Electre ne cesse d'innover et de s'adapter aux nouvelles technologies. En octobre 1989, le CD-Rom Electre Biblio est créé. 300 000 titres sont alors disponibles. La base est enrichie de nouvelles fonctionnalités en 1995. La classification par niveau de lecture fait son apparition ainsi que la recherche par table des matières pour les ouvrages de Sciences, Techniques, Médecine et

Droit. Enfin, en octobre 1997, la première version du site Internet electre.com voit le jour »[43].

Aujourd'hui, Electre est une base de données professionnelle exclusivement destinée à la recherche de références bibliographiques. Cette base mise à jour quotidiennement comprend les notices de près de 900 000 livres en langue française (dont plus de 12 000 livres « à paraître »), un catalogage unique et rigoureux (qui inclut les références des indisponibles édités depuis 1984). Grâce à un moteur de recherche exclusif, les professionnels du livre ont facilement accès aux données, moyennant un abonnement.

1.2.4. La vente au détail

Il existe aujourd'hui de multiples canaux de vente. La librairie demeure la référence traditionnelle, mais celle-ci connaît actuellement des transformations radicales, principalement depuis l'apparition des grandes surfaces spécialisées ou de mégastores telle la FNAC apparue en 1954, dans laquelle le livre fait son apparition en 1974.

Le tableau ci-dessous montre qu'il existe en France très peu de points de vente avec un assortiment inférieur à 5 000 références.

Point de vente	Assortiment
Grandes surfaces spécialisées et multispécialistes	> 20 000 titres
Librairies générales à assortiment diversifié	> 10 000 titres
Librairies spécialisées	de 2 000 à 20 000 titres
Librairies-papeteries à choix restreint	de 1 000 à 5 000 titres
Hypermarchés	de 1 000 à 5 000 titres
Points de vente de presse	< 5 000 titres
Supermarchés et magasins populaires	< 5 000 titres

Seules les librairies générales à assortiment diversifié, les grandes surfaces spécialisées et multispécialistes, et, parfois, les librairies spécialisées, proposent

---

[43] http://www.electre.com/Home.asp?UpdateTicker=1&Width=1280

des assortiments dépassant les 20 000 titres, soit cinq fois supérieurs aux hypermarchés, points de vente de presse, librairies-papeteries, et magasins populaires.

Il importe également de signaler l'émergence de nouveaux types de points de vente, notamment pour les livres pratiques et les livres pour enfants. Les premiers (ouvrages consacrés au bricolage, au jardinage, à la cuisine, etc.) se vendent dans les magasins spécialisés dans ces domaines. Par ailleurs, les lieux de vente des livres pour enfants se multiplient, depuis les magasins spécialisés à la vente par correspondance, en passant par l'école. Pour l'ensemble, le commerce en ligne joue désormais un rôle croissant.

Les chiffres de la dernière décennie du XXe siècle montrent bien la croissance qu'ont connue les grandes surfaces spécialisées ou les hypermarchés. Cependant, il importe de noter la relative stabilité des librairies. Si la concurrence entre les points de vente s'intensifie et se diversifie, les librairies, protégées par la loi Lang, parviennent à conserver leur part de marché.

Cependant, on peut s'inquiéter des pressions que subissent les libraires qui ont tendance à s'aligner sur des pratiques commerciales les privant d'une identité et d'une valeur ajoutée dans le conseil qu'ils peuvent apporter au lecteur. Pour lutter contre la massification et l'unification, Jean-Pierre Ohl propose une « charte de non-prolifération » par laquelle l'éditeur et le diffuseur s'engageraient « à ne plus considérer la librairie comme un déversoir »[44], et le libraire s'attacherait à défendre une valeur de conseil en s'appuyant sur une diversité de fonds.

1.2.4.1. Les librairies indépendantes et autres circuits

Selon Olivier Bessard-Banquy, personne ne peut remplacer la qualité de conseil du libraire. En France, ce conseil a encore du poids. En outre les phénomènes du livre ne sont pas le fait d'une élite : ceux-ci peuvent trouver un écho populaire. Il s'agit donc de renforcer les systèmes d'aide et de soutien à la librairie traditionnelle, dont la situation est difficile. Le phénomène de rotation des livres la désavantage. Le ministère chargé de la culture, relayé par les différentes agences régionales du livre, a défini dans les années 1980 le concept de « librairie indépendante ». Sont écartées de cette catégorie les grandes surfaces spécialisées (FNAC, Virgin, Cultura, etc.), les hypermarchés et autres surfaces multiproduits qui peuvent afficher un rayon livres plus ou moins développé. Sont également écartées les librairies qui ne vendent que de l'ancien ou de l'occasion ainsi que celles proposant des ouvrages en langues étrangères, lesquels échappent aux lois sur le prix du livre en France. Est donc considéré comme « librairie » un point de vente dont le livre neuf est la principale activité,

---

[44] Jean-Pierre Ohl, *Ibid.*, p. 211.

ce qui permet d'intégrer certaines librairies-papeteries et maisons de la presse particulièrement importantes. La surface ou le nombre de livres proposés ne sont pas significatifs.

Reste le problème de la définition de la librairie. Une première définition est celle de l'INSEE qui recense en France un peu moins de 19 000 entreprises sous le code APE 524R (« Commerce de détail de livres, journaux et papeterie »). C'est l'Ile-de-France, les régions Rhône-Alpes et Provence-Alpes-Côte d'Azur qui comptent le plus grand nombre de librairies, mais également la plus importante population[45].

Les entreprises de diffusion du livre ont pour leur part adopté une segmentation en niveaux de clientèle :

- Le premier niveau (parfois segmenté en « librairies A » et « librairies B »). Selon les entreprises de diffusion, cette catégorie regroupe 700 à 1 300 clients les plus importants (librairies et grandes surfaces culturelles), soit en termes quantitatifs (chiffre d'affaires réalisé avec les éditeurs diffusés), soit en termes qualitatifs (capacité du libraire à « lancer » un titre, travail sur le fonds des éditeurs diffusés, etc.). Ces librairies représentent en moyenne de 60% à 75% du chiffre d'affaires des diffuseurs ; elles bénéficient de ce fait de visites plus fréquentes des représentants et des remises commerciales les plus élevées ; les 700 à 800 hypermarchés bénéficient d'une équipe spécifique de représentants.

- Le deuxième niveau (4 000 à 12 000 points de vente selon les diffuseurs) regroupe les petits points de vente de proximité, les supermarchés et les magasins populaires.

- Le troisième niveau désigne les très petits points de vente et les points occasionnels qui n'ont pas de compte ouvert chez les distributeurs et s'approvisionnent auprès de grossistes ou des plates-formes régionales des distributeurs. En effet, une des tendances de ces dernières années est la multiplication des points de vente du livre, qu'on peut trouver aussi bien dans un magasin de bricolage, une pharmacie, ou encore un magasin de jouets.

Quant au syndicat de la librairie française, sa charte spécifie :

« Pour être professionnel, le commerce de livres doit être directement géré par un libraire. Le libraire a acquis une culture qui lui permet d'avoir des connaissances suffisantes […]. Il se forme aux techniques de gestion commerciale, administrative et financière de l'achat et de la vente du livre […]. La librairie indépendante ne dépend pas d'une société ou d'un groupe financier

---

[45] *Livres Hebdo, Le Marché du livre 2006, supplément au numéro 637*, 17 mars 2006, pp. 58-63.

dont la logique est, par métier, financière [...]. L'indépendance est la liberté que possède le dirigeant de librairie de consacrer une partie raisonnable de ce qui pourrait être la marge bénéficiaire nette de son entreprise, à financer : la part de rotation lente du stock qui constitue son fonds de référence, et du personnel en nombre suffisant capable de choisir et de conseiller ».[46]

Jean-Claude Djian, dans son article « Le parcours d'un livre »[47], décrit les particularités de chacun des canaux de vente en France. Il s'intéresse aux grandes surfaces en prenant pour exemple le supermarché Carrefour de la porte d'Auteuil, à Paris :

« Parcours sans fin à travers les linéaires à la recherche du rayon livres. Pas de chance avec la rentrée, l'aménagement du magasin a changé. Bref, c'est derrière les rayons électroménagers, télévision et informatique, que j'ai enfin aperçu mes bouquins. Et pas n'importe lesquels : la grosse artillerie des romans best-sellers pour adultes en piles sur 2 tables de 2 x 4 m, plus une réservée aux dictionnaires et autres ouvrages thématiques. La littérature jeunesse avait quand même son coin. 3 mètres linéaire de rayons de livres et albums de grandes maisons d'édition (on ne prend pas de risque) à se partager avec des BD (enfants et adultes), auxquels il faut rajouter deux rayonnages tournants. Le premier pour les livres Pocket et Folio pour les jeunes, le second pour les polars et les livres à l'eau de rose (quel rapport avec la jeunesse ?). Non loin, se trouvait également une tête de gondole pour la BD de la rentrée (elle commence par Ti et finit par Teuf). Le choix n'est pas très large. A l'horizon, personne pour aider un consommateur-lecteur. "Un vendeur pour les livres. Pour quoi faire ?" me fait un conseiller du rayon informatique l'air ébahi comme si je lui avais demandé la lune. Livres-BOF (Beurre Œuf Fromage) qu'on pioche dans les rayons comme une vulgaire pizza surgelée. Point barre ou plutôt code barre ».[48]

Si nous devons comparer cette description à l'image que nous avons d'un espace culturel, nous trouverons principalement une différence d'échelle : davantage d'espace et de références, une même foule et aussi peu de conseil.

Fort contraste avec la librairie traditionnelle, telle qu'elle est maintenant décrite par Jean-Claude Djian :

« Changement de quartier, changement d'ambiance, changement de lieu de vente. Librairie L'enfant lyre rue Saint-Sébastien dans le 11e à Paris. L'endroit est petit, 70 m² dont la moitié est consacrée à la surface de vente. La libraire, Christine Winter, est spécialisée depuis plusieurs années dans la vente de livres jeunesse. "Un plaisir et une passion" avoue-t-elle. Ses clients sont principalement

---

[46] www.syndicat-librairie.fr/images/charte.pdf
[47] perso.orange.fr/cielj/charte/parcours%20livre.html
[48] *Ibid.*

des personnes du quartier qui lui sont fidèles. "Ma surface restreinte m'oblige à faire des choix parmi les livres que je propose à ma clientèle. Il faut parfois que je fasse des concessions par rapport aux offices en acceptant des ouvrages qui ne font pas forcément partie de mes coups de cœur. Mais ces concessions ne m'empêchent de garder mon côté militant". Christine Winter fait partie de ces libraires qui aiment promotionner des jeunes auteurs, des petites maisons d'éditions. Elle est toujours disponible pour un conseil de lecture, le choix d'un livre. Les ouvrages, en rayon ou posés sur tables, elle les connaît et elle peut en parler. Tout le contraire des deux autres lieux visités ».[49]

Nombreux sont les consommateurs qui, tels les clients de Christine Winter, s'accordent le plaisir de préférer la librairie aux autres types de point de vente. Le consommateur y trouve un cadre davantage propice à l'achat d'un livre ainsi que le conseil qu'il attend. C'est bien cette qualité relationnelle que la Loi Lang défend en matière de distribution.

Après le supermarché et la librairie traditionnelle, prenons l'exemple des Grandes Surfaces Multimédia, situation fréquente aujourd'hui des structures hybrides : conjugaison d'espaces de vente traditionnels de plusieurs types de support et de vente numérique, dans ce qu'on appelle les GSM. Celles-ci sont représentées par plus de 250 points de vente en France. Parmi de multiples supports culturels, le livre représente 15 à 30% du chiffre d'affaires total[50]. A ce titre, la FNAC[51] (68 magasins et 50% du chiffre d'affaires des GSM en 2005[52]), les Espaces Culturels Leclerc[53] (102 points de vente) et l'enseigne Cultura[54] sont trois exemples de syncrétismes multiples.

Le dernier exemple cité, Cultura, est un système lourd : non seulement 34 magasins implantés en France dans les zones commerciales de périphérie des grandes agglomérations ou des villes moyennes mais également de la vente par correspondance sur Internet. La structure crée 200 emplois par an. Cultura s'intéresse aux biens culturels : on y vend non seulement des livres mais aussi des CD et des DVD, des billets de spectacles, du multimédia et de la papeterie, des loisirs créatifs et beaux arts, aux particuliers comme aux collectivités, dans toute l'Europe, par l'intermédiaire des services de La Poste (Colissimo et Chronopost). On peut réserver des articles avant même leur sortie. Ceux-ci sont expédiés dès leur parution. Cultura propose également des activités de

---

[49] *Ibid.*
[50] Syndicat National de l'Edition (SNE), *L'édition en perspective 2005-2006*, p. 36.
[51] http://www.fnac.com/
[52] Syndicat National de l'Edition (SNE), *L'édition en perspective 2005-2006, op. cit.*, p. 36.
[53] http://www.eleclerc.com/c2k/portail/enseigne/enseignes_fiche_culturel.asp
[54] http://www.cultura.com/?bi_tracked=1&sstlcmpid=8888&xtor=SEC-38&gclid=CLaq0ueMmI4CFSbXXgodwiqwSQ

proximité : concerts, ateliers de création musicale. L'accent est placé sur l'aspect créatif et la convivialité de la démarche d'achat par le client... [55]. Des canapés et des fauteuils sont mis à la disposition des clients : marketing personnalisé de masse. Cultura entend faire converger l'efficacité quantitative de la grande distribution et la qualité relationnelle non seulement d'un commerce de proximité personnalisé, mais également d'un lieu d'échanges culturels. Ainsi Cultura, qui ne renie évidemment pas sa raison d'être économique et commerciale, semble néanmoins vouloir renouveler le commerce culturel en privilégiant l'image sociale de l'échange, en s'intégrant au paysage culturel local, et en orchestrant la promotion de produits et d'auteurs prétendument négligés par les grands groupes de distribution : « Fidèle à sa vocation, Cultura va au-delà de sa fonction de distributeur de biens culturels pour révéler de nouveaux talents et inspirer des passions créatives à ses clients »[56]. Cultura se tourne également vers les auteurs eux-mêmes : « Depuis 2003, Cultura poursuit une démarche de soutien à la création littéraire. Chaque année, des auteurs au talent prometteur sont sélectionnés par les libraires Cultura. En partenariat avec leurs éditeurs, l'enseigne les accompagne dans la présentation au public de leur création. Cette initiative marque la volonté d'offrir à des auteurs talentueux, mais peu médiatisés, une forte visibilité auprès du grand public et ainsi de favoriser la découverte de leur roman. En 2004, l'attribution du Grand Prix du Roman de l'Académie française à l'un d'entre eux, Bernard du Boucheron, pour *Court Serpent* (Gallimard), est venue confirmer la richesse de cette sélection Cultura ».[57]

Autre exemple, la FNAC :

Anciennement « Fédération nationale d'achats des cadres », fondée en 1954 puis devenue « Fédération nationale d'achats » lors de son ouverture au grand public, la chaîne de magasins FNAC s'est spécialisée dans la distribution de produits culturels et électroniques. Progressivement les rayons se sont étoffés avec l'apparition de nouveaux matériels électroniques domestiques. La FNAC est

---

[55] Site de Cultura : « Cultura s'inscrit au-delà du seul acte d'achat en développant une approche novatrice de l'espace et de la relation. "Le temps passé dans le magasin par un client doit, en soi, être un plaisir", souligne Philippe Van der Wees. *A contrario* d'enseignes hyper-consuméristes, où l'achat, dominé par l'utile, constitue la seule finalité, Cultura propose un univers où la consommation est le reflet direct d'un bien-être partagé. Chez Cultura, il n'y a donc pas que de l'espace qui "vend", occupé par des objets, mais aussi de l'espace offert, propice à la relation ».

http://www.cultura.com/?bi_tracked=1&sstlcmpid=8888&xtor=SEC38&gclid=CLaq0ueMmI4CFSbXXgodwiqwSQ

[56] *Ibid.*
[57] *Ibid.*

désormais le leader de la distribution de produits culturels et de loisirs en Europe occidentale et au Brésil. En 2006, la Fnac dispose de 68 magasins dans 56 villes de France, et 49 points de vente répartis dans 8 pays, d'un site d'achat en ligne « Fnac.com » et d'un magasin de musique en ligne, FnacMusic. Au cours de la même année, la Fnac prévoit l'ouverture de 12 magasins supplémentaires à l'étranger dont 7 en Espagne. À l'horizon 2008, l'entreprise compte également ouvrir 6 nouveaux magasins au Brésil, 4 en Italie et 2 en Suisse. En 2006, l'entreprise réalise 25% de son chiffre d'affaires à l'étranger. En 2007, plusieurs sites FNAC ouvrent en périphérie des villes (Bordeaux, Vannes, etc.). Un nouveau concept voit le jour « FNAC Périphérie ». 5 ouvertures prévues en 5 ans. Outre les produits culturels, on trouve également dans l'offre FNAC les appareils électroniques grand public, ainsi que le multimédia. L'offre est articulée autour de six types de produits : livres, disques, micro-informatique, son, vidéo, photographie. Les services proposés à la clientèle (développement photo, vente de voyages, de billets de concerts, spectacles et événements) contribuent à la réputation de la FNAC dans le domaine des loisirs. Le principal concurrent de la FNAC en France est le distributeur Virgin Mégastore. On trouve également les magasins Planète Saturn, une filiale du groupe de distribution allemand Metro AG.

En ce qui concerne ses prix pour le livre, La FNAC tente d'aller au-delà de la politique tarifaire française par l'abandon de sa célèbre remise de 5% sur tous les livres permise par la loi Lang. Malgré cette annonce pour janvier 2007, le site Internet affiche encore la remise de 5%, montrant la volonté de la FNAC de rester compétitive. Par ailleurs, la FNAC annonce une nouvelle politique salariale en 2007 avec pour la première fois dans son histoire un plan de licenciement d'environ 1000 salariés, dont environ 300 administratifs dans un premier temps puis les disquaires et les libraires. De plus, la Fnac compte réduire le salaire fixe de ses employés en augmentant considérablement le variable sur le même principe que la commission qui existe chez les vendeurs de la concurrence (Auchan, Darty, etc.). Ces mesures d'austérités témoignent de l'âpreté de la concurrence.

« La Fnac doit évoluer. Elle ira désormais chercher les clients de la périphérie, en ouvrant 5 magasins par an en centre commercial. Elle n'a que 5% de part de marché en périphérie contre 25% en centre-ville. Autre exercice difficile, elle doit transférer près d'un millier de vendeurs vers d'autres postes. C'est la conséquence du déclin du disque et des travaux photos. Au troisième trimestre, le chiffre d'affaires a augmenté de près de 6% (4,5% en France et plus de 9% à l'étranger). Face à une concurrence de plus en plus nombreuse, aurait-elle mangé son pain blanc ? L'idée entretient la rumeur de sa cession. La banque suisse UBS a démenti hier avoir été mandatée pour l'opération »[58]. Denis

---

[58] perso.orange.fr/cielj/charte/parcours%20livre.html

Olivennes assure au Figaro que « la Fnac n'est pas en vente ». Il ne dit pas qu'elle n'est pas « à vendre »[59].

Voici la description que donne Jean-Claude Djian, avec autant de sévérité que sur les grandes surfaces :

« C'est la cohue. Normal. Je suis entraîné par la foule et me laisse porter jusqu'au coin des livres, sans m'arrêter au rayon des CD. Des livres, des livres, des livres. Il y en a beaucoup, certainement trop, à ne plus savoir où poser les yeux. Et puis ce monde ! Même constat en secteur jeunesse. Sur des tables sont posées des nouveautés, des jeunes et des moins jeunes les feuillètent. Les rayons regorgent de bouquins. Pas simple pour trouver un titre précis ou des ouvrages par catégorie d'âge si on ne connaît pas le classement des livres de la maison. Les conseillers sont assaillis. Il faut faire la queue pour avoir un renseignement. Quand l'un d'eux me le donne, il montre un coin d'une main lasse. "C'est par là, à gauche. Désolé je n'ai pas le temps de vous aider plus". La foule du week-end de rentrée n'est pas propice aux conseils de lecture. Alors on se résigne à chercher au petit bonheur et parfois on trouve, mais ce samedi-là, j'ai fait chou blanc. C'était certainement un mauvais jour pour dénicher dans l'amoncellement de bouquins ce que je cherchais. Chez ce multispécialiste, on trouve quasiment l'ensemble des livres et albums des éditeurs qui font appel aux gros diffuseurs et distributeurs. Les petits éditeurs n'ont pas leur place dans ce "temple" de la consommation culturelle de grandes marques. Le bruit de la foule est couvert par celui des caisses enregistreuses. Ici culture et argent font bon ménage ».[60]

Cette critique est également une illustration du succès de la FNAC, tant il est certain que ce multispécialiste attire les foules. Pour les produits culturels et de loisirs, la FNAC est devenue une référence incontournable chez bon nombre de français, qui lui attribuent une excellente image. Et c'est en se montrant à l'écoute du marché que cette enseigne effectue son positionnement[61].

La FNAC offre à la fois un modèle particulier propre à la France et une logique commerciale globale. Le modèle français de la FNAC s'est vite étendu à d'autres pays et a assis un positionnement clair et évolutif.

---

[59] *Ibid.*
[60] *Ibid.*
[61] Comme l'indique Marc Vanderhagen, directeur de la FNAC de Nantes : « Même lorsqu'on souhaite effectuer un assortiment de CD en s'appuyant sur des événements culturels nantais comme « Les Folles Journées », il importe d'être à l'écoute du client et de répondre aux attentes du marché ». Entretien avec Christine Evain, Nantes, septembre 2006. Voir également à ce sujet le commentaire du libraire Christian Thorel, *infra*, p. 45.

Le débat concernant la défense de la librairie indépendante reste l'un des principaux sujets relatifs à la distribution du livre en France. Si tous les acteurs de la chaîne du livre s'accordent à dire que la loi Lang a fortement contribué à maintenir un réseau dense et diversifié de librairies sur l'ensemble du territoire français, l'inquiétude concernant les mouvements de concentration demeure.

Enfin, quel que soit le circuit de distribution, le phénomène des retours des livres depuis les points de vente vers les éditeurs constitue un problème de plus en plus difficile à gérer. Ce phénomène qu'il convient d'appeler une « logistique inversée » grève la trésorerie des détaillants (notamment des plus petits). Les chiffres sont inquiétants : sur la somme des livres expédiés vers les points de vente, près de 25% sont invendus, et donc retournés. Ces ouvrages sont alors remis en stock (pour une réexpédition éventuelle) ou bien pilonnés.

1.2.4.2.1. Les webrairies

Notre époque apporte également un nouvel accès au fond par Internet avec les webrairies, désormais incontournables, et qui ne sont pas nécessairement les ennemies du libraire. On peut les considérer comme un canal de vente complémentaire. Thomas Lot, PDG de Amazon France, s'exprime dans *Livres Hebdo* en juin 2006 : « Le commerce en ligne ne représente que quelques points du marché total, mais nous passerons à 10-15% en 2010 »[62]. À l'heure actuelle, à peine une poignée de sites représente l'essentiel du marché français : Amazon.fr, la Fnac.com, Alapage, Chapitre.com (spécialiste des livres rares et de collection), PriceMinister, Abebooks (société canadienne). Mais ce secteur atteint aux Etats-Unis plus de 10% des ventes. PriceMinister, lancé en 2001, est un acteur français qui s'est fait une place par l'originalité de sa démarche marketing et de sa cible. Il est non seulement possible de trouver des livres épuisés et soldés en librairie et des ouvrages d'occasion sur le site, mais celui-ci a mis en place une plateforme d'échanges entre particuliers. Dans *Livres Hebdo*, son PDG, M. Kosciusko-Morizet, indique : « Le secteur est florissant aujourd'hui car il y a eu un écrémage et les boîtes non sérieuses ont sombré »[63]. Un constat s'impose : le commerce des livres en ligne répond à diverses attentes précises non seulement des lecteurs, mais également des divers acteurs de la chaîne du livre. Xavier Garambois, directeur général d'Amazon France en 2007, explique : « J'ai retenu trois [points]. Le premier, c'est que le lecteur veut avoir le choix. […] Nous sommes dans une configuration sur Internet, chez Amazon, où nous ne sommes pas limités par la place de rayonnage. […] Nous avons donc la possibilité de porter les millions d'ouvrages, de fonds, qui constituent la richesse de notre patrimoine éditorial, que les éditeurs ont développés et sur lesquels les éditeurs ont investi. Nous portons donc ce fonds. Et j'ose croire des chiffres que je vois

---

[62] Jean-Claude Djian, « le parcours d'un livre », *Les Nouvelles* n° 26 26/10/2004 http://perso.orange.fr/cielj/charte/parcours%20livre.html.
[63] *Ibid.*

remonter de nos ventes qu'une partie importante des livres que nous vendons ont été édités il y a plus de cinq ans. C'est pour moi un premier signe que nous sommes des bons vendeurs de fonds. Une partie très importante de nos ventes est constituée uniquement par des ouvrages qui ont été édités il y a plus d'un an. […] L'éditeur fait un travail phénoménal de construction de l'ouvrage et de promotion de son ouvrage. […] Nous ajoutons de la valeur économique en vendant ce fonds. Puisque finalement, ces ouvrages, on ne les trouve nulle part ailleurs. Mais on donne de la valeur aussi économique à l'autre bout de la chaîne. C'est-à-dire qu'en proposant sur Internet de précommander chaque nouvel ouvrage qui sort, quelques mois avant sa sortie, nous enregistrons là aussi des ventes qui n'auraient pas nécessairement existé préalablement. Par conséquent, nous enrichissons la chaîne de valeur aux deux bouts. Dans un environnement […] où des questions se posent et où les acteurs du livre tentent de se positionner, il me semble qu'à ce titre, nous apportons de la valeur. Donc, le client veut avoir le choix. Mais le client est aussi partout. C'est le deuxième "simplisme", si je puis dire. Pas tout le monde n'a une librairie de qualité proche de chez lui, ou tout simplement une librairie proche de chez lui. Ce ne sont plus là nos rayonnages, mais c'est notre zone de chalandise qui finalement est illimitée. Nous avons la chance de pouvoir livrer partout : dans les îles bretonnes, en Corse, chez les expatriés de Pékin, etc. […] Et nous pouvons apporter cet immense catalogue au plus grand nombre. C'est une adéquation entre deux univers quasiment infinis que nous essayons finalement de rechercher. C'est là aussi où nous créons une valeur qui était jusqu'à aujourd'hui sous-exploitée. Le client veut avoir le choix et le client est partout. Le troisième point, c'est que le client a quelque chose à dire. Le lecteur a envie de s'exprimer. Ce qu'Internet propose, ce que nous proposons sur un site comme Amazon, c'est l'interactivité. C'est le fait pour un lecteur de dire ce qu'il pense d'un ouvrage, c'est le fait de dialoguer avec un autre lecteur. C'est le fait d'être capable de comprendre comment ses goûts sont partagés par d'autres qui ont les mêmes goûts. Et tout cela nous permet de créer des dynamiques de communautés qui à nouveau vont faire ressortir certains ouvrages de fonds de catalogue pour les remettre au goût du jour. C'est à nouveau à cela que l'aspect "expression" aboutit finalement. Je finirai simplement par dire […] que l'interactivité est de la part du lecteur, mais elle est aussi de la part de l'éditeur. C'est là ma vision des premiers pas où nous en sommes, des premiers pas dans le numérique. C'est que l'éditeur a le moyen, grâce au numérique du texte, de toucher directement le lecteur, de le toucher d'une autre manière. On peut imaginer beaucoup de développements autour de cela. Mais c'est un pas de plus dans l'interactivité entre le lecteur, son éditeur, son auteur. Ce qui nous permet d'insuffler une nouvelle dynamique dans ce marché du livre. Je ne pense pas que nous avons une vocation à nous substituer à qui que ce soit. Nous avons simplement une place dans ce marché. Nous répondons à un certain nombre d'attentes chez nos lecteurs. Nous mettons toute notre énergie à travailler sur ces points simples »[64].

Certains éditeurs s'alarment de la propagation des webrairies. Alain Flammarion indique dans *Livres Hebdo* : « ce qui est certain c'est que ce mode de vente se développe beaucoup plus vite que les modes traditionnels ».[65] Et il ajoute : « Amazon vend énormément de livres de fond. Et c'est préoccupant parce qu'on se dit que ce marché sera dans leurs mains »[66]. Si le caractère complémentaire des webrairies est accueilli favorablement par une large part du public, c'est la perte de pouvoir des librairies et de leur valeur ajoutée particulière – le conseil du libraire au lecteur – que semble redouter ici Alain Flammarion à l'instar de bon nombre de lecteurs avertis ou tenant à le rester.

Une stratégie double est celle de plusieurs librairies dont Ombres Blanches, librairie fondée par Christian Thorel, à Toulouse[67], Sauramps à Montpellier[68], Dialogues à Brest[69], Mollat à Bordeaux[70], Le Furet du Nord à Lille[71]. Grande et belle structure, Ombres Blanches travaille à la fois sur la vente traditionnelle et sur la vente numérique. Christian Thorel est l'un des défenseurs de la cause des petites librairies indépendantes de qualité, et adaptées au monde contemporain. Avec plusieurs de ses confrères, il a construit le site de vente Datalib[72], grâce auquel 200 000 titres sont vendus chaque année. Il déclare : « Je représente ici un commerce ancien que l'on donne pour le plus fragilisé par les évolutions non seulement techniques et culturelles, mais j'ajouterais sociales et urbaines. Dans un univers qui se numérise […] l'obsession majeure de tous les acteurs du livre est le paysage de demain : sa composition, ses éléments et même les livres et les lecteurs […] La librairie est encore indissociable de la vie de la ville. Son visage évolue, sa destination aussi, son commerce est souvent déplacé ailleurs dans des lieux improbables. Le commerce des livres n'y est d'ailleurs pas le même. Il y est plus adapté à la demande, je dirais même plus conforme. Faut-il y être présents, y suivre ou y précéder les clientèles en rupture avec la ville ancienne ? Je ne sais pas. Ce sont des questions que l'on se pose, mais on n'a pas toujours la bonne réponse. On pourra nous reprocher notre obstination à déployer notre commerce et notre savoir-faire dans un territoire en crise, le centre-ville, y

---

[64] Colloque « L'avenir du livre », *op. cit.*, p. 68.
http://www.centrenationaldulivre.fr/spip.php?article1001.
[65] *Ibid.*
[66] *Ibid.*

[67] info@ombres-blanches.fr http://www.ombres-blanches.fr/index.php
[68] http://www.sauramps.com/
[69] http://www.dialoguesenligne.com/
[70] http://www.mollat.com/
[71] http://www.furet.com/
[72] http://www.datalib.net/index2.php

percevoir une forme dévoyée d'élitisme. Mais qui songe à brocarder un agriculteur, un jardinier, un aménageur dans leur mission d'entretien du paysage ? Nos villes sont des territoires à préserver. La présence des cinémas, des théâtres, des salles de concert, des librairies, voire des cafés est inaliénable de leur usage, de leur culture. Il suffit de visiter une librairie un samedi ou un jour de vacances scolaires pour reconnaître le besoin de toucher, d'effleurer avant de s'éprendre et d'élire avant de lire. Entre nous, ce toucher, ce "comparer" est quand même bien excitant que le feuilletage en ligne »[73].

Constatant qu'une des armes des grands groupes de vente numérique est de contourner la loi Lang en pratiquant l'exonération des frais de port du livre, Christian Thorel a récemment porté plainte contre Amazon.com. Il déclare : « L'Angleterre a vécu [un] cauchemar. C'est-à-dire que les libraires indépendants ont disparu en grande majorité du paysage anglais. Je crois qu'ils ne représentent plus que moins de 10% de la vente de livres en Angleterre. Je persiste à penser que [la loi Lang] a montré toute sa validité. […] Je suis très heureux que la Fnac se soit d'une certaine façon ralliée, avec la disparition de la remise de 5% automatique, à la totalité de cette loi. […] Il est évident qu'aujourd'hui nous en avons besoin plus que jamais. Je pourrais dire que d'une certaine manière la loi n'est pas tout à fait en application sur Amazon. […] Parce que la gratuité du port n'est pas tout à fait compatible. La justice dira en appel ce qu'elle aura à dire, j'espère dans les mois qui viennent. J'espère que finalement cette gratuité du port pourra disparaître pour nous remettre un peu tous à égalité. C'est l'avenir qui le dira »[74]. En novembre 2007, constatant sans doute que les jours du système de livraison gratuite sont comptés, Xavier Garambois d'Amazon envoie le mail suivant à ses acheteurs habituels :

« Chers clients d'Amazon, vous faites partie de nos meilleurs clients et nous vous remercions chaleureusement de votre fidélité. Depuis son lancement, Amazon.fr consacre toute son énergie à vous proposer la plus large offre de produits qui soit, au meilleur prix. Par exemple, nous appliquons en permanence la remise maximum autorisée de 5% sur les livres français. Afin de faciliter la découverte des millions de livres qu'Amazon.fr propose sur son site, la livraison est gratuite en France métropolitaine pour tous les livres, sans minimum d'achats. Ceci autorise un accès plus facile et plus direct à la création littéraire, notamment pour ceux d'entre vous qui sont éloignés des points de vente physiques, ou qui ne peuvent s'y rendre facilement. Aujourd'hui, votre droit à la livraison gratuite est menacé. Le Syndicat de la Librairie Française (SLF) a intenté une action en justice contre Amazon, et contre d'autres libraires sur le Net, visant à nous faire renoncer à la gratuité des frais de port sur les livres. Amazon.fr ne pense pas que

---

[73] Colloque « L'avenir du livre », *op. cit.,* p. 63-66. http://www.centrenationaldulivre.fr/spip.php?article1001.
[74] *Ibid.,* p. 69.

cette action aille dans l'intérêt des lecteurs, ni d'ailleurs dans celui des auteurs et écrivains. Aussi allons-nous continuer à défendre vigoureusement votre droit à bénéficier de la livraison gratuite. En tant que lecteur, votre opinion en la matière est très importante, et nous sommes persuadés que les libraires du Syndicat de la Librairie Française apprécieraient aussi de connaître votre avis. Si vous tenez à la livraison gratuite, merci de nous le dire et de le faire savoir au SLF. Vous pouvez ainsi envoyer votre point de vue à Amazon. A bientôt. Xavier Garambois, Directeur Général ». L'affaire suit son cours.

Un exemple d'évolution réussie : France-Loisirs[75] :

Phénomène important par l'étendue de sa clientèle, notamment rurale mais pas seulement, France-Loisirs est l'exemple même des clubs de vente de livres par correspondance. France-Loisirs, qui appartient au groupe allemand Bertelsmann[76], réserve ses ventes à des abonnés ou à des adhérents. Celles-ci s'effectuent par correspondance, mais également par courtage, abonnement ou dans des points de vente spécialisés, librairies portant l'enseigne France-Loisirs et ne vendant que les ouvrages estampillés France-Loisirs. L'entreprise fixe son prix de vente au public, mais en vertu de la loi Lang, celui-ci ne peut être inférieur au premier prix de vente que neuf mois après la première édition[77].

France-Loisirs comme les autres clubs de vente de livres, puis de musique par correspondance, a préfiguré le développement actuel des webrairies. Mais cette concurrence récente n'a pas porté un préjudice majeur aux anciennes enseignes, qui elles-mêmes ont su évoluer et s'adapter aux nouvelles pratiques de la relation client-fournisseur par Internet. Ainsi une part de l'activité de France-Loisirs se situe aujourd'hui sur son site web[78], sur lequel on peut acquérir non seulement des livres mais des CD, DVD, et télécharger des jeux, de la musique, des films, réserver des séjours de vacances et même faire tirer les photos de ces mêmes vacances.

D'autres clubs suivent une politique analogue, tels Le Grand Livre du Mois[79], propriété à 50% d'Albin Michel, et à 50% du Club Français du Livre[80].

---

[75] http://www.franceloisirs.com/catalogue/accueil.jsp
[76] http://www.bertelsmann.com/bertelsmann_corp/wms41/bm/index.php?language=2
[77] Carlier, Jean-Pierre, *Les Clubs de livres aux USA, au Royaume-Uni, en Allemagne, en France, en Suisse et en Belgique : études comparatives*, Institut supérieur d'études sociales de l'Etat, Bruxelles, 1972.
[78] http://www.franceloisirs.com/catalogue/accueil.jsp
[79] http://www.grandlivredumois.com/glm/index.php
[80] http://fr.transnationale.org/entreprises/club_francais_livre.php

1.3. Le soutien de l'Etat

« Le livre n'est pas un produit commercial comme les autres ». Telle est l'idée force à la fois des autorités et des professionnels du livre en France. Depuis le début les années 1970, cette préoccupation, qui s'inscrit dans le cadre de « l'exception culturelle française » ainsi que du concept « France, nation littéraire »[81] qui rassemblent bon nombre de citoyens français de toutes sensibilités politiques, a dicté le vote – à l'unanimité – comme la mise en œuvre de la loi Lang en 1981, de la loi du 20 juin 1992 relative au dépôt légal, de même que le Code de la propriété intellectuelle en 1992 et la loi du 18 juin 2003 sur la rémunération au titre du droit de prêt en bibliothèque. Ces lois, que nous verrons en partie reprises par le Canada paraissent à ce titre exemplaires dans le monde global.

Au mois de décembre 2006, le ministre français de la culture et de la communication, Renaud Donnedieu de Vabres, présente et définit une « nouvelle politique du livre ». Il décrit une situation relativement protégée, mais désormais « fragilisée ». Plusieurs facteurs sociaux viennent perturber l'accès d'une large part de la population française au livre et accentuer la défaveur de la lecture chez les adolescents : perte du respect de l'objet-livre, sa durée de vie limitée, la concurrence numérique. Le ministre souhaite accompagner ce secteur dans les mutations importantes qu'il doit connaître au XXIe siècle. Il s'agit, au terme d'un audit, de moderniser stratégiquement le soutien et les aides financières de l'Etat. Il propose l'augmentation de moyens consacrés au livre : + 6,7% en 2007, soit 24 millions d'euros, et la mise en place de la mission « Livre 2010 » de concertation interprofessionnelle et de prospective.

Le ministre donne des chiffres :
- avec 3 milliards d'euros par an, le livre est la 3e industrie culturelle en France, derrière l'audiovisuel et la presse, et fait vivre 60 000 personnes dont 50% dans l'édition et la librairie et 50% dans les bibliothèques. C'est un secteur dynamique riche de son marché intérieur et de la puissance des ses grandes entreprises.
- Le Centre national du livre (CNL) sera doté de 14 millions d'euros de recettes supplémentaires en 2007, et en consacrera 4 aux acteurs de la chaîne du livre : 700 000 euros pour les éditeurs, pour les auteurs 3 bourses « Jean Gattegno » de 50 000 euros chacune, 200 000 euros d'aide aux manifestations littéraires et à la traduction, 500 000 euros pour la modernisation des librairies, et la création d'un régime d'aide qui permettrait aux collectivités territoriales qui le

---

[81] Pricilla Parkhurst Ferguson, *La France nation littéraire*, Editions Labor, Bruxelles, 1991.

souhaitent d'apporter des aides économiques directes aux libraires comme ils peuvent le faire pour les salles de cinéma.

- 10 millions d'euros d'aide au projet de bibliothèque numérique européenne qui se construit sous le contrôle de Serge Eyrolles président du Syndicat national de l'édition (SNE) avec trois représentants du CNL, du SNE et de la Bibliothèque nationale de France (BNF), chargés de veiller à l'équilibre entre intérêts privés et intérêts publics.

Le 22 février 2007 le colloque Livre 2010 se tient sous la présidence du ministre chargé de la culture, à l'Institut d'Etudes Politiques de Paris. Onze tables rondes ont été organisées à Paris et en régions, entre septembre 2006 et février 2007, afin de croiser les regards de l'ensemble des acteurs. Deux grandes questions sont abordées : la place du livre dans la création et la vie culturelle ainsi que dans les modalités d'accès au texte, et les enjeux fondamentaux de la médiation. Auteurs, éditeurs, libraires, bibliothécaires, débattent de leur rôle et de leurs responsabilités au regard des évolutions en cours. Ces débats devraient aboutir à un plan, "Livre 2010", qui redéfinira les missions des bibliothèques, les choix budgétaires de l'Etat en la matière, ainsi que les critères de mesure de l'activité des bibliothèques. Le rôle de l'Etat sera renforcé : « C'est d'un Etat stratège que le livre a besoin aujourd'hui, un Etat recentré pleinement sur ces fondamentaux que sont l'évaluation, l'analyse, la proposition, le contrôle »[82]. Par ailleurs, le Conseil Supérieur des Bibliothèques (CSB) pourrait être remplacé « par une autre structure, avec de nouvelles missions ». Il s'agit de la prise de conscience officielle de l'existence de la multitude des problèmes. Mais les questions et les propositions fusent, et le débat fait rage, notamment sur l'accès au savoir par le livre. Quel livre ? Pour qui ? Dans quelles conditions ? Notamment sur l'urgence de prendre en charge les œuvres dans la « zone grise » (œuvres encore sous droit mais plus éditées, ce dont Google Book fait commerce et ce dont il argue pour justifier ses entorses au droit d'auteur) ; sur la nécessité de créer une offre de contenus numériques en ligne ; sur la nécessité de rassembler les efforts de numérisation publics. L'heure n'est plus à la paralysie inquiète devant les développements technologiques, il s'agit au contraire de les intégrer, et tous les participants s'accordent sur ce simple principe. Le ministre lui-même déclare : « Mais je ne suis pas prêt à faire mienne la peur d'un monde d'où le livre serait absent, où la part d'humanité que recèle l'écrit se verrait supplantée par la technique et ses écrans. La perfection de la technique ne peut pas totalement obscurcir l'être, dont le livre est l'indissociable expression. Pour répondre à cette alerte, à ces attentes, je préconise de dégager deux priorités. La première consiste à anticiper le devenir numérique du livre, c'est-à-dire à perpétuer devant nous, dans l'avenir son essence, en prenant en compte les technologies émergentes. La seconde vise à promouvoir les médiateurs du livre. Car la médiation vers le livre est au croisement de deux valeurs fondamentales,

---

[82] Renaud Donnedieu de Vabres, Colloque « L'avenir du livre », *op. cit.,* p. 6. http://www.centrenationaldulivre.fr/spip.php?article1001.

l'indépendance et la qualité. […] Le numérique prend les traits d'une menace protéiforme, anarchique et diffuse. Il corrompt la régulation du savoir, les hiérarchies établies, mêle le vrai et le faux, conteste la propriété des droits. Il ne me revient pas de faire des prédictions quant à ce que sera le livre dans l'avenir. Mais je ne peux que répudier la débâcle millénariste (le livre est mort ou il prendra le maquis) ou l'enthousiasme évangélique (organiser l'information mondiale). J'ai la conviction que le livre, en renforçant son esthétique, assurera sa permanence en tant qu'objet, mais l'information ne sera plus son apanage. Et c'est en persistant dans son être qu'il survivra. Et je crois que c'est un défi aussi redoutable que passionnant »[83].

1.3.1. La loi Lang

Une fois le livre réalisé, celui-ci est commercialisé par le diffuseur, le distributeur et le libraire. En France la commercialisation du livre est régie par la loi n° 81-766 du 10 août 1981 modifiée relative au prix du livre, dite loi Lang. Cette loi défend principalement le prix unique du livre. Pour le ministère chargé de la culture, la librairie traditionnelle est un commerce de proximité, ainsi qu'un acteur culturel local.

L'éditeur fixe le prix de son ouvrage avec marquage du prix au dos (obligation pas systématiquement respectée). Le point de vente ne peut céder le livre à un prix différent, avec une remise maximum de 5% effectuée directement à la caisse ou sous forme de carte de fidélité. Il existe, en vertu de l'article 3, une dérogation vis à vis des collectivités (administrations, bibliothèques, etc.) permettant une remise supérieure à 5% et plafonnée à 9%. Cette disposition, très contestée par le libraire, sera réaménagée dans le texte de 2003. La loi Lang est parfois présentée comme la première loi de développement durable. En effet, en un quart de siècle cette legislation a contribué au maintien en France d'un tissu de librairies indépendantes, une grande production éditoriale (52 231 nouveautés et nouvelles éditions en 2003), et un prix abordable du livre (avec même une baisse en prix relatif par rapport à 1981). La loi Lang prévoit également une négociation possible entre l'éditeur et le libraire sur la remise accordée au second par le premier, en vertu de critères dits qualitatifs (abonnements aux nouveautés, qualité de la prestation, etc.). L'article 10 prévoit un aménagement pour les librairies des départements d'outre-mer : pas plus de 10% de majoration possible, alignement des prix des livres scolaires sur ceux de la métropole[84].

---

[83] *Ibid.*
[84] Luc Pinhas, *Editer dans l'espace francophone*, Alliance des éditeurs indépendants, Paris, 2005, p. 99.

En regard, on peut aujourd'hui observer que dans la plupart des pays anglophones (Canada, Etats-Unis et Grande-Bretagne), pays davantage libéraux sur le plan économique, le réseau de librairies a désormais complètement disparu. En Grande-Bretagne notamment la production éditoriale est en baisse et le prix moyen du livre est aujourd'hui de 50% supérieur à celui qu'on connaît en France : un livre de poche en France coûte en moyenne 6 €, contre 7 £ en Grande-Bretagne, soit environ 10 €. Cette loi a donc inspiré la législation de certains pays européens : 5 d'entre eux se sont donnés une loi fixant un prix fixe, 4 un accord interprofessionnel fixant le prix du livre et 6 un marché libre. L'Union Européenne souhaite voir se généraliser la pratique du prix unique.

1.3.2. La loi du 1er juillet 1992 relative au Code de la propriété intellectuelle.

Cette loi qui reprend l'esprit de textes précédents indique, comme l'explique clairement Luc Pinhas, que le « droit d'auteur [est] constitué d'un droit moral (droit au respect du nom et de l'œuvre, droit de divulgation, droit au repentir), et d'un droit patrimonial lui même duel, puisque composé d'un droit de reproduction et d'un droit de représentation »[85]. Cette loi insiste également sur le principe de la rémunération proportionnelle de l'auteur, au détriment du paiement forfaitaire.

1.3.3. La loi du 18 juin 2003

La loi « relative à la rémunération au titre de droit de prêt en bibliothèque et renforçant la protection sociale des auteurs » répond à la forte croissance du nombre de bibliothèques depuis les années 1980 et donc à l'augmentation sensible du volume de prêts. Ce système permet aux auteurs de percevoir une rémunération depuis deux sources : L'Etat qui verse entre 1 € et 1,5 € par inscrit en bibliothèque universitaire ou municipale et les libraires eux-mêmes tenus de verser 6% du chiffre d'affaires effectué dans le bibliothèques à une société gérant les droits d'auteurs[86].

Le droit de prêt et la rémunération pour copie privée numérique des livres fonctionnent selon deux modalités distinctes : lorsqu'un livre est acheté par une bibliothèque de prêt, une rémunération est versée à ce titre. Le total annuel de ces versements est augmenté d'une contribution publique proportionnelle au nombre des inscrits en bibliothèques de prêt. Sur la somme ainsi obtenue, un prélèvement est opéré au bénéfice de la caisse de retraite des auteurs et des traducteurs. Le solde, soit le montant le plus important, est réparti à parts égales entre auteurs et éditeurs. Pour la rémunération pour copie privée numérique des livres, une part

---

[85] Luc Pinhas, *Editer dans l'espace francophone, op. cit.*, p .95.
[86] Luc Pinhas, *op. cit.*, p. 100. On parle de la somme de 30 millions d'euros pour 2006... Cf http://bibliofrance.fr/. « On a retrouvé la Sofia ».

de la rémunération forfaitaire perçue sur les CD-Roms et les disquettes vierges est répartie entre les auteurs et les éditeurs, sur la base de sondages, à raison des copies de livres réalisées sur ces supports pour un usage strictement privé.

1.3.4. Le ministère chargé de la culture

Ce ministère partage avec d'autres structures, comme le ministère chargé de l'Education nationale et celui des Affaires Etrangères, ou encore le CNRS, diverses responsabilités quant à la politique de la promotion du livre.

1.3.4.1. La Direction du livre et de la lecture (DLL)[87]

La Direction du livre et de la lecture est responsable des aspects commerciaux dans le processus de l'édition : législation, contrôle financier des organismes partenaires (BIEF, CNL, DRAC, CRL, conseils généraux, etc.)

Le ministère est le soutien de la DLL chargée de mener à bien la politique de l'Etat. La DLL met en place les programmes de développement des secteurs où les règles du marché ne suffisent pas, par des mesures fiscales et des aides financières, comme l'aide à la transmission de librairies. Ce travail s'effectue avec un relais régional. La DLL fournit ainsi des outils juridiques pour la défense des droits numériques des livres édités sur support papier, ainsi que pour les questions de publicité concernant la grande distribution, la presse et le cinéma, le livre, les chaînes télévisées par câble et par satellite.

La DLL compte 50 à 60 employés répartis en commun avec le CNL. Le budget de la DLL est supérieur à celui du CNL mais il inclut ce qui est reversé aux relais locaux. La DLL est organisée en trois services d'environ 12 employés chacun : la librairie, le bureau du livre français à l'étranger et l'observatoire de l'économie du livre.

On ne peut que constater la faiblesse de ces moyens en comparaison avec ceux accordés au cinéma (le Centre national du cinéma compte 100 employés et mène une politique d'aides automatiques). La DLL dispose pour sa part d'un budget de 160 000 €. L'aide automatique est considérée comme inutile pour encourager les petits éditeurs qui sont largement représentés dans le paysage de l'édition. En effet il existe en France une myriade de petits éditeurs, dans un marché saturé de 50 000 titres par an. Contrairement au Canada, il n'y a pas de volonté politique d'en élargir la galaxie.

La France n'échappe pas aux tendances de fond dans le domaine du livre : on observe une réelle diminution des pratiques de lecture, une diminution du

---

[87] http://www.culture.gouv.fr/culture/dll/dll98.htm

nombre des « grands lecteurs » (lisant plus de 25 livres par an)[88]. La tendance est à la « moyennisation » des pratiques et aux mouvements de massification[89].

L'aide en France est donc accordée à des projets précis, à la différence de l'aide au Canada qui est forfaitaire. La DLL ne répond pas à la demande de lobbies mais mène une politique décidée par l'Etat. Cette politique est menée en concertation avec les partenaires de la DLL. A l'heure actuelle, cette structure ne souhaite pas lutter contre les tendances de fond, comme la progression de la grande distribution, mais entend maintenir des lieux de diversité. Dans la nouvelle économie du livre, il est difficile d'imaginer l'avenir de la législation actuelle (quel avenir pour la loi Lang ?...). Le modèle économique à venir demeure imprécis. La DLL est en train d'organiser une réflexion « Livre 2010 » par laquelle elle s'interroge sur les grandes orientations (vente numérique, contenus patrimoniaux, œuvres sous droits, etc.). Peut-être existera-t-il bientôt un organisme qui se fera le réceptacle et le diffuseur des contenus numériques des éditeurs ? Il faudrait éviter que les distributeurs en ligne tels Amazon.com s'attribuent ce marché. Il n'est pas forcément nécessaire que chaque éditeur soit son propre diffuseur, l'effet de marque paraissant négligeable.

1.3.5. Le Centre national du livre (CNL)[90]

Créé en 1993 dans le sillage du centre national des lettres, ses interventions répondent à un objectif à la fois d'ordre culturel par un soutien à la création littéraire et à la vente des œuvres auprès du public, et d'ordre économique par un soutien à la prise de risque qui accompagne les choix en matière de création et de diffusion culturelle la plus large des partenaires de la chaîne du livre, et notamment les éditeurs et les libraires.

Trois types d'intervention :

1er axe : le Comité national du livre (CNL) dispense des aides individuelles par des dispositifs variés alimentés par le chiffre d'affaires des éditeurs et les taxes sur les photocopies. Son budget s'élève en 2007 à 25 millions d'euros[91].

2e axe : la réglementation par la législation sur les droits d'auteur et sur le prix unique.

---

[88] Donnat, Olivier. *Les Pratiques culturelles des Français : enquête 1997*. Paris : La Documentation française, 1998.

[89] Entretien de Guillaume Husson du BIEF avec Christine Evain et Frédéric Dorel, Paris, février 2007.

[90] http://www.centrenationaldulivre.fr/

[91] Entretien avec Guillaume Husson.

3ᵉ axe : le soutien à l'export de la petite édition et de la librairie.

Etablissement public administratif, le CNL est aussi un lieu d'échanges entre professionnels. Il rassemble les éditeurs, les auteurs, les traducteurs, les libraires et les distributeurs. Plus de 200 membres (auteurs, universitaires, journalistes, chercheurs, traducteurs, critiques, éditeurs, libraires, conservateurs de bibliothèques, animateurs de la vie littéraire, français et étrangers) composent ses 14 commissions qui se réunissent régulièrement pour étudier les demandes et de donner un avis sur l'attribution des aides aux auteurs, éditeurs, bibliothèques, et associations. Sa ressource principale est le produit de deux taxes fiscales : une redevance de 3% sur la vente du matériel de reprographie et une redevance de 0,20% sur le chiffre d'affaires de l'édition, dont les éditeurs au chiffre d'affaires inférieur à 76 000 € sont dispensés. Le montant global de ses interventions a représenté un budget de 21 millions d'euros en 2005[92].

1.3.5.1. Aides aux auteurs

Celles-ci s'adressent aux auteurs d'expression française dont le caractère professionnel est déjà attesté par des publications à compte d'éditeur. Elles peuvent également concerner des écrivains étrangers d'expression non française résidant en France, à la condition qu'une traduction d'au moins un de leurs ouvrages ait été éditée en France. Les aides les plus importantes sont les bourses d'écriture, les crédits de préparation à un projet, les crédits de résidence. On note également les crédits de traduction – complément de rémunération à un traducteur sur une œuvre particulièrement difficile – et les bourses de séjour aux traducteurs étrangers. Les bourses « Cioran » d'un montant de 18 000 € sont remises à des écrivains d'expression française ayant déjà publié un essai ; la bourse « Jean Gattegno » soutient les auteurs de référence.

1.3.5.2. Aides aux éditeurs

Le CNL contribue au maintien et au développement de l'édition d'ouvrages de qualité et de vente lente en langue française. Toutefois l'édition à compte d'auteur est exclue du champ des aides. Parmi ces aides à l'éditeur on trouve les prêts économiques aux éditeurs indépendants, les subventions lors de la prise de risque économique d'un éditeur en faveur d'une production de qualité, les prêts à taux zéro destinés à constituer un apport en trésorerie. On compte aussi les subventions pour la préparation de projets collectifs lourds, celles aux collections de savoir et d'érudition ou réédition de collections prestigieuses ; les subventions pour la prise en charge des coûts iconographiques, pour la traduction d'ouvrages français en langues étrangères, pour la traduction en langues étrangères de notices et extraits d'ouvrages dans le domaine de la littérature scientifique, technique et médicale. Egalement les subventions à la création et à la refonte des

---

[92] www.centrenationaldulivre.fr.

sites Internet d'éditeurs, les subventions pour la numérisation d'ouvrages de référence, celles pour la création d'une édition multimédia ou d'un site dit « compagnon », qui complète l'édition d'un ouvrage sur support papier, ainsi que les aides exceptionnelles à la réimpression.

1.3.5.3. Aides à la vie littéraire

Le CNL subventionne de multiples manifestations. Il apporte aussi un soutien aux associations travaillant sur l'œuvre d'un auteur, notamment les sociétés d'amis avec l'aide à la publication de bulletins ou cahiers ou encore le développement de sites Internet.

1.3.6. Les Directions régionales des affaires culturelles (DRAC)[93] et les Centres régionaux du livre (CRL)[94]

Au sein de chaque Direction régionale des affaires culturelles, les « conseillers pour le livre et la lecture » subventionnent, entre autres projets, la construction, l'informatisation et la coopération entre bibliothèques, la protection du patrimoine écrit, le soutien aux manifestations littéraires. Ils informent et conseillent les collectivités territoriales et les milieux professionnels sur les orientations du ministère. Dans l'autre sens ils recueillent et transmettent les informations concernant leur région.

Pour leur part les centres régionaux du livre, associations loi 1901 cofinancées par l'Etat et les Conseils de Région, s'adressent aussi bien aux professionnels du livre qu'au public. Ils accompagnent les responsables culturels locaux dans leurs projets de rapprochement des divers partenaires de la chaîne du livre.

1.3.7. La Fédération interrégionale du livre et de la lecture (FILL)[95]

La Fédération interrégionale du livre et de lecture, anciennement Fédération française pour la coopération des bibliothèques, des métiers du livre et de la documentation a été créée fin 1985. Cette association réunit les structures régionales de coopération dans le domaine du livre, de la lecture et de la documentation, les institutions publiques nationales à vocation documentaire, les associations ou organismes ayant dans leurs missions des actions de coopération dans le domaine de la documentation, du livre et de la lecture. Son objectif est de favoriser la mise en place de politiques contractuelles entre les établissements de lecture publique et les différents partenaires du secteur social et culturel. Cette

---

[93] www.draccentre.culture.gouv.fr.
[94] www.livreaucentre.fr.
[95] http://www.fill.fr/

structure œuvre ainsi au développement d'actions culturelles et artistiques en direction des publics éloignés de la culture.

La FILL mène des actions autour de la sauvegarde du patrimoine écrit, du développement de la lecture, de la promotion de la vie littéraire, et de la mise en place de réseaux documentaires. Elle est subventionnée par de multiples structures : le ministère chargé de la culture (Direction du livre et de la lecture, Délégation au développement et aux affaires internationales, Délégation aux arts plastiques, Direction des archives de France, Direction des musées de France, Département des études et de la prospective), le ministère de la Justice (Direction de l'administration pénitentiaire), le ministère de l'Education Nationale ; les collectivités territoriales, etc.

La FILL s'intéresse également à la sauvegarde des fonds : catalogues, inventaire des fonds anciens et régionaux, plans de conservation des périodiques, campagnes de microfilmage. D'autre part, en partenariat avec la structure La Joie par les livres[96], elle mène un recensement de l'ensemble des organismes susceptibles d'intervenir dans des formations autour de la littérature jeunesse et la lecture des jeunes. La FILL participe à plusieurs groupes de travail qui se penchent actuellement sur le secteur de l'économie du livre. Elle réalise une enquête biennale sur l'évolution du fonctionnement et des activités des structures régionales pour le livre. Membre de l'International Federation of Library Associations and Institutions (IFLA), elle favorise notamment l'information sur les programmes européens concernant le livre. La FILL est lieu d'observation, de réflexion et de débat, qui apporte une connaissance des territoires et propose des diagnostics et des orientations nationales.

1.3.8. Le ministère des Affaires Etrangères (MAE)[97]

Le soutien au livre de ce ministère tient évidemment à la volonté de rayonnement de la culture française dans la francophonie comme dans le reste du monde, davantage qu'à des considérations économiques. Le MAE soutient des programmes d'aide à la publication (PAP) qui permettent de faire baisser le prix des ouvrages en français. Il gère également les Fonds de solidarité prioritaires (FSP) permettant des formations aux divers métiers du livre. Les zones concernées sont prioritairement identifiées en Afrique et en Asie. Le MAE, dans le cadre de l'Agence française de développement, après avoir inondé le monde francophone de livres scolaires français, a enfin décidé de soutenir la production locale.

---

[96] Voir *infra* p. 87.
[97] http://www.diplomatie.gouv.fr/fr/

1.4. Les organisations professionnelles

1.4.1. Les groupements de distributeurs

1.4.1.1. Le Syndicat de la librairie française (SLF)[98]

Son objectif est de défendre les intérêts des libraires indépendants face aux supermarchés et aux surfaces spécialisées. Le SLF trouve son origine dans les années 1970. Les libraires sont alors confrontés à l'émergence des grandes surfaces spécialisées. Cette situation inédite liée à l'arrivée de ces acteurs sur la scène du livre provoque l'éclatement de la Fédération Française des Syndicats de Libraires (FFSL), certains libraires demeurant favorables à la liberté des prix, d'autres prônant la mise en place du prix unique pour protéger le réseau des indépendants. Grâce à l'action de l'association pour le prix unique du livre créée par Jérôme Lindon (réunissant libraires et éditeurs), la loi du 10 août 1981 (loi Lang) voit le jour, votée à l'unanimité par les parlementaires. Au lendemain de l'instauration de ce régime dérogatoire, de nombreuses structures de libraires se créent : tout en offrant un paysage très éclaté de la représentation professionnelle, elles deviennent les interlocutrices privilégiées des pouvoirs publics et du SNE. En 1989, un deuxième syndicat représentatif est fondé : le Syndicat National de la Librairie (SNL), qui signe l'année suivante la convention collective de la papeterie, de la bureautique et de la librairie avec la FFSL. A partir des années 1990, les associations se regroupent progressivement au sein de l'Union des Libraires de France (ULF), organisation fédérale. Puis des libraires rejoignent le SNL qui se transforme en Syndicat National de la Librairie Française (SNLF) en 1997. Le Syndicat de la Librairie Française (SLF) est né le 7 juin 1999 de la fusion de l'ULF et du SNLF, conscients de la nécessité d'un regroupement pour un syndicat unique, fort et efficace. Il regroupe aujourd'hui 550 libraires.

Le SLF représente la profession auprès des institutions comme le ministère chargé de la culture. Cette fonction de représentation se décline également auprès de tous les acteurs de la chaîne du livre : éditeurs, diffuseurs, distributeurs, relations individuelles et relations avec les organismes représentatifs (SNE, Dilicom, etc.). C'est avec ces partenaires de l'interprofession que sont évoquées les questions telles que conditions commerciales et transport du livre. Organisme patronal, le SLF travaille avec les syndicats de salariés sur le champ social, notamment la convention collective nationale et la formation professionnelle.

Les missions du SLF s'articulent également autour de la défense du métier. Le Syndicat veille à l'application et au respect des dispositifs légaux qui

---

[98] http://www.syndicat-librairie.fr/

encadrent l'activité : la loi du 10 août 1981 sur le prix du livre et la loi du 18 juin 2003 sur le plafonnement des rabais aux collectivités.

Enfin, une partie des missions du SLF est axée sur le métier même de libraire : réflexions sur les enjeux de la formation avec l'Institut National de Formation de la Librairie et les universités, aide au développement de l'outil de partage des données, sans oublier l'information des adhérents. Le syndicat défend le droit d'une remise de base de 30% pour toute entreprise de librairie quelle que soit sa taille. A cette remise de base s'ajoute les surremises qualitatives pour « services rendus par les détaillants en faveur de la diffusion du livre ». Le syndicat souhaite que soit ainsi valorisé l'effort de promotion, de diffusion et d'entretien du fonds, proportionné à la situation culturelle et économique d'une zone de chalandise donnée et non pas en fonction des quantités vendues. Par ailleurs, le syndicat estime que la diffusion doit avoir la compétence professionnelle nécessaire à l'évaluation d'un travail commercial qualitatif et ne pas se référer uniquement à des quotas quantitatifs. De plus, le syndicat milite pour que les remises et surremises qualitatives sur prix de vente public soient négociées en fonction des critères de qualification professionnelle de la librairie et non pas en fonction des quotas de vente de la distribution, et pour que l'information des éditeurs doit parvenir à tous les points de vente du livre en fonction de la qualité du marché considéré et non de son volume. D'une manière générale, la philosophie sur laquelle s'appuie le syndicat pour élaborer son plan d'action relève d'une conviction simple : le bénéfice tiré des grands tirages doit permettre aux libraires d'assumer un « rôle social et culturel ». Il ne s'agit pas de récompenser la quantité au détriment de la qualité commerciale du libraire permettant à se dernier de proposer un assortiment profond et des conseils de vente adaptés.

L'association internationale des libraires francophones (AILF)[99] est chargée de promouvoir les libraires francophones dans le monde[100] en développant un réseau de librairies, en proposant des formations et de l'accompagnement individualisés, ainsi que des conseils et des expertises en matière d'informatisation.

Le budget de l'AILF bénéficie d'un soutien des pouvoirs publics (AIF, MAE, DLL, BIEF) de Dilicom. L'AILF coordonne une opération en Afrique de l'Ouest baptisée « La Caravane du Livre » chaque année depuis 2005. La « Caravane du livre » ainsi que le label « sélection caravane » représentent l'axe de travail « promotion du livre et de la littérature francophone ». En dehors de la bonification du prix du livre, la caravane permet des regroupements de professionnels. Il s'agit d'un réseau de solidarité très actif qui débouche sur une

---

[99] http://www.librairesfrancophones.org.
[100] http://www.librairesfrancophones.org

sensibilisation d'un large public à la littérature francophone. La seconde orientation est le lobbying afin de faire reconnaître la particularité du métier de libraire à l'étranger. La troisième orientation est la formation conduite en partenariat avec le BIEF. Le quatrième axe est l'animation d'un réseau de communication, un portail des librairies francophones proposant divers forums et autres démarches de solidarité.

1.4.2. Les groupements d'éditeurs

1.4.2.1. Le Syndicat national de l'Édition (SNE)[101]

Le SNE défend les intérêts des éditeurs de publications de toute nature, directement ou indirectement réalisées et commercialisées auprès du public, sous quelque forme et sur quelque support que ce soit. Il représente la profession auprès d'organismes nationaux, publics ou privés, qui participent à l'économie de l'édition et auprès de la Fédération des Editeurs Européens (FEE)[102] et de l'Union internationale des Editeurs (UIE)[103], qui défendent leurs intérêts auprès des institutions communautaires et internationales. Le Salon du Livre, qui se tient chaque année à Paris depuis 1981 sous l'égide du syndicat, est la principale action de promotion collective du livre et de l'édition. Cependant, le syndicat se charge également de soutenir la création et la recherche par la défense de la liberté de publication, du respect du droit d'auteur et du principe du prix unique du livre, ce qui constitue l'objet du syndicat selon les termes de ses statuts. C'est ainsi que le SNE s'oppose au projet Google. Enfin, le syndicat se donne pour missions la réflexion, l'échange, l'information et le conseil. En effet, il mène une réflexion par l'intermédiaire de ses commissions qui rassemblent les éditeurs sur des thèmes communs à l'ensemble de la profession. Les commissions travaillent à partir des orientations données par le Bureau du Syndicat et de nouvelles commissions peuvent être instituées par le Bureau sur toute question qui ne relève pas de la compétence d'une commission permanente. Par ailleurs le syndicat se montre à l'écoute des différents secteurs de l'édition en constituant des groupes correspondant aux différents secteurs. Ces groupes sont des structures d'information et de proposition qui, s'il le souhaitent, peuvent conduire des opérations particulières aux secteurs qu'ils couvrent dans le cadre des actions collectives du syndicat (« Mai du livre d'Art » par exemple) et assurer leur présence collective au Salon du Livre. Enfin, pour répondre à une demande d'information et de conseil, le syndicat édite des publications et diffuse des documents. Les chargés de mission du syndicat renseignent les éditeurs dans leurs domaines de compétence respectifs. Pour mener à bien cette tâche, le

---

[101] www.sne.fr
[102] http://www.fep-fee.be/eframprinc.htm
[103] http://www.internationalpublishers.org/

syndicat collecte chaque année, auprès de l'ensemble des entreprises de la profession, les informations statistiques obligatoires pour le compte du Service des statistiques industrielles (SESSI) du ministère de l'Economie, des Finances et de l'Industrie.

1.4.2.2. Le Bureau international de l'édition française (BIEF)[104]

L'exportation représente aujourd'hui 7 000 titres par an sur 45 000 publiés. Le BIEF, organisme interprofessionnel créé sous l'impulsion du ministère chargé de la culture, assure la présence permanente des ouvrages français dans les foires ou salons du livre du monde entier, dans les congrès internationaux et les expositions. Il organise également des séminaires d'échanges professionnels et de formation de professionnels du livre à l'étranger, ainsi que l'accueil de ces derniers au Salon du livre de Paris. Il propose des informations sur les divers marchés du livre dans le monde, et notamment sur la place qu'y occupent le livre français et son potentiel de développement, à travers la publication trimestrielle d'une *Lettre* et de dossiers spéciaux. Les marchés francophones, en particulier ceux du Maghreb et de l'Afrique subsaharienne, sont l'une de ses priorités. L'agence France Edition Inc. qui représente le BIEF à New-York propose à tous les adhérents les services de droits pour la langue anglaise.

1.4.2.3. Le Centre d'exportation du livre français (CELF)[105]

Cet organisme de soutien à la commercialisation et à la distribution, qui rassemble bon nombre de membres du SNE, contribue à l'aide aux acheteurs étrangers de livres français. Avec des bureaux à New-York, Pékin ou encore Tokyo, le CELF se charge également du marketing de l'édition française auprès de grands pays attachés à la production éditoriale française. Se programmes privilégient actuellement l'Europe de l'Est, l'Afrique et l'Asie du sud-est.

1.4.2.4. La Centrale de l'édition[106]

Créée en 1974, cette structure soutient également l'exportation du livre français. Elle propose des garanties financières et des assurances transport au profit des éditeurs et des distributeurs et de leurs clients dans le monde entier. Ceci concerne en 2007 plus de 5 000 acheteurs. Il propose également des solutions de transport ainsi que des procédures de facturation réduisant les coûts.

---

[104] http://www.bief.org
[105] http://www.celf.fr/
[106] http://www.centrale-edition.fr/html/connaitre.php

1.4.3. Les groupements d'éditeurs au niveau européen

1.4.3.1. La Fédération des éditeurs européens (FEE/FEP)[107]

La Fédération des Editeurs Européens[108] représente les associations nationales des éditeurs du livre de tous les pays membres de l'Union Européenne et de Norvège. On y trouve 24 associations professionnelles européennes outre le SNE.

1.4.3.2. L'Union Internationale des Editeurs (UIE/IPA)[109]

L'Union Internationale des Editeurs, fondée à Paris en 1896, et basée à Genève, est composée de 77 organisations-membres réparties dans 65 pays, outre le SNE.

1.4.3.3. L'Agence Internationale ISBN[110]

L'ISBN (International Standard Book Number) est un système international de numérotation normalisée des livres. Il permet d'identifier à l'aide d'un code numérique chaque titre ou chaque édition d'un titre. L'emploi de l'ISBN facilite les différentes opérations de gestion pour les intervenants du domaine du livre (bibliothèques, librairies, maisons d'édition, distributeurs et autres) et constitue une clé de recherche précise et utile pour repérer des publications dans les banques de données.

1.4.4. Les groupements d'écrivains

1.4.4.1. La Maison des écrivains[111]

Association régie par loi de 1901, La Maison des écrivains agit en coopération avec le Centre National du Livre et de nombreux partenaires publics et privés. La Maison apporte un soutien logistique aux auteurs par la constitution de sources de documentation et d'information et par l'organisation de manifestations réunissant les structures souhaitant recevoir des écrivains.

La Maison des écrivains propose ainsi plusieurs types de services : des listes d'éditeurs, de revues, de prix, de concours, des dossiers de presse, des revues littéraires, des ouvrages divers. La Maison des écrivains propose

---

[107] http://www.fep-fee.be
[108] *Ibid.*
[109] http://www.ipa-uie.org
[110] http://www.isbn-international.org/
[111] http://www.maison-des-ecrivains.asso.fr/

également les programmes « Ecrivains dans la cité » avec deux volets : « L'ami Littéraire » et « Le Temps des écrivains à l'université et dans les Grandes Ecoles », ainsi que le programme « L'Atelier de la Narration Contemporaine ».

1.4.4.1.1. Le programme « Ecrivains dans la cité »

La Maison des écrivains contribue aux rencontres entre écrivains et lecteurs par des colloques, des lectures et des débats. Elle est un outil pour les institutions qui souhaitent établir un partenariat avec un ou des écrivains. De nombreux auteurs s'engagent dans ces différentes formes de présence dans la cité. De leur côté, enseignants, éducateurs et bibliothécaires sont de plus en plus conscients que le dialogue entre leur public et l'écrivain favorise l'accès au livre.

La Maison des écrivains finance deux dispositifs spécifiques : « L'Ami littéraire » et « Le Temps des écrivains à l'université et dans les grandes écoles » destinés à répondre à des projets d'enseignants.

1.4.4.1.2. « L'Ami Littéraire »

Il s'agit d'un programme d'interventions d'écrivains (en moyenne 1 200 par an) dans le milieu scolaire, financé par le ministère de l'Education Nationale et le ministère chargé de la culture (DLL). Chaque année, environ deux cents romanciers, poètes et auteurs dramatiques deviennent des Amis littéraires dans plus de trois cents établissements de la France entière.

1.4.4.1.3. « Le Temps des écrivains à l'université et dans les grandes écoles »

Cette initiative favorise les rencontres et les échanges entre universitaires, étudiants et écrivains. Le contact avec un écrivain, la découverte de son œuvre, ses processus de création encouragent chez les étudiants les pratiques personnelles de lecture et d'écriture. Ateliers d'écriture et de traduction visent à décloisonner les champs du savoir. La Maison des écrivains joue un rôle de conseil, de centre de ressource et de partenaire financier limité à 450 interventions par an.

1.4.4.1.4. L'Atelier de la Narration Contemporaine

L'Atelier de la Narration Contemporaine est un lieu d'échange autour de la pratique de l'écriture.

1.4.4.2. La Société Française des Intérêts des Auteurs de l'Ecrit (SOFIA)[112]

La SOFIA gère les questions de droits d'auteurs pour les éditeurs et auteurs. Créée en 1999 à l'initiative de la Société des Gens de Lettres (SGDL), rejointe en 2000 par le Syndicat National de l'Édition (SNE), la SOFIA rassemble 4200 auteurs et représente 80% du chiffre d'affaires de l'édition française. Elle est présidée par deux co-gérants : un auteur, et un éditeur. Christian Roblin qui dirige la Sofia fait état du rapport dialectique qui existe entre les deux géniteurs. La SOFIA ne peut aller que là où les géniteurs ont des positions communes. Deux idées apparaissent : il faut que l'ensemble des acteurs de la chaîne du livre devienne conscient qu'il s'agit de défendre le livre non seulement dans l'économie, mais aussi dans le droit et qu'il y a une nécessité évidente à rapprocher auteurs et éditeurs. Très rapidement le SNE et la SGDL se sont rejoints au sein de la SOFIA, pour défendre ce droit.

Il est d'abord question du droit de prêt, puisque la directive date de 1992, et aussi du droit de copie privée numérique, que la SOFIA gère à titre principal pour le livre. Les systèmes sont complexes. Mais la vraie complexité du débat ne vient pas de la loi elle-même mais plutôt de la capacité des acteurs à transmettre les données. Il y a la question de la volonté à déclarer, et aussi d'équipement, car il faudrait que les données soient déclarées en format numérique (concertation avec les libraires et les bibliothécaires, rattrapage de l'arriéré à partir d'août 2003). Les bibliothèques se déclarent, en ligne, sur un site. La transmission des données des libraires s'effectue automatiquement, en liaison avec Dilicom et le CFC (Centre Français d'exploitation du droit de Copie). Au-delà de la gestion des droits collectifs (vocation de perception et de répartition), la SOFIA gère un droit moral lié à l'exploitation non autorisée d'une œuvre. On est devant le paradoxe suivant : les marchandises dématérialisées n'ont plus de valeur (gratuites sur Google) et en même temps, on est esclave de valeurs factices (publicité, etc.). La SOFIA maintient une position d'hostilité à la licence globale (qu'on trouve dans le cadre de la musique notamment). Cependant, la numérisation modifie la donne.

La réflexion que la SOFIA souhaite accompagner est la place du livre dans l'univers du multimédia et de l'événementiel. Un procès est en cours contre Google. Le livre doit obéir aux règles du pays dans lequel il se trouve, c'est la position que souhaite défendre la SOFIA.

La SOFIA est la seule société civile de perception et de répartition de droits à être administrée à parité par les auteurs et les éditeurs dans le domaine exclusif du Livre. La SOFIA est également la seule société à être agréée par le ministre chargé de la culture pour la gestion du droit de prêt en bibliothèque.

---

[112] http://www.la-sofia.org

Ainsi, elle perçoit et répartit ce droit ainsi que la part du livre de la rémunération pour copie privée numérique. Les raisons pour lesquelles auteurs et éditeurs adhèrent à la SOFIA sont multiples :

- Percevoir les droits gérés par la SOFIA dans les conditions les plus favorables ;

- Recevoir régulièrement une information utile sur toutes les évolutions concernant le droit d'auteur et les actions conduites en faveur des écrivains auprès des pouvoirs publics ;

- Faire entendre sa voix dans la seule société qui réunisse à parité auteurs et éditeurs et qui prenne des initiatives communes au plan politique et juridique pour la défense des droits.

Tous les auteurs ayant déjà publié au moins un livre chez un éditeur (quel que soit le genre de l'œuvre publiée) peuvent adhérer à la SOFIA. Tous les éditeurs cessionnaires de droits d'exploitation d'œuvres peuvent adhérer à la SOFIA sur justification de l'existence de contrats d'édition.

1.4.4.3. La Société des Gens de Lettres (SGDL)[113]

Créée en 1838 par Balzac, Hugo, Dumas et George Sand, la SGDL a pour vocation la défense du droit moral, des intérêts patrimoniaux et du statut juridique et social de tous les auteurs de l'écrit, quel que soit le mode de vente de leur œuvre, quelles que soient les sociétés de perception et de répartition dont ils sont par ailleurs membres (SOFIA, SACEM, SACD, SCAM, CFC, etc.). La SGDL est un organisme de réflexion, d'initiative et de surveillance au service de la création intellectuelle. Attentive à toutes les mutations dans la production et les modes de diffusion de l'écrit, elle se doit d'initier des changements dans les lois et les usages, de surveiller leur application et de servir de médiateur entre les divers partenaires, publics ou privés. Grâce à son statut d'association reconnue d'utilité publique, la SGDL s'attache à la promotion du patrimoine littéraire. Forte d'une tradition de plus d'un siècle et demi, elle poursuit activement les échanges culturels avec les autres pays. La SGDL a également vocation à recevoir des dons et des legs grâce auxquels elle dote ses divers prix littéraires de printemps et d'automne. Enfin, la SGDL est présente dans toutes les organisations nationales et internationales qui travaillent en permanence à la défense des auteurs et à l'unification des systèmes juridiques. La SGDL apporte aux auteurs un soutien individuel : assistance sociale en période difficile ; conseil juridique et fiscal ; éventuel soutien judiciaire en cas d'abus caractérisé ; information régulière sur toutes les mesures concernant la propriété intellectuelle avec La Lettre et Les dossiers de la SGDL. La SGDL propose également un

---

[113] http://www.sgdl.org/

service de protection des œuvres, sous toutes leurs formes, qui constitue une preuve d'antériorité en cas de plagiat.

1.5. Les agents

Le grand public français ne s'intéresse réellement aux agents que depuis la publication par Gallimard des *Bienveillantes* de Jonathan Littell couronné par le Prix Goncourt à l'automne 2006, roman porté par l'agent britannique Nurnberg[114]. Le monde de l'édition français veille généralement à ne pas donner une importance majeure au travail des agents, peut-être à cause de la relation entretenue en France entre les éditeurs et les auteurs, souvent réunis par des contrats-type. En France, la durée de la propriété littéraire - 70 ans - est à l'avantage des éditeurs.

L'agent littéraire instaure un nouveau régime : avec l'agent l'auteur conserve ses droits, ce qui permet de fidéliser l'auteur. L'agent ne prend que 10 à 20%. Olivier Cohen, directeur des éditions de l'Olivier, explique : « [Les agents] sont surtout apparus dans les pays du Nord, et notamment dans les pays anglo-saxons parce qu'ils n'ont absolument pas le même régime de droits d'auteur que nous. Nous avons cette loi sur la propriété littéraire. [...] Il se trouve que le *copyright*, tel que l'entendent les Anglo-Saxons, est une désignation commerciale. Il s'agit d'attribuer des licences d'exploitation commerciale à des gens, en particulier des éditeurs. Il a donc fallu que les auteurs s'organisent de manière à pouvoir maîtriser l'utilisation commerciale de leurs œuvres dans un contexte juridique qui est plus fondé sur le contrat que sur la loi. [...] Mais en France, il y a une espèce de spectre. C'est-à-dire que l'on dit : "C'est terrible, les agents vont nous dépouiller de tout". Je pense que d'abord, des agents, encore faudrait-il qu'il y en ait. Je ne pense pas qu'il y ait de vrais agents en France. En tout cas, je n'en connais pas. Dans le sens où nous parlons des agents anglo-saxons et avec qui nous travaillons. Les agents américains ou anglais représentent un pôle de stabilité pour les auteurs. Puisque dans ces pays, il y a un turn-over énorme dans la profession. Les éditeurs changent souvent de maison d'édition. En revanche, les agents changent rarement d'agence. Ils sont donc le point fixe de leur client. D'autre part, je pense qu'aujourd'hui, compte tenu de la variété des supports de reproduction des œuvres, il est tout à fait légitime que des auteurs demandent à des conseils de les aider et de les représenter dans l'exploitation théâtrale, cinématographique, numérique, littéraire et autres de leurs œuvres. Simplement, il faut être très dur avec eux, c'est tout. Il ne faut pas se laisser faire. Et je pense qu'il vaut mieux avoir des partenaires extrêmement professionnels, avec qui on peut tenir un langage commun, que des partenaires

---

[114] *Le Monde* du 07/12/06 sur Nurnberg.

qui ignorent tout de notre métier et qui se contentent de demander des à-valoirs ahurissants, en espérant les obtenir »[115].

Antoine Gallimard, président-directeur général des éditions du même nom, ajoute : « Il ne s'agit pas de polémiquer entre les éditeurs et les agents. Comme partout, il y a de bons et de mauvais éditeurs ainsi que de bons et de mauvais agents. [...] Ce qui est intéressant par rapport aux structures des maisons d'édition, c'est pourquoi est-ce qu'il y a eu ce phénomène des agents aux Etats-Unis et qu'en France il ne s'est pas inscrit. Pour moi, il y a une réponse. C'est le fait qu'aux Etats-Unis, vous avez énormément de concentration. Les personnels de maison d'édition bougent beaucoup. Et effectivement, l'agent devient un point de repère. Alors qu'en France, jusqu'à présent, à moins qu'il y ait une accélération dans la concentration, les éditeurs changeaient très peu de maison »[116].

Ainsi, bon nombre d'éditeurs français ont tendance à voir le travail de l'agent comme une trahison. Antoine Gallimard à nouveau : « Cette notion de droit d'auteur est remise en cause par certains agents qui ont une demande très forte d'à-valoir. On raisonne plus en termes d'à-valoir qu'en termes de droit moral. C'est aussi cette notion financière, qui aujourd'hui effectivement est aussi bien dans la bouche des éditeurs que celle des auteurs. Mon grand-père me racontait quand il avait proposé à Alain le philosophe, qui avait écrit *Propos d'un Normand*, de reprendre ses propos. Alain lui dit : " Je suis tout à fait d'accord. Mais surtout, faites ce que vous voulez, coupez, recoupez, cela m'est égal. Et ne me donnez pas de droits d'auteur". Evidemment aujourd'hui, nous ne sommes pas dans ces situations-là qui sont un peu caricaturales. Mais il est vrai que la notion de droit d'auteur est un peu escamotée par cette notion financière partagée par les éditeurs et par les auteurs »[117].

Mais la pratique se développe. La France va-t-elle connaître une révolution par les agents ?

Plusieurs agences ont effectué une percée en France : Intertalent (créée par François Samuelson en 1996, agent de Michel Houellebecq, Marc Dugain, Alexandre Jardin, Fred Vargas, Dai Si Jie) ; Susanna Lea, agent de Marc Levy, (agence créée en 2004) et Michelle Lapautre, sans doute le premìère en date, aujourd'hui l'agence Michelle et Catherine Lapautre. Leur présence est très marquée dans les foires et les salons internationaux. On les remarque également dans les manifestations en voie d'expansion comme le Festival America de

---

[115] Colloque « L'avenir du livre », *op. cit.*, p. 61.
http://www.centrenationaldulivre.fr/spip.php?article1001
[116] *Ibid.*, p. 60. Il semble néanmoins, d'après Michelle Lapautre, agent américain à Paris, que cette affirmation soit de moins en moins vraie.
[117] *Ibid.*, p. 57-58.

Paris[118]. Parmi les plus connus de ce festival : Michelle Lapautre, Mary Kling, Vanessa Kling, Michèle Kanonidis, Eliane Bénisti, Lora Fountain, Anne Confuron, Anna Jarota et Boris Hoffman[119].

Certains anciens éditeurs victimes de rachats et de regroupements ont tenté leur chance en tant qu'agents. Mais le contexte s'est avéré difficile. Si l'agent n'a pas encore trouvé en France la place qu'il recherche, plusieurs cas particuliers montrent que le métier est possible, même s'il n'est pas en pleine croissance. Le positionnement de l'agent s'avère plus simple pour ceux d'entre eux qui disposent d'un important réseau à l'étranger et qui proposent des auteurs étrangers en France. Ce portefeuille d'auteurs se constitue progressivement.

1.5.1. Michelle Lapautre

L'agence de Michelle Lapautre est aujourd'hui constituée de six à huit personnes spécialisées dans la vente de droit de livres de langue anglaise. Les responsabilités sont réparties selon les domaines de compétence : contrats, livres pour la jeunesse, livres universitaires, littéraires, etc. S'ajoutent deux employés à la comptabilité.

Michelle Lapautre s'intéresse principalement aux œuvres littéraires. Toutefois son expérience comprend tous les genres. Elle travaille aussi bien avec des maisons éditrices de romans policiers et de best-sellers (Michael Connelly, Erich Segal, etc.) qu'avec des auteurs de grand prestige comme Updike, Greene, Singer, Nadine Gordimer, Banks, Richard Powers ou encore Don DeLillo, Paul Bowles. Parmi les auteurs avec lesquels elle ne travaille plus mais qu'elle a fait connaître en France, on trouve Burroughs, Harrison et Atwood. Les relations avec les éditeurs américains sont des relations de confiance et de collaboration sur la durée. Il arrive parfois que Michelle Lapautre soit en désaccord avec la stratégie adoptée par la maison américaine. Cette dernière ne perçoit pas toujours les subtilités du contexte français. Ainsi, l'éditeur américain de John Updike l'a retiré de chez Gallimard pour le placer au Seuil. Michelle Lapautre confie son désaccord avec ce choix car Gallimard a publié la presque totalité de son œuvre, pas seulement la fiction[120]. Si Michelle Lapautre, au cours de sa carrière, a perdu plusieurs auteurs (Philip Roth au profit de l'agent Andrew Wiley), son portefeuille n'a jamais cessé d'être des plus impressionnants. Sa collaboration avec les professionnels en France va au-delà des éditeurs. Elle est bien connue des libraires anglophones (Village Voice, Abbey Bookstore) qui assurent de leur côté la promotion d'auteurs anglophones en France. Michelle Lapautre a fait partie d'une association d'agents dont elle a été la présidente pendant plusieurs

---

[118] Le prochain festival America se tiendra à Vincennes en septembre 2008.
[119] Boris Hoffman est décédé en octobre 2007. Son frère Georges a pris la direction de l'agence.
[120] Entretien avec Christine Evain et Frédéric Dorel, Paris, février 2007.

années. Michelle Bradley puis les frères Hoffmann ont successivement repris cette fonction. Cependant, l'association a perdu de l'intérêt aux yeux de ses membres et a cessé d'exister. Michèle Lapautre se présente non seulement en grande dame de la littérature mais en professionnelle admirablement organisée. Sa réputation bien assise fait que, aujourd'hui, un grand nombre d'auteurs anglo-saxons (à potentiel littéraire ou commercial) continuent à se tourner naturellement vers son agence.

A la question sur la faible présence des agents littéraires en France, Michelle Lapautre déclare : « La raison est complexe. Les éditeurs ont une attitude paternaliste. Les rapports entre éditeurs et auteurs sont presque incestueux. Cela prendra du temps mais le professionnalisme d'un agent vaut bien sa commission, et l'auteur pourra toujours parler littérature avec son éditeur ; dans certains pays, il arrive que l'éditeur conseille à son auteur de prendre un agent… ».[121]

1.5.2. Pierre Astier[122]

Ancien éditeur du *Serpent à Plumes*, Pierre Astier est armé de sa grande compétence. Ouvert sur la planète, il s'intéresse aux auteurs francophones mais ne se limite pas à ce domaine. Son objectif clairement annoncé est d'« offrir autre chose que les auteurs-starlettes »[123]. Il recherche des collaborations avec différents types de maisons, grandes et petites. Aux petits éditeurs il offre un service de vente de droits. Ainsi il a négocié les droits de *L'ogre c'est mon enfant* de Kenan Görgün pour l'éditeur bruxellois Luce Wilkin. Il pratique la cession des droits internationaux au cas par cas. Sa commission est entre 10% et 20% (généralement 20% pour les droits internationaux). Il est co-signataire du contrat.

Conscient des difficultés du métier, Pierre Astier cherche à définir le métier de l'agent, ce qui lui permettra d'apporter une réelle valeur ajoutée aux maisons d'édition françaises. Ainsi il optimise les méthodes de prospection. Sa méthode : cibler les maisons susceptibles d'être intéressées par un projet quelconque, et envoyer un mail sur un bouquet d'adresses avec le manuscrit au format PDF. Ainsi lorsque les négociations avec une maison commencent, les autres maisons auxquelles le manuscrit a été proposé sont informées. Il existe toutes sortes d'intermédiaires qui viennent concurrencer ou compléter le rôle de l'agent : les avocats, les notaires, les journalistes (souvent payés en droits d'auteur), les « scouts », agents « discrets ». Tous perçoivent des pourcentages.

---

[121] Courriel de Michelle Lapautre à Christine Evain et Frédéric Dorel, novembre 2007.
[122] http://www.pierreastier.com/mask/index.htm
[123] Entretien avec Christine Evain et Frédéric Dorel, Paris, février 2007

1.5.3. Les agents vus par les professionnels du livre

Fabrice Piault, rédacteur en chef adjoint de *Livres Hebdo*, déclare : « L'agent qui se substitue à la relation auteur-éditeur se trouve en difficulté en France. Les éditeurs français souhaitent garder ce territoire ».[124] Ainsi l'agent évolue dans la zone de défaillance de l'éditeur. Il propose non seulement un service éditorial mais des services de cession de droits étrangers, audiovisuels etc. Dans les pays anglophones et plus particulièrement en Amérique du Nord, leur contribution est bien accueillie par les maisons d'édition qui sont des grandes machines de commercialisation. Mais en France, où ils assurent donc une part du travail traditionnellement effectué – ou non – par l'éditeur, ils représentent une menace et on dit volontiers que si le métier d'agent avait sa place dans la culture française, ceux-ci occuperaient déjà le terrain de manière significative au lieu de rester un phénomène à la marge.

Cependant, force est de constater que dans le domaine de la littérature de jeunesse, par exemple, les agents ont d'ores et déjà effectué une percée. Si le rôle de l'éditeur en France poursuit son évolution et se rapproche du modèle anglo-saxon, le métier d'agent peut conquérir une place nouvelle dans l'articulation de la chaîne du livre.

2. Les principaux secteurs

Bien que le marché du livre au détail soit globalement en recul, certains secteurs affichent une santé et une croissance spectaculaires. C'est le cas du domaine parascolaire et de celui de la littérature de jeunesse. D'une manière générale, la production française a augmenté de 8% en 2006 par rapport à l'année précédente, avec 57 728 nouveautés et nouvelles éditions. Depuis 2001, la production de titres en France a augmenté de 29,4%[125].

Voici maintenant plusieurs secteurs phares témoignant du dynamisme de certaines branches de l'édition française. Par ailleurs, nous nous intéresserons également aux secteurs en perte de vitesse afin de proposer une analyse des principales causes de leurs difficultés.

---

[124] Entretien avec Christine Evain et Frédéric Dorel, Paris, février 2007.
[125] *Livres Hebdo, Le marché du livre 2007, supplément au numéro 682*, 23 mars 2007, p.19.

2.1. La littérature

Dans la production éditoriale française, la part de la littérature a baissé sensiblement depuis un quart de siècle, même si elle demeure à la première place. En tête dans les années 1970, elle a été détrônée par la production des dictionnaires et encyclopédies jusqu'à leur édition électronique dans les années 1990. Aujourd'hui, elle est fortement concurrencée par les ouvrages pratiques (13,3%). Cependant cette position a été maintenue par une surproduction en nombre de titres, notamment dans la gamme des romans incluant les rééditions en format de poche. En 2006 la littérature représente environ moins de 20% du chiffre d'affaires de l'édition générale, 30% du nombre d'exemplaires. Le tirage moyen a régulièrement décru, passant d'environ 20 000 exemplaires dans les années 1970 à 15 000 dans les années 2000 et les suivantes. Mais le volume des exemplaires publiés stagne, ce qui se traduit par une baisse sensible du tirage moyen. Toutefois la France reste, avec l'Italie, le pays d'Europe dans lequel le pourcentage dans ce domaine demeure aussi important avec 25% à 30% des titres publiés, les autres pays se situant dans une moyenne de 20%.

Pour les grands groupes, la littérature n'est pas le produit le plus rentable. En comparaison, les livres scolaires et les usuels, les ouvrages techniques et professionnels, les livres pratiques, peuvent plus facilement donner lieu à la commercialisation d'une multitude de produits secondaires comme les DVD. Néanmoins, il convient de savoir que les grands groupes maintiennent, dans le cadre de leur politique commerciale, les noms et parfois les structures des maisons d'édition qu'ils ont absorbées, et dont le prestige et une part de la politique éditoriale demeurent et entretiennent la fidélité des lecteurs. Ainsi, dans le groupe Hachette, les maisons Fayard, Grasset et Stock demeurent des références majeures.

La littérature est néanmoins davantage le souci des éditeurs de taille moyenne, fortes d'une tradition ancienne : Gallimard, Le Seuil, Albin Michel, etc. Ce domaine leur assure, notamment par la réédition en poche, une présence constante en librairie. On trouve aussi une multitude de petites maisons qui manifestent le courage économique de publier des auteurs inconnus sans grand espoir de retour financier important. Comme nous l'avons vu plus haut, ce sont ces maisons qui sont à l'origine de la plupart des découvertes littéraires, auteurs novateurs qui leur sont souvent bientôt ravis par les grandes maisons.

Le roman est le genre dominant mais le « roman contemporain » (incluant le roman policier, la science-fiction et le roman sentimental) accuse une baisse très nette depuis trente ans en volume d'exemplaires et de ventes, à peine compensée par la production de « romans classiques ». Le théâtre et la poésie demeurent des domaines marginaux. Les résultats des années 2000 à 2004 sont légèrement positifs : le chiffre d'affaires de l'édition de littérature générale a augmenté de 1,7% (pour une augmentation générale du chiffre d'affaires de l'édition de 1,6% – mais le secteur jeunesse a augmenté de 15,6% !). En 2004, cette croissance s'est confirmée (+3,5%). En revanche, 2005 a connu un fléchissement de la vente des ouvrages de fiction contemporaine[126]. La part des romans y est centrale : 7 435 nouveaux titres ou rééditions en poche en 2005, se répartissant comme suit[127] :

Romans et nouvelles français	3296
Romans fantastiques et de science-fiction	606
Romans policiers et d'espionnage	1286
Romans et nouvelles étrangers	2247
Total	7435

On peut observer avec grand intérêt que sur ces dernières années, la littérature étrangère est le domaine qui a connu la croissance la plus importante.

2.2. Les sciences

Aujourd'hui en plein développement, l'édition scientifique est, avec l'édition juridique, l'un des compartiments les plus rentables de l'édition professionnelle, avec des taux de marge de 18% à 24% du chiffre d'affaires chez les plus grands éditeurs[128]. L'information scientifique et technique est l'un des rares secteurs de l'information professionnelle dont les marchés sont fortement internationalisés. Il existe cependant des acteurs locaux de taille moyenne qui assurent une prestation d' « édition de proximité ». On peut citer en France EDP

---

[126] *Livres Hebdo, op.cit.*

[127] *Livres Hebdo, Le Marché du livre 2006, supplément au numéro 637, 17 mars 2006.*

[128] Voir l'ARL - Association of Research Libraries, www.arl.org

Sciences[129], Anthropos[130], Lavoisier[131]. Cette dimension locale est elle-même impliquée dans le mouvement de concentration : les éditions Masson[132], numéro un français de l'édition médicale ont ainsi été rachetées par les Editions Scientifiques et Médicales Elsevier[133], filiale française d'Elsevier[134], le plus grand groupe d'éditions scientifiques mondial, avec Thomson Scientific[135], Springer[136] ou Wolters-Kluwer[137], qui sont aujourd'hui beaucoup plus que des éditeurs de revues.

En 2006 en France, la situation des secteurs scientifiques demeure stable mais fragile. Dans une production générale de l'édition en France, qui, comme nous l'avons indiqué, a augmenté de 8% par rapport à 2005, la part des sciences sociales s'élève de 0,3%, mais celle des autres domaines scientifiques est en baisse, avec – 0,4% pour les sciences appliquées, - 0,3% pour l'histoire, la géographie et les sciences de l'information, - 0,1% pour la philosophie et les autres sciences[138].

L'édition en sciences humaines a assuré, jusqu'à très récemment, la disponibilité et la pérennité des travaux universitaires. Concernant la diffusion électronique des contenus scientifiques, la question de la mise en ligne de ces revues est posée, en France comme dans le reste du monde global. La vie des éditions de sciences humaines passe en grande partie par les revues qui leur insufflent énergie et idées nouvelles. Or, ces revues sont menacées. Leur contenu analytique trouve difficilement son public. Les difficultés proviennent du rythme imposé par les technologies de communication actuelles. Pour survivre, il s'agirait pour les revues d'utiliser les outils numériques afin de mieux cibler un public donné et de lui offrir une information et un contenu analytique récents. Nous développerons cette problématique dans la partie consacrée aux médias[139].

Le ministère chargé de la culture a lancé en 2004 un plan d'action destiné à soutenir l'édition dans les domaines des cultures scientifiques et techniques. Désormais le CNL travaille avec la Cité des Sciences et de l'Industrie et le Syndicat National de l'Edition, à un soutien financier au Salon du Livre d'histoire des sciences et des techniques, s'adressant à un public varié, grand

---

[129] http://www.edpsciences.org/
[130] http://www.economica.fr/
[131] http://www.lavoisier.fr/
[132] http://www.masson.fr/
[133] http://france.elsevier.com/html/index.cfm
[134] http://www.elsevier.com/wps/find/homepage.cws_home
[135] http://scientific.thomson.com/
[136] http://www.springer.com/
[137] http://www.wolterskluwer.com/
[138] *Livres Hebdo, Le marché du livre 2007, op. cit.*, p. 19 et 20.
[139] Voir *infra* p. 92 et suivantes.

public et spécialistes, qui se tient à Paris tous les automnes, et met en rapport les organisations préexistantes que sont Lire en Fête et la Fête de la Science. Des initiatives ont également été engagées dans les régions.

2.3. Livres pratiques et beaux livres

La catégorie "beaux livres" est celle qui souffre le plus du climat morose de l'édition. En 2006, on a constaté une chute du chiffre d'affaires de cette catégorie de 30% en librairie. Le repli se poursuit en 2007. Même les ouvrages à succès, comme en 2005, *La France vue du ciel* n'atteint pas les chiffres de vente espérés : cet ouvrage s'est vendu à 52 900 exemplaires, alors qu'à la même place en 2004, *Sibérie m'était contée* dépassait les 100 000 exemplaires. Le prix moyen ne cesse de baisser pour se stabiliser aux environs de 26 €. Ayant perdu la force de leurs produits phares traditionnels maintenant fortement concurrencés par Internet, la catégorie beaux livres se voit contrainte de composer avec l'événementiel et les émissions de loisirs ou de divertissement pour trouver de nouvelles niches.

Cependant les catégories « tourisme » et « cuisine » se maintiennent encore malgré des ventes également en baisse. On remarque l'importance des plateaux de télévision pour ces catégories. Ainsi par exemple le Chef Cyril Lignac sur M6 assure la promotion de *Oui chef !* et *Cuisine attitude*.

2.4. La bande dessinée et les mangas

La production de bandes dessinées est aujourd'hui clivée entre un secteur jeunesse et un secteur adulte et connaît un fort succès (5 000 000 d'exemplaires avec un tirage moyen de 12 393 exemplaires en 2006[140]), voire une forme de surproduction avec une moyenne de 10 albums francophones par jour. Le marché reste dominé par le principe des séries et demeure plus que jamais soumis aux critères souverains de la rentabilité et de la logique de produits. Néanmoins la réussite artistique et le succès public coïncident parfois. Il revient une fois de plus aux petites maisons indépendantes de prendre tous les risques en faisant émerger de nouveaux talents. Autre phénomène, l'apparition des webcomics avec lesquels des auteurs, parfois de talent, trouvent un public, sans passer par un éditeur. Mais le phénomène, massif en Amérique du Nord, reste plus marginal en France.

---

[140] *Livres Hebdo, Le marché du livre 2007, op. cit.,* p. 33.

Au milieu des années 2000, le secteur de la bande dessinée est celui qui a le plus développé sa production (26% en 2005 par rapport à 2004[141]). Mais ce n'est pas nécessairement grâce à la bande dessinée européenne traditionnelle. Seulement quelques titres, dont *Le ciel lui tombe sur la tête*, l'album d'Astérix de 2005, best-seller vendu à plus d'1 300 000 exemplaires[142], émergent sensiblement. Le phénomène majeur est le succès spectaculaire des mangas, apparu en France à la fin des années 1970. Il est devenu, au cours des 10 dernières années, tout à fait incontournable, même si par respect pour l'œuvre originale, la plupart des éditeurs français ont adopté le sens de lecture original de droite à gauche et de haut en bas, ce qui coupe ces publications d'un lectorat plus large. L'essor des mangas en France monte à 1994 avec le succès de l'album *Akira* édité par Glénat[143]. Depuis cette époque les mangas rivalisent avec les grands succès de la bande dessinée traditionnelle : les 42 tomes de *Dragon Ball* se sont vendus à plus de 250 millions d'exemplaires dans le monde, désormais devant les aventures de *Tintin* (plus de 200 millions d'exemplaires).

Avec 10 millions d'exemplaires annuels, la France est aujourd'hui le plus gros consommateur de mangas au monde après le Japon. Ceux-ci représentent 45% du chiffre d'affaires de la bande dessinée et constituent la plus forte progression derrière la fiction jeunesse, se plaçant en 2e position des secteurs de l'édition les plus dynamiques, avec une progression de 16% en 2006[144]. Les produits dérivés des mangas représentent également un marché considérable : figurines, cahiers, calendriers, porte-clés sont aujourd'hui disponibles pour un public de plus en plus large et de plus en plus averti.

En France, plusieurs conventions de passionnés de mangas proposent des projections d'anime (dessins animés japonais), des jeux, des spectacles de cosplay[145] et souvent complétées par un espace où se côtoient professionnels (magasins de livres et autres produits) et amateurs (clubs et associations exposant

---

[141] *Ibid.*, p. 23.
[142] *Ibid.*, p. 42.
[143] http://otomo.free.fr/akira_vf.htm
[144] *Livres Hebdo*, *Le marché du livre 2007, op. cit.*, p. 24.

[145] Contraction de l'anglais (*Costume Playing*), ou コスプレ (*kosupure*) en japonais, est une pratique consistant à jouer le rôle de ses personnages (héros de mangas, d'animation japonaise, de films, ou de jeux vidéo), voire de ses artistes de musique favoris, notamment en imitant leur costume et leur maquillage. Très courante au Japon, cette pratique n'est pas rare aux États-Unis ou en Europe lors des conventions et autres festivals de mangas ou de science-fiction. Cette pratique est née aux États-Unis, créée par les fans de *Star Wars* qui se travestissaient en personnage pour la sortie des films, mais a connu une très grande expansion au Japon, pays qui organise désormais le WORLD COSPLAY SUMMIT (à l'initiative de Aichi Television Broadcasting). http://fr.wikipedia.org/wiki/Cosplay.

leurs propres œuvres). On compte parmi les conventions les plus connues : Cartoonist, Epitanime, Japan Expo, Tokyo Zone (France), Polymanga (Suisse). Il convient de ne pas négliger la présence plus récente des manhwa, bandes dessinées coréennes très semblables aux mangas, dont la parution et la vente se font également de plus en plus dynamiques.

En France les principaux éditeurs de mangas sont : Asuka, Casterman (collections Sakka, Écritures...), Cornélius, Delcourt (collection Mangas), Glénat, Kana (ed. Dargaud), Kami, Le Lézard Noir, Paquet Li, Pika, SeeBD (collections Kabuto, Akiko, etc.), Le Seuil, Soleil Productions (collection Soleil Manga), Les Humanoïdes Associés.

2.5. Le livre scolaire et parascolaire

En France, contrairement au Canada, les programmes scolaires sont établis au niveau national par le ministère de l'Education Nationale, qui constitue alors un partenaire clé des éditeurs.

En outre la librairie n'assure qu'une part marginale des ventes de livres scolaires : les élèves des collèges reçoivent gratuitement, de la part de leur établissement, les ouvrages dont ils ont besoin. Il ne reste donc aux librairies que le marché des compléments d'outils scolaires et le marché des lycéens et des étudiants. Ce marché est loin d'être négligeable. En effet, nombreux sont les élèves et les étudiants préparant le Brevet des Collèges, le Baccalauréat, ainsi que les multiples examens et concours sanctionnant des études supérieures qui achètent les ouvrages nécessaires à leur formation. Qu'il s'agisse d'annales ou d'ouvrages de référence, les maisons d'édition spécialisées consultent le ministère sur les programmes. Ainsi le Bulletin Officiel de l'Education Nationale (communément appelé le « BO ») publie toutes les informations concernant les concours. Les éditeurs implantés sur ce marché exploitent systématiquement toute nouvelle information. A titre d'exemple, Les éditions universitaires Ellipses publient chaque année une collection d'ouvrages de préparation aux concours de l'enseignement public (CAPES, Agrégation) en collaborant dès la parution des programmes au « BO », avec des universitaires susceptibles de fournir la matière analytique requise. La production de l'ouvrage s'effectue entre le mois de mai (parution du programme au « BO ») et le mois de septembre, date de mise en rayon des nouveaux ouvrages à destination des étudiants souhaitant se préparer à un concours.

Il demeure très difficile à une maison non française de pénétrer le marché du parascolaire à cause de la relation étroite entre le ministère de l'Education Nationale, structure d'Etat, et les éditeurs nationaux.

2.5.1. Les prescripteurs pour le livre parascolaire : l'exemple du ministère de l'Education nationale

Le rôle du ministère explique en grande partie la difficulté de certains éditeurs étrangers à pénétrer le domaine du parascolaire. Pour ce qui est du livre jeunesse, il suffit que le livre soit édité en France pour faciliter sa commercialisation. La France ne rejette pas les contenus les ouvrages réalisés par des auteurs étrangers, mais les éditeurs étrangers peinent souvent à diffuser leurs ouvrages en direct. En revanche, ils trouveront un intérêt chez les éditeurs français très ouverts sur la production étrangère. Les dernières mesures du ministère qui visent à promouvoir la lecture en primaire sont très encourageantes pour l'édition de la jeunesse en France. En effet, un système a été mis en place en 2002 : Le ministère sélectionne une liste de 300 ouvrages (pour le cycle 3) qu'il propose aux écoles. La liste est divisée en trois parties : 1/3 de la liste est patrimonial, 1/3 « moderne », 1/3 contemporain. Seul le tiers dit contemporain bouge. Mais cela représente une centaine de titres nouveaux que les éditeurs pour la jeunesse recommandent à l'Education Nationale chaque année. Le principe de la prescription est le suivant : la littérature est inscrite au programme scolaire et chaque enfant doit lire dix livres dans l'année. La liste proposée par le ministère est renouvelée par tiers tous les trois ans. En 2007, il est prévu une prescription d'ouvrages pour le cycle 2.

2.6. Les éditions pour la jeunesse[146]

Le secteur du livre jeunesse, à travers des formes de communication et des réseaux diversifiés, va à la rencontre d'un public plus large que le lectorat traditionnellement enfantin. De nombreux adolescents et des adultes sont également des consommateurs avisés du livre pour la jeunesse. Il s'agit du phénomène de cross-over où le marché initial déborde spontanément sur un marché annexe très significatif. Le marché du livre pour la jeunesse affiche à nouveau une croissance en 2006. En effet, le marché est en hausse de 4% si on ne tient pas compte de l'effet Harry Potter, et en baisse de 4% si on en tient compte, les ventes de Harry Potter étant en baisse. Cependant, le tome paru en octobre 2007 s'est vendu à 2 millions d'exemplaires le premier mois[147].

---

[146] Les informations suivantes proviennent principalement d'entretiens avec plusieurs acteurs de ce domaine, notamment Colette Gagey, présidente du Syndicat de l'Edition Jeunesse regroupant 40 éditeurs dont Bayard, Nathan, Hachette-Jeunesse et Gallimard-Jeunesse ; également Hedwige Pasquet, directrice de Gallimard-jeunesse, et Nick Diament, directrice de la structure « La Joie par les livres » jusqu'en août 2007.

[147] http://www.evene.fr/livres/actualite/harry-potter-151.php

De même que dans les autres secteurs, dans le livre pour la jeunesse, la surproduction dicte sa loi. Une nouveauté en chasse une autre. Les ventes moyennes aux titres ne cessent de baisser. On ne laisse pas suffisamment de temps au livre pour trouver ses publics. Au bout de 6 mois à peine, le livre est retourné à l'éditeur. Dans les grandes et moyennes surfaces, le processus est encore plus rapide : la règle d'or selon laquelle tout livre doit être immédiatement accessible au grand public sonne souvent comme une sentence. La surproduction nuit à l'économie générale. A trop produire, on renfloue le diffuseur et le distributeur, le soldeur également, mais l'éditeur se fragilise et entraîne le libraire dans sa chute.

Parmi les principaux éditeurs pour la jeunesse, beaucoup produisent à la fois des livres et des revues. Aujourd'hui en France, Bayard édite 21 magazines pour 1,4 million d'acheteurs. Chaque année 6 millions de livres sont vendus à partir d'un catalogue de près de 1 500 titres, 100 collections avec entre 4 et 230 ouvrages par collection. Bayard est présent en Europe, mais également en Amérique du Nord, en Asie et en Afrique, avec 45 maisons d'édition internationales. Sa présence est également très forte au Canada, notamment au Québec avec une librairie à Montréal.

On reconnaît généralement 5 catégories d'ouvrages pour la jeunesse : avant 7 ans ; à partir de 7 ans (livres) ; à partir de 7 ans (documentaires) ; livres sur CD et livres activités (autocollants, coloriages, etc.). Au-delà de ces catégories, il existe plusieurs formats – autant d'éléments à identifier afin de comprendre l'articulation de l'offre !

En novembre 2007, Gallimard Jeunesse met sur le marché un livre d'un nouveau format : le livre connecté. Les différents éléments sont un livre papier, une étiquette, une connexion et un fichier audio. Il s'agit de *La belle lisse poire du prince de Motordu*. Grâce à une puce le livre se connecte au web et récupère le fichier audio qui est ensuite lu par une voix humaine figurant l'animal. On retrouve des formats pour le son, le wifi, les ondes radio, un code d'identification et du papier. A ce jour, un seul livre est disponible[148].

2.6.1. Les prescripteurs pour l'édition jeunesse : l'exemple de « La Joie par les livres »[149]

Fondée en 1964 à l'initiative d'un mécène privé, La Joie par les livres, association conventionnée depuis 1997 avec le ministère chargé de la culture, a pour objectif de mieux faire connaître la littérature pour la jeunesse et de promouvoir la lecture des jeunes. La Joie par les livres comprend plusieurs services : une bibliothèque pour enfants située dans le quartier populaire de la

---

[148] http://formats-ouverts.org/blog/2007/11/09/1393-voila-le-livre-connecte
[149] http://www.lajoieparleslivres.com/Default.asp?INSTANCE=JOIE

Plaine à Clamart, près de Paris ; un centre de documentation riche de près de 200000 volumes ; et un secteur international, auquel est rattachée la section française de l'IBBY, l'Union Internationale pour les livres de jeunesse, association sans but lucratif, fondée à Zurich en 1953[150]. Cette dernière structure forme un réseau œuvrant dans le monde entier. La section française de l'IBBY organise des formations, principalement en Afrique francophone, avec le soutien du ministère des Affaires Etrangères.

La Joie par les livres est au service de l'ensemble des professionnels concernés (bibliothécaires, mais aussi chercheurs, enseignants, etc.) et de l'ensemble des bibliothèques pour la jeunesse, à commencer par le réseau des bibliothèques publiques, sur place et à distance grâce à son site web, et propose :

- un service de publications chargé en particulier de La Revue des livres pour enfants, bimestriel critique spécialisé de référence, ainsi que la revue annuelle Takam Tikou. La Joie par les livres publie régulièrement un ouvrage édité par le Cercle de la Librairie intitulé « Bibliothèque idéale ».

- un service de formation.

Face à la complexification du monde et aux nouvelles orientations du livre pour la jeunesse traitant des problèmes sociaux contemporains, la Joie par les livres établit de nouvelles catégories afin de clarifier l'analyse : « Le monde et ses drames » ; « Pas facile de grandir », etc. Il s'agit en fait de trouver le juste équilibre entre un discours hédonique très important et un discours éducatif tout aussi nécessaire[151].

La Joie par les livres est un organisme de référence pour tous les professionnels qui travaillent dans le secteur de la littérature pour la jeunesse. Par leur approche à la fois axée sur la qualité de la production et ancrée dans les réalités du marché du livre pour la jeunesse, La Joie par les livres assure la promotion de la lecture pour la jeunesse en s'adaptant aux changements de l'environnement.

Mais récemment les événements se sont précipités : le conseil d'administration de la Bibliothèque Nationale de France réuni le 25 octobre 2007 a approuvé l'intégration à la BnF des équipes et des activités de l'association « Les amis de la Joie par les livres », à compter du 1er janvier 2008[152].

---

[150] http://www.ibby.be/IBBYMENU/debut.html

[151] Lire l'article de Nic Diament « Pour en finir avec le plaisir de lire » *Revue ABF*, rentrée 2006.

[152] http://www.bnf.fr/pages/presse/communiques/joie_livres.pdf

2.6.2. La littérature pour la jeunesse vue par la presse

Les éditeurs français envient le modèle anglo-saxon dan lequel les ouvrages pour la jeunesse trouvent une couverture presse dans des supports autres que la presse pour la jeunesse. Etant donné le phénomène de cross-over, il est effectivement légitime d'attendre un certain intérêt de la part des grands journaux et magazines à l'égard de la littérature de jeunesse. Les journalistes du *Globe and Mail* au Canada, par exemple, n'hésitent pas à suivre l'exemple de leurs confrères britanniques et tissent des liens fructueux avec les éditeurs pour la jeunesse. En France, Gallimard, Bayard, etc., se plaignent du manque d'ouverture des journalistes – une attitude que tous les efforts des attachés de presse des éditeurs semblent combattre sans grand succès.

2.6.3. La fiction dans la littérature de jeunesse

La fiction représente 41% du marché de la jeunesse. C'est un secteur en pleine croissance avec 6%, représentant 71 millions d'euros. C'est le secteur le plus dynamique de l'édition pour la jeunesse. Les ouvrages en grand format progressent au détriment du format poche. Le phénomène des meilleures ventes est suivi de près. En effet les 10 meilleures ventes représentent 26% des ventes. Entre janvier et octobre 2006, 6 livres se sont vendus à plus de 100 000 exemplaires en 10 mois. Il s'agit de *Narnia* (poche et grand format) chez Gallimard (le film est sorti en novembre 2005) ; *L'Héritage* tome 1 ; *Eragon* tome 2 ; *l'Aîné* chez Bayard (le film est sorti en décembre 2006) ; *Harry Potter* tome 6 chez Gallimard (les films d'après les premiers tomes sont sortis régulièrement) ; *Où est Charlie ?* chez Gründ. Certains titres atteignent les niveaux de vente des best-sellers pour adultes. La majorité des mises en place des titres nouveaux se situe entre 3 000 et 5 000 exemplaires. Mais certains titres peuvent requérir une mise en place de plusieurs dizaines de milliers d'exemplaires – voire s'élever jusqu'à 300 000 à l'occasion de la sortie d'un film.

Le paradoxe majeur est le prix moyen en grand format (14 €) qui ne semble pas être un frein à l'achat. Cette hausse fait l'affaire des libraires grâce à une meilleure marge mais celui-ci est contraint d'avancer les fonds pour placer ces ouvrages en rayon, correspondant à une lourde immobilisation financière.

Le genre « Fantasy » caracole en tête : l'aventure est imaginée ou vécue, les héros-miroir se déclinent en séries. La barrière des 12 ans n'est donc plus infranchissable, ni dans un sens, ni dans l'autre : l'enfant peut s'intéresser à des lectures adolescentes. C'est ce qu'on appelle les lectures trans-générationnelles.

2.6.4. Le livre de poche en littérature de jeunesse

Le livre de poche est en perte de vitesse. C'est, entre autres, sans doute le résultat de l'action du libraire qui expose plus clairement le grand format, alors que le livre de poche est rapidement remisé. Généralement le livre de poche ne reste pas plus de 2 semaines sur les tables. Les deux moteurs du livre de poche sont la prescription (ministère de l'Education Nationale) et les séries.

2.6.5. Le livre pour la petite enfance

Ce secteur représente 35% du marché du livre pour l'enfance. C'est un marché créatif mais encombré. La création française est appréciée au niveau international. Les nouvelles technologies permettent de complexifier les livres objets (matières diverses, pop-up). Les fabrications en Chine ou en Asie permettent de faire baisser les coûts de production. Cependant, la fabrication lointaine freine les réimpressions.

Le principal succès du secteur du livre pour la petite enfance est la série à héros : *Petit Ours Brun, Tchoupi, Oui-Oui, Martine, Léo et Popi, Drôles de petites bêtes, Franklin*, etc. Ces séries se déclinent sous toutes les formes, à tous les prix : poche, carton, coloriages, albums, etc. Les prix vont de moins de 2 à 20 euros et plus. Les réseaux de vente se sont démultipliés. Le secteur « activités, coloriages et autocollants » (la TVA s'élevant à 19,6%) est en progression ainsi que les ouvrages avec CD (2% du marché).

La petite enfance est un marché de fond. En moyenne, 60% des 500 meilleures ventes sont issus des fonds de catalogues des éditeurs.

2.6.6. Le livre documentaire

Ce genre peine à trouver un nouveau souffle, on est loin du faste des années 1990. Le développement d'Internet l'a considérablement fragilisé : on enregistre une chute de 3% en 2006. C'est un marché de fond, tenu par une poignée d'éditeurs de jeunesse et d'éditeurs scolaires. On trouve aujourd'hui des co-éditions internationales avec des lancements puissants, de lourdes campagnes de communication, de gros budgets de conception et de fabrication. On trouve dans ces collections des thématiques récurrentes : les dinosaures, les filles, les châteaux forts, le corps humain, les chevaux, la préhistoire, l'actualité, le sport, le football, etc.

2.6.7. La diffusion de représentation

La plupart des éditeurs importants ont une forte présence dans les 1 000 premières librairies de France.

2.6.8. L'ouverture vers l'international

Comme nous l'avons précédemment indiqué la directrice éditoriale de Bayard et Gallimard Jeunesse travaille à Londres. Egalement, les principales maisons d'édition ont fréquemment recours à des agents ouverts sur l'international comme Michelle Lapautre ou Nouvelle Agence.

2.6.9. La Charte des auteurs et illustrateurs jeunesse[153]

Fondée en 1984, la Charte est une association parisienne agréée par le ministère de la Jeunesse et des Sports, subventionnée par le Centre national du livre, la DRAC d'Ile-de-France, la mairie de Paris, la région Ile de France. Son organe d'information *Les Nouvelles* tente de se développer mais les difficultés économiques subsistent (insuffisance des subventions principalement) et une mise en ligne du magazine est en projet. Forte de près de 800 adhérents en 2006, la Charte défend des conditions de travail acceptables tant pour les contrats d'édition que pour les animations. Se sentant marginalisés dans bon nombre d'instances, ceux-ci ont éprouvé le besoin de confronter leurs expériences. Si la bataille pour la rémunération des rencontres et des ateliers d'écriture est gagnée, celle des contrats et de la lecture des relevés de droits ne l'est toujours pas, mais le travail se poursuit. Dans *Je suis un auteur Jeunesse*[154], Christian Grenier, fondateur de l'association, décrit l'esprit et la démarche de la structure : « La Charte a aidé les auteurs jeunesse à prendre conscience de leur rôle. Elle a éclairé leur identité, elle les a fait réfléchir sur leur production et les a responsabilisés. Elle a réuni et uni des centaines d'auteurs et d'illustrateurs qui œuvraient individuellement jusque-là. Elle a tissé entre eux des liens affectifs et intellectuels puissants sans altérer leur personnalité.... En haussant le niveau d'exigence des rencontres auteurs-lecteurs, la Charte a dopé le mouvement suscité par l'entrée des ouvrages jeunesse dans les milieux scolaires. Comme elle a, en répondant à l'appel des organisateurs de salon, sans doute multiplié les ventes des ouvrages. Les éditeurs, souvent spectateurs des auteurs intervenant dans les bibliothèques, les classes ou les Salons, commencent à comprendre que les écrivains et illustrateurs qui se déplacent dialoguent et d'une certaine façon, militent pour l'accès attrayant à la lecture ont largement contribué à la diffusion, la promotion et la vente de leurs ouvrages. Bien sûr, ce travail opiniâtre est en fait le fruit d'une longue collaboration où chacun, depuis des années, a sa part... »[155].

3. L'environnement

En ce début du XXIe siècle, une comparaison met en lumière un nombre important de similitudes entre la France et le Canada quant aux indicateurs

---

[153] http://perso.orange.fr/alain.bellet/PAGES/Charte%20des%20auteurs.html
[154] Editions Rageot.
[155] http://perso.orange.fr/alain.bellet/PAGES/Charte%20des%20auteurs.html

traditionnels de l'industrie du livre : taux de publication, importance des ventes, soutien de l'Etat, habitudes de lecture, prestige accordé aux auteurs littéraires. Les résultats, très différents de ce qu'ils étaient au XIXe siècle et au début du XXe siècle, confirment l'hypothèse selon laquelle les cultures nationales tendent aujourd'hui à disparaître. Nous sommes aujourd'hui dans le village global de MacLuhan. Dans le même temps les perceptions diverses de la mondialisation, notamment les craintes qu'elle engendre, ont tendance à provoquer une fragmentation sensible des cultures nationales. Donc, autant les outils quantitatifs sont utiles dans la perception de la santé de l'industrie du livre en général, autant, en ce qui concerne le champ culturel et littéraire, le paysage est plus complexe.

Ce qui fait la spécificité d'un champ littéraire, ce n'est pas les chiffres mais plutôt une multitude d'événements davantage ponctuels et symboliques : noms de rues, billets de banque (« Pascal ») perdus avec l'européanisation de la monnaie, les prix littéraires qui font vendre en France beaucoup plus qu'au Canada, mondanités parisiennes et canadiennes, la place accordée dans les médias à l'actualité du livre : comme nous l'avons vu la presse, la télévision, la radio, Internet.

La partie sur les foires internationales ou nationales, outils majeurs de communication entre professionnels du livre est à retrouver dans la dernière partie du livre consacrée aux outils de prospection.

3.1. Les medias

Les médias sont principalement le lieu du commentaire, de la promotion et de la critique sur l'édition, ainsi que celui du journalisme éditorial et littéraire. Ces domaines, tout comme ceux de l'édition elle-même, ont considérablement évolué au cours de ces trente dernières années. De nouvelles questions sont posées sur les relations entre les grands groupes d'édition et les maisons d'éditions et les organes de presse, du fait de la concentration et de la consanguinité qui en résulte. Ainsi, la place occupée par la promotion des livres publiés par tel groupe d'édition dans tel organe de presse lui appartenant pose aujourd'hui problème ; quel est le rôle que doit remplir la critique littéraire ? Pour les raisons qui viennent d'être invoquées, est-elle aussi « critique » qu'on pourrait le souhaiter ? Que dire de l'apparent déclin de la critique littéraire face à la montée – pas toujours préjudiciable au demeurant – du journalisme littéraire ? La critique doit-elle être seulement un guide proposé au lecteur désorienté par la pléthore de publications ? Quel est son registre et quel est son degré d'influence ? Les médias font-ils vendre les livres ? La critique peut-elle répondre à la censure économique, morale, etc. ? Quel reflet donne-t-elle des auteurs, aux auteurs eux-mêmes ? On peut lire à ce sujet la très complète intervention de Christophe Kantcheff en 2005 à ce sujet[156].

Ainsi des contraintes économiques fortes s'exercent aujourd'hui sur les médias qui traitent des divers phénomènes de l'édition : afin de séduire un lectorat volatile naturellement attiré par la diversité des médias et par Internet, les articles sont victimes des besoins de la mise en page : un roman de 120 pages sera privilégié par rapport à un autre de 500 pages. On crée des événements pour lesquels la forme l'emporte sur le contenu. On semble céder à la loi du star-system et de la peopolisation. Christophe Kantcheff nous l'indique : « En cinq ans, de 1999 à 2004, la production commercialisée a augmenté de 35%, passant de 38 657 nouveautés et nouvelles éditions à 52 231 (source Electre). Bien entendu, l'exhaustivité est non seulement un objectif inatteignable, mais elle est non souhaitée par les journaux. Néanmoins, ceux-ci ont tenté de rendre compte d'un nombre croissant de livres. D'où, globalement, une diminution de la taille des articles. Ou – ce qui est à peu près équivalent – le traitement d'un plus grand nombre de livres au sein d'un même article »[157].

3.1.1. Journaux et magazines

Principaux organes de la presse spécialisée :

- *La Bibliographie Nationale officielle Française* s'appelait avant 1990 *La Bibliographie de la France*. Aujourd'hui, outre les fascicules bimensuels courants, en ce qui concerne la période qui couvre 1970-1998, il existe un cédérom[158]. Il s'agit d'un index et non d'une cumulation du classement principal. Le cédérom Bibliographie nationale française Livres, publications en séries et documents électroniques est un sous-produit de la base de données BNOpale de la Bibliothèque nationale de France. Cette base comprend en effet et entre autres les notices des livres entrés au titre du DL depuis 1970. On y trouve autour d'1,2 million de notices, avec un accroissement de près de 48 000 titres par an[159].

- *Le Bulletin Critique du Livre en Français* fondé en 1945, offre un panorama et une sélection de l'actualité éditoriale. Il publie chaque mois les comptes rendus d'un choix d'environ deux cents ouvrages récents écrits en

---

[156] *La critique littéraire sous contraintes* de Christophe Kantcheff. Intervention prononcée le 6 octobre 2005 à l'Institut français de presse à Paris, à l'occasion de la première séance du séminaire « La critique impossible? », animé par Christophe Kantcheff et Bertrand Leclair. http://www.politis.fr/article1824.html

[157] *Ibid..* http://www.politis.fr/article1824.html

[158] http://www.bnf.fr/web-bnf/catalog/cd-bnf.htm Cette édition sur cédérom a pour titre : *Bibliographie nationale française Livres, publications en séries et documents électroniques*. Elle est éditée par la Bibliothèque nationale de France et diffusée commercialement par Bibliopolis depuis 1990. Périodicité : bimestrielle. 2 cédéroms

[159] http://bibliographienationale.bnf.fr/

français. À cette fin, il reçoit tout ou partie de la production de près de mille éditeurs francophones. Élaboré par près de deux cents rédacteurs, universitaires, experts et professionnels « de terrain », spécialistes chacun d'un domaine, le *BCLF* permet non seulement de connaître les œuvres majeures, mais aussi de les comprendre. Distribué dans près de 150 pays, le *BCLF* s'adresse aux professionnels du livre, de la lecture et de la documentation. Il intéresse également les étudiants, enseignants et chercheurs, ainsi qu'un large public d'érudits et de curieux.

- *Le Bulletin du Livre / Livres Hebdo*: Le Bulletin du Livre français est fondé en 1918 est non seulement un périodique qui s'adresse aux professionnels comme aux amateurs. En 1979 il devient *Livres Hebdo* dans sa version mensuelle, puis hebdomadaire. *Livres Hebdo* est édité à Paris par Electre et tire à 10 000 exemplaires. *Livres Hebdo* s'adresse aux libraires, bibliothécaires, éditeurs et traite de la vie professionnelle, économique et bibliographique du monde de l'édition et de la librairie en France et à l'international.

Principaux organes de la presse grand public :

Une caractéristique de la société française est son goût très prononcé pour sa langue, sa rhétorique et sa littérature[160]. Les livres et le paysage de l'édition, principalement littéraire, y sont des phénomènes relativement populaires. Ainsi, mis à part une très vaste couverture de presse papier et Internet forte de plusieurs centaines d'organes plus ou moins spécialisés, des Revues Gallimard – *La Nouvelle Revue Française*[161], *Le Débat*[162] à *Télérama*[163] en passant par *Le Magazine Littéraire*[164], *Le Matricule des Anges*[165] ou *La République des Lettres*[166], leurs versions Internet et toutes les revues littéraires lisibles essentiellement sur le net[167], (pour bon nombre d'entre elles consacrées à la poésie), les grands journaux populaires portent également un regard sur l'actualité littéraire. Des structures telles que *Le Monde*, *Libération* et *Le Figaro* se déclinent en cahiers littéraires (*Le Monde des Livres*[168], *Libération Livres*[169] et

---

[160] Voir Priscilla Parkhurst Ferguson, *La France Nation littéraire, op. cit.*
[161] http://www.gallimard.fr/catalog/Html/revue/nrf.htm
[162] http://www.le-debat.gallimard.fr/
[163] http://www.telerama.fr/
[164] http://www.magazine-litteraire.com/
[165] http://www.lmda.net/
[166] http://www.republique-des-lettres.fr/
[167] http://www.zazieweb.fr ; http://www.revues.org/index.html?/apropos/154-presentation-generale, ou encore http://entrevues.org/
[168] http://www.lemonde.fr/web/sequence/0,2-3260,1-0,0.html
[169] http://www.liberation.fr/culture/livre/

Le Figaro Littéraire[170]). D'autres offrent des chroniques, des critiques, des extraits, des nouvelles. C'est le cas de la plus large part des organes mensuels, hebdomadaires et quotidiens. Les plus importants sont parfois des magazines féminins ou de décoration tels que *Elle*[171], *Marie-France*[172], *Atmosphère*[173] ou *Côté Ouest*[174] ou bien des organes d'information générale comme *Courrier International*[175], *Le Journal du Dimanche*[176], etc.

Mais il convient de savoir que la presse papier actuelle se trouve aujourd'hui menacée par de graves difficultés financières, en particulier les quotidiens, dues à la chute du lectorat détourné par Internet en particulier. Ainsi dans *Le Figaro*, les pages « culture » ont perdu de leur spécificité et sont fondues sous l'intitulé « *Le Figaro et vous* », donnant la priorité à la dimension consumériste du traitement des phénomènes culturels. S'agit-il d'un dévoiement ou plutôt d'une honorable démocratisation du genre ? Une évolution emblématique : la critique littéraire subit la concurrence du journalisme littéraire. Ainsi ces propos de Pierre Assouline dans *Livres Hebdo* n° 583 du 7 janvier 2005. À la question : « Le règne du critique est-il achevé ? », il répond : « Il faudrait penser davantage en journaliste qu'en critique, au sens traditionnel du mot. La critique littéraire à l'ancienne est un genre prestigieux mais nécessairement réservé à quelques grandes plumes. Le journalisme littéraire, c'est autre chose. C'est d'abord du journalisme : s'informer, informer, transmettre. Cela n'interdit pas le jugement critique, au contraire, mais il faut – ici comme à la radio ou à la télévision – que le "je" du journaliste se tempère face à l'information, et que le média ne se médiatise pas lui-même. Il faut partout éviter le côté magistral, le paternalisme critique, qui fait descendre la pseudo-vérité du haut vers le bas »[177]. Un effet pervers de ce choix est sans aucun doute la tendance à privilégier les auteurs par rapport à leurs œuvres. On assiste à une peopolisation de la critique. Les auteurs et les œuvres sont donc traités de manière davantage sociologique que littéraire, et par voie de conséquence, l'autonomie de la littérature se trouve fragilisée et sujette à des jugements moraux. Christophe Kandcheff conclue et résume : « Je citerai rapidement trois autres types de "contraintes" professionnelles, qui pèsent sur la critique. Premièrement, selon un présupposé bien établi, l'attente des lecteurs se porterait avant tout vers les auteurs gros vendeurs. Il faut donc consacrer une grande surface aux Houellebecq, Beigbeder, Harry Potter ou Da Vinci Code..., quel que soit l'avis des rédactions sur ces livres. C'est autant de moins, du point de vue de

---

[170] http://www.lefigaro.fr/litteraire/
[171] http://www.elle.fr/elle/
[172] httphttp://www.viapresse.com/via/141/abonnement-magazine-marie-france.html
[173] http://www.intermagazines.com/?rubrique=21&numero_titre=155
[174] http://www.cotemaison.fr/
[175] http://www.courrierinternational.com/gabarits/html/default_online.asp
[176] http://www.lejdd.fr/
[177] Christophe Kantcheff. http://www.politis.fr/article1824.html

la place occupée, pour des livres plus fragiles, plus exigeants. Ce présupposé est bien entendu lié à la présence de plus en plus généralisée des tableaux des meilleures ventes dans la presse (*Libération* est le dernier des journaux en date à avoir cédé à cette pratique). Deuxièmement, selon une règle éditoriale implicite, tous les livres sélectionnés par les principaux prix littéraires doivent avoir fait l'objet d'un article avant la remise de ces prix. En outre, les livres favoris ou les plus en vue ne sont pas confiés à des pigistes mais, comme s'il s'agissait là d'une prérogative, sont traités par les chefs de service ou chefs de rubrique "livres". Ce qui leur confère encore davantage de visibilité. Enfin, le premier roman est désormais considéré comme un genre littéraire spécifique. Non pas sur des critères esthétiques – ce qui serait résolument absurde –, mais parce que la machine médiatico-éditoriale a constamment besoin de nouveautés pour s'autoalimenter. On exhibe ces nouveaux noms, ces nouveaux visages avant de les jeter aux oubliettes. Un moyen, sans doute, de compenser l'absence, en littérature, d'une "star académie" »[178]. Ainsi la critique semble aujourd'hui s'émousser, voire s'uniformiser avec les exigences du marché. Comme si la critique perdait de sa pertinence.

De même les revues dans leur ensemble et les revues de sciences humaines en particulier semblent connaître les mêmes difficultés, comme déroutées par le rythme et l'immédiateté imposés par les technologies de communication actuelles. C'est un véritable basculement culturel qui doit se produire aujourd'hui si celles-ci souhaitent se survivre, utiliser les outils numériques plutôt que d'en pâtir. C'est ce qu'analyse et préconise Sophie Barluet : « Les éditeurs sont moins nombreux à les soutenir. Les diffuseurs sont circonspects. Rares sont ceux qui ont choisi d'en faire encore un pôle de développement. Les libraires n'ont plus de place pour les exposer et les journalistes plus de temps pour en parler. Quant au public, son comportement consumériste le conduit à adapter au plus près ses achats à ses besoins et, en matière de revues, notamment scientifiques, à photocopier l'article utile plutôt que de se procurer la revue entière. La concurrence nouvelle du livre et des journaux, le changement des règles de médiatisation, l'importance croissante des pratiques de "braconnage" conduisent ainsi à s'interroger sur la pérennité d'un modèle défini il y a plus d'un siècle. [...] Comment dès lors préserver leur identité, leur indépendance et leur liberté sans que les changements structurels ne les mettent en danger ? L'usage du numérique constitue une partie de la réponse. Il peut rendre leur exposition meilleure, leur vente plus facile, leur public plus large. Il peut aussi les aider à redevenir ces espaces de débat, ces laboratoires d'idées et ces lieux de circulation des savoirs qui firent leur renommée. Mais cela a un prix. La technologie n'est qu'un moyen, pas une fin. Internet n'est qu'un support, pas un contenu. L'oublier conduit à multiplier les fausses revues sans raisons ni lecteurs. Il peut entraîner aussi la mise en place de modèles formatés alors que toutes les revues n'ont pas

---

[178] *Ibid.* http://www.politis.fr/article1824.html

les mêmes besoins. En faisant preuve d'une rigueur d'autant plus grande qu'elle semble moins nécessaire, en adaptant les techniques à leurs exigences et non l'inverse, les revues peuvent se servir du numérique comme d'un formidable atout. Il n'est pas trop tard pour les revues scientifiques, si elles savent, comme dans les pays anglo-saxons, s'organiser pour que leur offre soit plus cohérente dans ses modalités d'accès, plus pertinente dans sa qualité, plus significative dans sa diversité. Pour d'autres revues, en revanche, le temps n'est pas encore venu d'abandonner le papier mais de le compléter grâce aux fonctionnalités d'exposition et de commercialisation offertes par Internet »[179].

3.1.2. Les émissions littéraires

De la même manière que dans la presse papier ou sur le web, les ondes sont profondément marquées en France par la présence de l'actualité éditoriale et littéraire. Même les chaînes télévisées grand public comme TF1, France 2 et FR3, ainsi que les organes radiophoniques populaires tels que Europe 1, RTL, et France-Inter de Radio France proposent des émissions hebdomadaires consacrées à l'actualité littéraire, dans lesquelles les auteurs sont systématiquement reçus. Malgré cette forte tradition, à la télévision en particulier, les exigences économiques sont désormais liées aux annonces publicitaires conditionnées par l'audimat. Ainsi la littérature est désormais associée à d'autres phénomènes médiatiques. Dans *Le Figaro* du 18 novembre 2004, Guillaume Durand, animateur d'une émission sur la chaîne de service public France 2, intitulée « Campus, le magazine de l'écrit », déclarait : « Il n'y a pas de public aujourd'hui pour une émission purement littéraire, sinon on ferait 3% d'audience »[180].

3.1.2.1. Programmes télévisés

La France a connu pendant plus de trente années ce qu'on appelle le phénomène « Pivot ». Bernard Pivot, journaliste et critique littéraire à la fois raffiné et populaire, a très sensiblement démocratisé l'accès à la littérature à partir des années 1970 par ses émissions de télévision grand public « Ouvrez les Guillemets », « Apostrophes », « Bouillon de Culture », et plus récemment « Double-je ». Bernard Pivot a dirigé la revue littéraire *Lire*[181] et a contribué au *Figaro*, au *Point*[182] et au *Journal du Dimanche*. Son élection à l'Académie

---

[179] *Les revues françaises aujourd'hui : entre désir et dérives, une identité à retrouver : Rapport de mission pour le Centre National du Livre.* Sophie Barluet Avril 2006. Voir également : Sophie Barluet « Edition de sciences humaines et sociales : le cœur en danger ? » Presses Universitaires de France – PUF 2004. Quadrige-Essais 170 pages. Voir aussi : Le salut des revues passera par Internet, *Le Monde des Livres* – 07.09.06. Publications sous perfusion, Figaro Littéraire– 09.06.06
[180] Christophe Kantcheff, http://www.politis.fr/article1824.html
[181] http://www.lire.fr/
[182] http://www.lepoint.fr/

Goncourt en 2004, alors qu'il n'est pas un écrivain accompli, a témoigné de la reconnaissance du monde des lettres en France.

Bernard Pivot a très largement occupé la scène de la médiatisation populaire des lettres françaises, et son retrait progressif au début des années 2000 a vu une multiplication des programmes de télévision consacrés aux livres[183]. Le journaliste Patrick Poivre d'Arvor (« Ex-Libris » puis « Vol de Nuit » sur TF1 ; « Place au Livre » sur LCI) anime des émissions à grand succès. Guillaume Durand anime l'émission « Campus », purement littéraire à ses débuts, elle changea de format en 2006 pour devenir plus largement culturelle. Dans une liste des émissions actuelles qui est loin d'être exhaustive on peut citer l'émission « Texto », présentée par Philippe Bertrand, sur France 3 ; « Field dans ta chambre » présentée par Michel Field sur Paris Première ; « Le Bateau Livre » anciennement « Droit d'auteurs » présentée par Frédéric Ferney sur France 5 ; « Les Livres de la 8 » sur Direct 8, présentée par François Busnel, directeur du magazine *Lire* ; « Bibliothèque Médicis » présentée par Jean-Pierre Elkabach sur Public Sénat, « Un livre, un jour » présentée par Olivier Barrot sur FR3 ; « Café Picouly » présentée par Daniel Picouly sur France 5 ; « Ce soir ou jamais » présentée par Frédéric Taddéi sur France 3 ; « Esprits Libres » présentée par Guillaume Durand sur France 2.

Toutes ces émissions sont suivies, et influent sur les ventes. La littérature étant un sujet naturellement abordé à la marge de nombreuses émissions de télévision consacrées à la variété, aux « people » ou à tout autre sujet, il convient de ne pas négliger le pouvoir prescripteur de programmes et de journalistes, qui, tels Thierry Ardisson ou Marc-Olivier Fogiel, au hasard d'une émission, vont mentionner ou montrer un livre, ou encore en inviter l'auteur, noyé parmi d'autres personnalités communiquant sur des registres différents. Comme le dit Frédéric Beigbeder lui-même écrivain et journaliste littéraire, il s'agit du « triomphe des émissions littéraires sans littérature »[184]. Le journaliste de *Lire* Emmanuel Lemieux, déjà en 2003, terminait ainsi un article retentissant sur ce sujet : « Le parallélépipède de papier et l'écran peuvent-ils s'accorder ? Le livre relève d'une économie très particulière, celle de l'offre, tandis que la télévision fonctionne à la demande. Les éditeurs proposent, la télévision impose l'opinion commune. Mais après tout, il doit bien y avoir une vie après la télévision. Une vie où l'on peut flâner dans les librairies et lire au soleil des terrasses »[185].

---

[183] Françoise Benhamou, *Économie du Star-system*, Editions Odile Jacob, Paris, 2002.
[184] *Le Monde*, 1er septembre 2006.
[185] « Comment parler des livres à la télévision? », Emmanuel Lemieux, *Lire*, mai 2003.

3.1.2.2. Programmes radiophoniques

Les émissions littéraires sur les ondes françaises et francophones sont aussi nombreuses que les antennes de radio elles-mêmes. Une multitude de radios nationales et régionales, à caractère politique, religieux, ethnique, culturel, etc., consacrent des émissions au paysage éditorial et littéraire de langue française. Parmi les plus largement populaires, l'exemple de Radio-France et plus particulièrement de la chaîne France-Inter, de très large diffusion et popularité, nous paraît significatif. Outre les émissions de divertissement dans lesquelles certains auteurs à grand succès sont régulièrement invités (« Le Fou du Roi » animée par Stéphane Bern), cette antenne propose chaque semaine pas moins de 8 émissions littéraires dont « Le Masque et la Plume » présentée par Jérôme Gracin, « Cosmopolitaine » présentée par Paula Jacques, « La Librairie Francophone » présentée par Emmanuel Khérad et pour le livre de jeunesse « L'as-tu vu mon p'tit loup ? » présentée par Olivier Barrot.

3.2. La rentrée littéraire

Même si des ouvrages de littérature sont publiés, fort heureusement, tout au long de l'année, l'édition littéraire est de plus en plus soumise à une influence saisonnière, avec deux grandes saisons où sont massivement mis sur le marché de très nombreux romans, français en premier lieu, mais également traduits de l'étranger. La première saison est la « rentrée littéraire » qui commence fin août et se termine début novembre avec l'attribution des derniers grands prix.

La saisonnalité des ventes et l'effet « rentrée littéraire » ne semblent avoir d'autre but que de générer une couverture médiatique, mais il est évident que les perspectives de vie de chacun des romans publiés sont fort différentes. Une partie d'entre eux n'est là que pour permettre à l'éditeur d'occuper un espace sur les tables et dans les vitrines, ou dans les publicités de rentrée, l'essentiel du travail de promotion ne portant que sur une très faible part des titres et des auteurs.

La rentrée littéraire d'automne 2006 est numériquement très importante avec 683 nouveautés dont 475 romans français, 208 romans étrangers, 69 récits et essais. Sur les 475 romans français, 97 sont des premiers romans. Ces romans sont publiés par 140 éditeurs pour les romans français et 74 pour les romans traduits[186]. Cette production pléthorique s'accroît d'année en année, malgré les critiques qui en soulignent les effets pervers.

---

[186] *Livres Hebdo*, *Le marché du livre 2007*, op. cit., p. 30-31.

Même si les romans traduits ont connu une augmentation sensible, c'est avant tout l'accroissement des parutions de romans français qui explique le phénomène d'inflation littéraire, phénomène qui s'accentue d'année en année.

A la « rentrée littéraire » correspond la mise en vente de nouveautés. Dès fin août, une avalanche de titres est annoncée. Ce phénomène s'accompagne de plusieurs événements. Fin septembre : publication des premières listes d'ouvrages sélectionnés pour les prix littéraires ; octobre-novembre : les principaux prix sont décernés et les ventes explosent ; décembre, les mêmes ouvrages restent à offrir pour les fêtes. Les textes étant pour la plupart moins lus que commentés, voire qu'achetés, la rentrée a pour principal conséquence de renforcer les institutions que sont les maisons d'édition, la critique, les jurys de prix littéraires.

Jean-Pierre Ohl décrit ainsi le « la rentrée littéraire » :

« Chaque année, au moment de la rentrée littéraire, les médias consacrent un sujet à l'avalanche de livres qui submerge les librairies. Interviewé "à chaud" par un grand journal télévisé, un confrère désabusé se voit confier la mission impossible d'exprimer en vingt-cinq secondes le désarroi de toute une profession : il montre les tables trop petites, les colis qui s'entassent. Eventuellement, il décline quelques chiffres : surface de vente, nombre de titres, tonnage de retours, etc. Mais il pourrait aussi bien parler hébreu : pour le grand public, son travail se limite à la gestion de quelques phénomènes médiatiques… A lui seul, ce décalage croissant entre la production pléthorique des éditeurs et la focalisation des médias sur trois ou quatre titres phares en dit long »[187].

Pour certains canaux de vente, cette production pléthorique – phénomène désormais institutionnel – est plus problématique que pour d'autres. Les grandes surfaces, les espaces culturels et les surfaces spécialisées comme la FNAC semblent s'en accommoder. En revanche pour le petit libraire ce phénomène fausse le métier. Face à l'incapacité matérielle de défendre l'ensemble des nouveautés, le libraire ne peut que regretter de ne plus avoir la liberté d'effectuer sa propre sélection et de promouvoir les quelques livres sur lesquels se porterait son choix.

Une deuxième rentrée littéraire intervient en hiver entre début janvier et le Salon du livre de Paris à la mi-mars. Cette période est jugée plus propice à la publication de nouveaux auteurs, mais également à celle de certains écrivains confirmés qui ne concourent plus à des prix. En 2006, cette rentrée littéraire avait comptée environ 80 romans français, soit une augmentation de 40% par rapport à 2005 et 55 néo-romanciers avaient été mis sur le marché.

---

[187] Jean-Pierre Ohl, *Ibid.*, p. 195.

3.3. Les prix et les concours littéraires

Les Français, passionnés d'égalité, sont également passionnés par les privilèges conférés par les distinctions et les décorations. Tout est prétexte à remise de prix et de médailles. On décerne près de 1 500 prix littéraires par an, 98% dans la plus totale indifférence du public. La saison se situe aux mois d'octobre et de novembre où sont décernés les 6 grands prix de littérature. Chronologiquement : le Grand Prix du Roman de l'Académie Française, le Prix Goncourt, le Prix Renaudot, le Prix Fémina, le prix Médicis et le Prix Interallié. Ce sont les prix qui augmentent le tirage et la vente des ouvrages. Une vingtaine d'autres représente une garantie de qualité pour le lecteur. D'autres prix sont décernés par des non professionnels : Le Prix du Livre Inter, le Prix RTL, le Prix des Lectrices du magazine *Elle*. Le vote des libraires permet de décerner le Prix de Libraires, ainsi que le Prix des Maisons de Presse.

Le plus prestigieux et le plus rentable est le Prix Goncourt. Suite au testament d'Edmond de Goncourt en 1884, l'Académie portant son nom est fondée en 1902. Composée de 10 écrivains, elle récompense chaque année « le meilleur volume d'imagination en prose publié dans l'année », au terme d'un déjeuner dans un restaurant parisien, chez Drouant, place Gaillon, depuis 1915. Dans l'esprit des Goncourt, le prix doit révéler de jeunes talents. Il s'élève officiellement à 7,5 €, un chèque que le lauréat fait généralement encadrer. L'auteur couronné s'enrichit néanmoins avec les ventes considérables de son ouvrage. C'est une tradition bien établie de contester chaque année le choix du Goncourt : si l'ouvrage paraît difficile, il ne se vendra guère, si le roman a reçu préalablement les suffrages des lecteurs, on accuse l'Académie de voler au secours de la victoire. On lui reproche également de couronner souvent, si ce n'est systématiquement, l'une des trois grandes maisons d'édition parisiennes : Gallimard, Grasset, Seuil (surnommées ensemble Galligrasseuil). Chaque année la polémique se réveille.

Le Prix Renaudot, dédié à Théophraste Renaudot, créateur de La Gazette de France en 1631, est décerné le même jour à la même heure que le Goncourt. Fondé en 1925 par un groupe de journalistes littéraires qui s'ennuyaient en attendant le résultat du Goncourt, afin d'en corriger le choix. Le jury est composé de journalistes et de critiques littéraires.

Le Prix Fémina est décerné une semaine après les Prix Goncourt et Renaudot. Fondé en 1904 par des journalistes de la presse féminine, ce prix vise à développer la « confraternité » entre les femmes de lettres.

Le Prix Médicis a été créé en 1958. Dix écrivains couronnent un ouvrage de recherche le plus souvent, susceptible de passer – à tort – inaperçu.

Le Prix Interallié a été créé en 1930 par un groupe de journalistes mécontents de voir que *La Voie Royale* d'André Malraux n'était couronné par aucun prix. Ils se réunirent au Cercle Interallié pour en faire leur premier lauréat. Ce prix récompense généralement un roman écrit par un journaliste.

On peut également citer le Prix Goncourt des Lycéens, créé en 1988 par la Fnac et le Rectorat de Rennes pour donner aux jeunes l'envie de lire. Son immense succès en a fait un rendez-vous incontournable de la rentrée littéraire.

3.4. Les institutions

3.4.1. L'Académie française

Réunie la première fois en 1634, l'Académie française est l'une des plus anciennes institutions de ce pays. Elle se compose de 40 membres élus par leurs pairs. Son rôle est double : veiller sur la langue française et être un mécène des belles lettres. L'Académie a travaillé dans le passé à fixer la langue, pour en faire un patrimoine commun à tous les Français et à tous ceux qui pratiquent la langue française. Elle le fait en élaborant le Dictionnaire de l'Académie. La première édition fut publiée en 1694. La 9e édition est en cours.

L'Académie est également un mécène grâce aux dons et legs qui lui sont faits. Cette institution décerne ainsi chaque année environ 60 prix littéraires, dont le Grand Prix de Littérature de l'Académie française et Le Grand Prix de la Francophonie qui témoigne de l'intérêt nouveau – depuis 1986 – de l'Académie pour le rayonnement de la langue française dans le monde.

Les Français plaisantent volontiers de l'Académie française, institution qui semble quelquefois éviter de couronner les auteurs les plus importants. En effet un grand nombre d'écrivains souvent illustres n'ont jamais franchi ses portes, leur candidature ayant été rejetée : Balzac (4 échecs), Dumas (4 échecs), Gide (1 échec, pour immoralité…), Verlaine (1 échec), Zola ((24 échecs) ! La première femme à y être admise fut Marguerite Yourcenar dont le succès en 1980 fut d'autant plus salué qu'il venait à la suite des échecs de Mme de Staël, George Sand, Colette et Louise Weiss.

3.4.2. Les bibliothèques[188]

Il existe 4 170 bibliothèques publiques françaises, dont 4 000 bibliothèques municipales ou assimilées parmi lesquelles se distinguent 54 bibliothèques municipales classées (BMC), 6 bibliothèques municipales à vocation régionale, 230 bibliothèques intercommunales, 4 bibliothèques de statut particulier (la Bibliothèque Nationale de France, la Bibliothèque Publique d'Information (Paris), la Médiathèque de la Cité des Sciences et de l'Industrie (Paris), la Bibliothèque pour enfants de la Joie par les livres, les 64 bibliothèques de la

---

[188] http://www.culture.gouv.fr/documentation/bibrep/pres.htm

Ville de Paris étant regroupées sous une seule adresse. On trouve aussi en France 97 bibliothèques départementales de prêt (BDP), ainsi que leurs annexes et les bibliothèques des départements et territoires d'outre-mer.

Tout le problème est aujourd'hui, pour les bibliothécaires, de choisir dans cette production excessive ce qu'on va acheter. Faut-il courir derrière le succès et acheter les « fast-books » à l'écriture efficace, simple et souvent pleine de clichés des « story-tellers », romans destinés au loisir fugace (« for entertainment »), vite lus, vite consommés, potentiellement oubliables ? Ou bien faut-il privilégier les auteurs, ceux qui ont une langue et un style et dont les livres ne se résument pas à une simple histoire, fût-elle bien menée ? Ou bien encore concilier ces deux types de production (qu'on peut trouver dans tous les domaines de l'édition, et pas seulement dans l'édition de littérature). Tout est question d'équilibre : il est difficile de faire l'impasse sur certains succès mais cela conduit les bibliothèques à rentrer en concurrence avec le secteur le plus marchand. Il est donc important de présenter d'autres types de livres et d'auteurs, de prendre des risques et des paris : cela correspond aux missions culturelles des bibliothèques et au soutien qu'elles peuvent apporter à la création et à l'édition indépendante.

Se pose également le problème de la fréquentation des bibliothèques. Si le nombre des grands lecteurs diminue, celui des lecteurs occasionnels de livres augmente. C'est ainsi que la population, apparemment toujours fournie, des bibliothèques, connaît elle aussi une mutation. Moins de lecteurs de livres, davantage d'amateurs de DVD, de CDRoms, de logiciels.

3.4.2.1. La Bibliothèque publique d'information (BPI) : la bibliothèque du Centre Pompidou[189].

La Bibliothèque publique d'information créée en 1977, est gratuite et ouverte à tous sans restrictions. Les documents sont consultables sur place ou à distance : pas de prêt. Tout est en libre accès : pas de magasins. La BPI édite également des ouvrages dans plusieurs collections. La collection « Études et recherche » propose les résultats d'enquêtes sociologiques sur les pratiques culturelles, notamment la lecture, ses parcours et ses enjeux, l'écriture, les bibliothèques, leurs représentations et leurs usages. La collection « En débat » rapproche et confronte des points de vue professionnels sur des thèmes d'actualité concernant les bibliothèques et le métier de bibliothécaire en résonance avec les évolutions de la société. La collection « Paroles en réseau » s'inscrit dans le cadre du développement du site Internet de la Bibliothèque publique d'information avec une communication en ligne accrue de comptes rendus de journées d'études, de rencontres professionnelles, et de conférences.

---

[189] http://www.bpi.fr/

3.4.2.2. La Bibliothèque Nationale de France[190]

La BNF est la troisième bibliothèque au monde, avec la Bibliothèque du Congrès à Washington et la British Library à Londres. Héritière de plus de 7 siècles d'histoire, depuis la bibliothèque de Charles V, c'est un établissement public de l'Etat sous la tutelle du ministère chargé de la culture et l'une des plus importantes institutions culturelles françaises. Elle a la responsabilité du dépôt légal et de l'agence bibliographique nationale.

Les principaux sites de cet établissement se situent à Paris : le site « François Mitterrand » dans le 13e arrondissement (conçu par l'architecte Dominique Perrault) ouvert au public en 1996 dans lequel sont conservés et communiqués les imprimés et les documents audiovisuels ; et l'ancien site de la rue de Richelieu dans le 2e arrondissement, dans lequel sont conservés et communiqués les manuscrits occidentaux et orientaux, les photographies et estampes, les plans et cartes, les monnaies et médailles, etc.). La BNF accueille tous les ans, sur ses différents sites, plus d'1 million de visiteurs et son catalogue donne accès à plus de 10 millions de références et à la bibliothèque numérique Gallica[191].

Les missions de la BNF sont multiples. Il s'agit en premier lieu de rassembler, cataloguer et conserver les publications à travers le dépôt légal, les achats et les dons ; puis d'en assurer l'accès au plus grand nombre et enfin de mettre en valeur ces collections par l'organisation d'expositions, de colloques ou à travers des publications. La BNF a ausii pour vocation de conduire des programmes de recherche sur le patrimoine dont elle a la charge. En outre, la BNF est au centre d'un réseau de coopération documentaire national, le réseau des « pôles associés »[192] dans le cadre de la mise en œuvre partagée du dépôt légal, la constitution et l'enrichissement des fonds spécialisés en région et l'alimentation des grands catalogues collectifs. Enfin la BNF est un acteur majeur de la coopération internationale dans le domaine des bibliothèques.

3.4.2.3. L'Association des bibliothécaires de France (ABF) [193]

Fondée en 1906, l'ABF est aujourd'hui la plus ancienne association de bibliothécaires en France, la plus importante par le nombre de ses adhérents et la seule à regrouper les personnels de tous les types d'établissements et de toutes les catégories. L'ABF compte environ 3 500 adhérents individuels et plus de

---

[190] http://www.bnf.fr/
[191] http://gallica.bnf.fr/
[192] http://www.bnf.fr/PAGES/infopro/cooperation/intropol.htm
[193] http://www.abf.asso.fr/rubrique.php3?id_rubrique=44

1000 organismes sont abonnés à son Bulletin d'informations devenu, en janvier 2002, la revue BIBLIOthèque(s)[194].

3.4.2.4. Initiatives de numérisation et projets de bibliothèques numériques européennes

La concurrence apparente du livre papier et du numérique a alimenté bon nombre de prises de positions radicales au cours des dix dernières années. Une anxiété se manifeste, inspirée légitimement sur la crainte de la régression du livre à la fois comme héritage à l'échelle d'une civilisation et comme lieu de mémoire ; inspirée également par son éventuel remplacement par le numérique, outil de l'impermanence, mémoire instable et anonyme sans cesse reconfigurée, parfois considérée comme une menace pour la démocratie. Mais on reconnaît également au numérique, terrain d'une diversité incomparable, son ouverture à de nouvelles pratiques d'acquisition et de traitement de l'information : le lecteur y est un producteur d'information en puissance. Comme l'explique Patrick Bazin, directeur de la Bibliothèque Municipale de Lyon : « [Un] élément concernant le numérique, c'est l'avènement du lecteur comme un acteur. La textualité numérique est performative. On le sait depuis longtemps par le simple fait qu'écrire sur Internet en général, c'est de plus en plus réagir à un texte. C'est interagir avec un quasi-interlocuteur. [...] La textualité numérique est en quelque sorte une quasi-oralité performative. Plus fondamentalement, ce que l'on appelle le Web 2 aujourd'hui, c'est-à-dire la nouvelle génération du Web, on parle même aujourd'hui de Web 3, a pour conséquence de transformer le lecteur non seulement en opérateur de réaction, mais en producteur d'information. C'est ce que l'on appelle le téléchargement vers l'amont, la possibilité qu'a chaque acteur du système — nous sommes tous au fond acteurs du système — non seulement de réagir, mais de produire, de créer, d'apporter notre contribution à une espèce de textualité générale qui nous environne et qui nous englobe. [...] Le dernier élément qui découle de ce que je viens de dire, c'est l'émergence d'un soi, d'une subjectivité multiple. Dans la mesure où aujourd'hui l'usage des réseaux du savoir, des réseaux numériques, transforme l'usager en un expérimentateur qui peut de plus en plus facilement passer d'une communauté de savoir à une autre. Il peut passer d'une expérience à une autre et peut accumuler les expériences. A travers cette émergence du lecteur comme expérimentateur, on risque de voir s'estomper le lecteur comme se représentant le texte et la réalité. L'émergence de l'expérience, qui est un thème extrêmement à la mode aujourd'hui dans le domaine de l'écriture et dans le domaine des arts plastiques par exemple, cette idée selon laquelle nous sommes tous expérimentateurs, remet en question cette fonction, qui consiste non pas à expérimenter, non pas à être directement

---

[194] *Ibid.*

immergé dans la vraie vie de la textualité foisonnante, mais à prendre du recul pour se retrouver face à soi-même et se faire son propre cinéma intérieur »[195].

Mais la crainte fait progressivement place à la reconnaissance des avantages d'un outil non plus en concurrence, mais en complément. Ainsi le sociologue Bruno Latour déclare :

« [...] Au fond, il s'agit d'une crise qui dure depuis plusieurs siècles et dont nous n'avons en face de nous que l'un des avatars, certes important, et qu'il faut savoir naviguer. Mais contrairement à ce que l'on a dit jusqu'ici, il n'est pas la rupture entre une civilisation et une non-civilisation ou une barbarie numérique. Je signale d'ailleurs que la question n'est pas celle l'écran. Pour le moment, l'écran est très mauvais. Personne ne peut lire plus de quelques pages à l'écran. Nous avons tous d'ailleurs l'habitude assez désastreuse pour les forêts du nord de l'Europe d'imprimer la plupart des choses que nous recevons. Je connais même des gens qui impriment leurs mails. La question n'est pas celle de l'écran ou du livre, mais plutôt celle du moment de numérisation et de ce que la numérisation fait au livre. [...] Le passage du caractère mobile au zéro et au un de la numérisation va effectivement nous permettre de relire ce qu'a été cet amalgame provisoire que l'on a appelé l'objet livre en pelant en quelque sorte comme un oignon ces différentes fonctions que nous avons confondues. Ma spécialité n'est évidemment pas celle de mes éminents prédécesseurs qu'est la grande littérature, mais plutôt ces petites littératures que l'on appelle parfois littératures grises, celles qu'on lit dans de très nombreux domaines, qui sont d'ailleurs la majorité en termes de publication, qui sont le droit, les sciences sociales, la banque, la fonction publique, etc. Malheureusement, on ne peut pas projeter de photos aujourd'hui. Mais si l'on regardait les images des centres de travail d'un juriste, d'un biologiste, d'un universitaire ou d'un économiste, vous verriez finalement que le livre comme objet est un des éléments dans une plateforme multimodale de production dont l'écran fait évidemment partie, mais aussi des tirés à part, des post-it, des courriels imprimés. Et au milieu de cette écologie extrêmement diverse, c'est là où il faut arriver à voir comment s'insinue, disparaît ou se trouve repensée la fonction du livre. On s'est intéressé jusqu'ici à la grande littérature. Je ne citerai pas Proust, mais au contraire, des petits auteurs, des petites manifestations qui sont celles de la majorité des productions intellectuelles. Il existe un domaine, qui s'appelle la connaissance distribuée ou la cognition distribuée où mes collègues psychologues ou socio-psychologues étudient des pratiques cognitives. Il serait intéressant de les modéliser dans ce genre d'enceinte. D'ailleurs, si vous prenez une photo de votre bureau et envoyez-la-nous, ce serait peut-être une formule peut-être plus intéressante pour comprendre la crise du livre. On s'apercevrait que la diversité extraordinaire des supports, dont l'écran n'est qu'un des éléments, nous permet

---

[195] Colloque « L'avenir du livre *op. cit.*, p. 21.

de produire des connaissances, des interprétations ou de les utiliser de mille façons. Il y a toujours une diversité extraordinaire. On a à la fois un cahier Clairefontaine et un abonnement à un journal, qui d'ailleurs prend aujourd'hui de plus en plus une double forme. […] De nouveau, on s'aperçoit rétrospectivement que l'on avait amalgamé dans le livre des fonctions très différentes. Regardez cet exemple assez étonnant. Je suis sûr que parmi vous ceux qui jettent des larmes sur le livre vont plus rapidement sur *Wikipédia* pour aller chercher leurs articles qu'ils ne vont ouvrir le *Larousse*, qui est pourtant à portée de main. Je cite mon exemple personnel. Le *Larousse* est à un mètre, le *Wikipédia* est à dix centimètres. Le *Wikipédia* est fait une communauté la plus bizarroïde qui soit, mais une étude de *Nature* a prouvé qu'ils faisaient quatre erreurs par articles et que l'*Encyclopedia Britannica* en faisait trois. Et l'*Encyclopedia* est évidemment une entreprise hiérarchisée. Pour toute partie de ce que l'on appelle le livre, on peut mettre des choses aussi différentes que *Wikipédia*, l'*Encyclopedia Britannica* ou les romans de notre éminente collègue. La notion de livre doit être complètement éclatée, puisque ne survivra pas tout. Je ne dis pas "Dieu reconnaîtra les siens", mais le numérique reconnaîtra certainement les siens. […] En résumé, en tout cas pas dans le domaine de la grande littérature, mais dans celui de la petite littérature, il s'agit d'une écologie assez complexe, que l'on pourrait appeler une sorte de plateforme multimodale, dont le livre n'a été que l'un des amalgames, un reposoir provisoire, mais dont les fonctions continuent toutes avec des trajectoires très différentes. Cela n'a pas beaucoup de sens d'acheter encore l'*Encyclopedia Britannica* qui va occuper la moitié d'un rayon, alors que vous pouvez l'avoir sur l'écran. Mais cela ne veut pas dire que l'on n'achètera pas les livres et les romans de [tel auteur] et que nous n'allez pas en même temps prendre des notes sur un post-it à l'intérieur de votre cahier Clairefontaine, tout en lisant un livre. C'est l'ensemble de ces fonctions que nous avions amalgamées et qui se trouvent maintenant avoir des destins différents, que nous devons suivre avec beaucoup de soin en tant qu'universitaire, bibliothécaire, auteur, historien, etc. Mais ils ne permettent pas de nourrir un argument quelconque sur une crise de civilisation, étant donné que cette crise de civilisation a commencé avec le caractère mobile et continue avec les zéros et les uns de nos écrans »[196].

En 2004, Google a proposé aux éditeurs (Google Book Search) puis aux bibliothèques (Google Book Search for Libraries) de numériser et de mettre en ligne leurs contenus. En particulier, le projet Google Recherche de Livres pour les Bibliothèques consiste à scanner les ouvrages des bibliothèques pour en permettre la consultation sur Internet, soit du texte intégral pour les ouvrages tombés dans le domaine public, soit d'extraits pour ceux qui sont couverts par les droits d'auteur, à moins d'un refus formel de la part d'un ayant droit, par la méthode de l' « opt-out ». En proposant la méthode de l' « opt-out », les syndicats

---

[196] *Ibid.*, p. 23-26.

d'auteurs et d'éditeurs affirment, à juste titre, que Google renverse le principe du droit d'auteur pour défendre ses propres intérêts. Comme pour toute initiative commerciale, les éditeurs devraient être libres de leur participation au programme. Or Google Recherche de Livres les place devant le fait accompli et ne leur donne le choix qu'a posteriori. Parmi la quinzaine d'établissements qui sont, à ce jour, partenaires du projet de Google Library Project, on trouve Harvard, Stanford, Oxford, Princeton, la New York Public Library, Complutense Madrid, la Bibliothèque de Barcelone et la Bibliothèque d'Etat de Bavière, la Bibliothèque l'Université de Lausanne et celle de l'Université de Gand.

Face à la puissance globalisante de Google la France et l'Allemagne ont annoncé à l'occasion du conseil des ministres franco-allemand du 26 avril 2005 la mise en place du projet « Quaero », – « je cherche » en latin – destiné à développer des « outils intégrés de gestion des contenus multimédias », à l'écart de l'influence anglo-saxonne. Depuis lors le projet piétine et on est en droit de se demander s'il ne s'agit pas là davantage d'une simple manifestation de réaction politique et philosophique de la part de la France et de l'Allemagne plutôt qu'une avancée technologique, les moteurs de recherches de Quaerto étant d'ores et déjà considérés comme désuets.

Néanmoins, après avoir été vivement critiqué par les éditeurs pour son manque de respect des droits d'auteur, le programme développé par Google a fait l'objet d'une action en justice de la part du groupe La Martinière et de la part de la librairie Ombres Blanches à Toulouse en 2006. La même année les représentant des éditeurs et des auteurs américains et l'éditeur allemand WBG ont également porté l'affaire en justice, mais ce dernier a retiré sa plainte en juin 2006. On peut observer que le SNE, de même que ses homologues américains et allemands, semble agir essentiellement pour le principe.

Le projet Google soulève bon nombre d'interrogations sur l'avenir de la communication de l'écrit, et en particulier celle des relations entre l'édition papier et l'édition numérique : concurrence et exclusion mutuelle, ou complémentarité. Les deux ne se superposent pas nécessairement : un document numérique ne se lit pas de la même manière qu'un document papier, et ils ne concernent pas nécessairement les mêmes publics. La question n'est plus « Comment éviter le numérique ? » mais évidemment « Quel degré d'intégration pour le numérique ? ». Entre les partisans de la réticence et ceux de l'exploitation totale du full-text et de l'hypertexte, le débat fait rage. Il conviendrait de donner aujourd'hui un accès public plus explicite à l'information sur Internet. Cela implique une révolution non seulement technique mais culturelle. Les moteurs de recherche passent déjà outre les règles législatives nationales et les usages se sont installés. Nous sommes désormais dans un monde ouvert, heureusement ou malheureusement, babélisé : quelles stratégies pour les Etats, les entreprises, les éditeurs, les bibliothèques, les lecteurs ?

3.4.2.4.1. Projets de bibliothèques numériques européennes

De son côté, grâce à l'initiative « 2010 : Bibliothèques numériques », la Commission Européenne travaille sur un projet de numérisation des bibliothèques devant permettre l'accès en ligne du matériel culturel ainsi que la conservation numérique de ce matériel.

Au niveau français, un « comité de pilotage en vue de la création d'une bibliothèque numérique européenne » a été instauré par le ministre chargé de la culture le 13 juillet 2005, qui a été remplacé par un groupe de travail mené par la BNF en mai 2006. Il s'agit d'une initiative pour indiquer automatiquement aux moteurs de recherche quels actes sont autorisés à partir des sites Internet.

Par ailleurs les éditeurs de livres et la presse ont lancé un projet pilote ACAP (Automated Content Access Protocol[197]) visant à élaborer un outil indiquant aux moteurs de recherche quels actes sont autorisés ou non à partir de leurs sites (indexation, liens, etc.). Ce projet, lancé à la foire de Francfort en octobre 2006 contribue à la réflexion sur l'accessibilité et la protection des données des auteurs et éditeurs.

Ainsi, un débat international face à la profusion des initiatives s'instaure. Souvent les foires – et tout particulièrement, le Salon de Francfort – sont les lieux privilégiés permettant aux professionnels de présenter leurs préoccupations et leurs initiatives.

4. Ce que disent les faits et les chiffres

4.1. Une situation préoccupante

Une photographie du paysage en 2007 proposée par *Livres Hebdo* permet d'effectuer une synthèse révélant les caractéristiques actuelles[198] :

- Une surproduction dans un climat morose : près de 58 000 nouveaux titres par an, c'est trop. Progressivement les maisons tentent de réduire leur production mais les efforts et les résultats sont variables. D'une manière générale, les prix sont serrés, ce qui n'a pourtant pas d'incidence positive sur les ventes qui baissent en 2007 pour la deuxième année consécutive.

- Les circuits de distribution cherchent de nouvelles stratégies. Les petites librairies indépendantes (et non les grandes), ainsi que certaines chaînes spécialisées souffrent considérablement de la baisse des ventes. Aucun mobile

---

[197] http://www.the-acap.org/
[198] *Livres Hebdo, Le Marché du livre 2007, supplément au numéro 682*, 23 mars 2007.

apparent à la baisse des ventes, on ne fait que constater : « En 2005, il n'y a eu ni guerre ni catastrophe planétaire qui auraient scotché les lecteurs à leur téléviseur ou qui les auraient vu préférer leur journal à un bon gros livre »[199]. De même on peut lire dans *Livres Hebdo* : « Pour la première fois, on assiste à un complet décrochage de la consommation de livres par rapport à la consommation dans l'ensemble du commerce de détail »[200]. En d'autres termes, le redressement de l'activité commerciale en France en 2007 n'a pas profité au livre. Ainsi, alors que sur les 15 dernières années les ventes du livre n'avaient enregistré aucun recul (sauf en 1997), celles-ci se replient pour la seconde année consécutive.

On observe quelques données marquantes :

- L'activité commerciale tous secteurs confondus affiche une progression de 1,9% alors que le commerce du livre recule de 1,5% en 2007.

- Les ventes sont en baisse pour une production en hausse de 8%.

- Le taux de retour est aujourd'hui de 25%.

Doit-on y voir un repli structurel ? S'agit-il des premiers effets tant attendus de la révolution numérique ? Ou bien encore est-ce une conséquence du phénomène des best-sellers ? Pour l'instant nul n'ose encore hasarder une explication. Toutefois, il convient de noter la vitalité de certains secteurs, tel celui de la jeunesse ou encore celui des livres CD. D'autre part, il faut reconnaître que le secteur du livre, comme bon nombre de secteurs économiques, a pour constance de se plaindre de la situation, alors que l'on sait qu'entre 2000 et 2005, on a observé une hausse.

4.2. Une maîtrise inégale de la production et une baisse des tirages

Face à cette situation de récession, les éditeurs français tentent de maîtriser leur production. En 2005, la tendance est donnée, avec près de 53 500 nouveaux titres, soit une augmentation de 2,4%, faible par rapport à 2004. Mais la hausse de la production reprend en 2006, avec plus de 8% alors même que la baisse des ventes se poursuit.

En 2005, la hausse est essentiellement le fait des grands groupes. Parmi les 10 groupes français les plus productifs, La Martinière-LeSeuil est le seul à avoir resserré sensiblement sa production, avec une baisse de près de 120 titres. Cependant, en 2006, la production des majeurs est en moins forte croissance. Fait

---

[199] *Ibid.*
[200] *Ibid.*

surprenant dans le bilan paru en 2007 : Hachette Livre et Editis affichent une production quasiment stable.

Si le nombre de nouveaux titres augmente, le tirage moyen, lui, est en baisse pour l'ensemble de l'édition même s'il se redresse dans certains secteurs. En 2006, il chute à 7 587, toutes catégories confondues, soit une baisse de 3,2% sur l'année. Les quelques secteurs qui affichent une progression sont les livres de jeunesse, les beaux livres, les livres pratiques, les encyclopédies et les dictionnaires, les sciences humaines et sociales, ainsi que l'ésotérisme.

Ces différences par secteur reflètent l'adaptabilité des éditeurs qui développent un catalogue lorsqu'ils en perçoivent la demande, ou bien, au contraire, le resserrent quitte à augmenter les tirages de quelques références phares.

4.3. La perte de vitalité des différents secteurs

En 2005, la production a néanmoins poursuivi une très forte augmentation dans les divers secteurs des jeux, de la géographie, du jardinage, du cinéma, de la bande dessinée, comme de la psychiatrie. Mais la production a baissé tout aussi sensiblement dans tout ce qui concerne les essais littéraires, l'ésotérisme, les mathématiques, de même que l'informatique et les animaux domestiques.

En 2006, la production (une surproduction en réalité, la production ne s'alignant pas sur une progression des ventes) augmente dans presque tous les domaines sauf l'ésotérisme (secteur où les tirages moyens sont en progression) et les mathématiques.

4.4. L'évolution des maisons d'édition

Hachette domine largement avec 26,5% du marché en 2006. Editis, avec 12%, se maintient seconde position. France-Loisirs (6,2%) et les Editions Atlas (6%) sont talonnés par Media Participations (4,7%) qui effectue une percée. La Martinière (4%) devance Gallimard (3,9%), Flammarion (3,5%), Albin Michel (2,3%) et les autres groupes spécialisés. Ainsi les leaders poursuivent leur progression tandis que les indépendants paraissent en recul. Cette tendance se poursuit sur l'année 2007. En effet, désormais presque aussi puissant en Grande-Bretagne et aux Etats-Unis, le groupe Hachette réalise actuellement un chiffre d'affaires de 6,4 milliards d'euros.

La position de concurrents comme Gallimard et Flammarion dépend du phénomène des best-sellers. En 2006, Gallimard passe devant Flammarion grâce à *Harry Potter* : « En littérature générale, il suffit souvent d'un ou deux best-sellers pour afficher une croissance à deux chiffres »[201]. Au cours de l'année 2005, plusieurs maisons affichent une progression spectaculaire grâce à seulement un ou deux romans. Ainsi Lattès avec le *Da Vinci Code* de Dan Brown, Grasset avec le Goncourt attribué à François Weyergans pour *Trois jours chez ma mère*, et le *Traité d'athéologie* de Michel Onfray, Albert-René avec l'album d'Astérix *Le Ciel lui tombe sur la tête*, Phébus avec le roman inédit d'Alexandre Dumas, *Le Chevalier de Sainte-Hermine* et Stock avec *La petite fille de monsieur Linh* de Philippe Claudel et le Prix Renaudot décerné à Nina Bouraoui pour *Mes mauvaises pensées*. Avec de tels succès, plusieurs maisons accusent un contrecoup dans l'année qui suit. Cependant, il faut souligner que les baisses de chiffres d'affaires ne sont pas toujours un signe de mauvaise santé. Minuit, par exemple, avec une chute de 20% en 2005, demeure l'un des éditeurs les plus constants et les plus rentables.

4.5. Les éditeurs étrangers

Malgré la domination d'Hachette qui laisse à penser que l'édition est avant tout l'affaire des Français, 6 des 12 premiers groupes d'édition français appartiennent en réalité à des sociétés étrangères. Notons que les mieux implantés dans l'Hexagone sont l'Allemagne avec Bertelsmann, actionnaire majoritaire de France-Loisirs, les Pays-Bas avec Reed Elsevier qui en 2006 poursuit sa percée de 2005, et l'Italie avec Di Agostini actionnaire majoritaire des Editions Atlas, et RCS actionnaire majoritaire de Flammarion. Les Etats-Unis et le Canada sont fortement représentés respectivement par Sélection du Reader's Digest et les Harlequin. Pour les sciences, Wolters-Kluwer et Elsevier.

4.6. Les auteurs étrangers et la traduction

En 2006, la journaliste de *Livres Hebdo* Catherine Andreucci écrit : « Les découvertes d'auteurs inconnus sont à chercher du côté de la littérature étrangère »[202]. En effet, sur la liste des 100 premiers best-sellers, 36 titres sont étrangers. Parmi les plus inattendus on découvre *L'art de la joie*, roman posthume de l'Italienne Goliarda Sapienza (48e sur la liste), *Les cerf-volants de Kaboul* de l'Afghan Khaled Hosseini (66e), *La rose Pourpre et le Lys* du Néerlandais anglophone Michel Faber (68e), *Miscellanées* du Britannique Ben Schott et *Ambiguités* de l'Australien Elliot Perlman. Cette performance illustre l'ouverture des éditeurs français à la production internationale. L'organisation

---

[201] *Ibid.*
[202] *Ibid.*

même de l'édition française évolue dans ce sens. L'exemple de Gallimard Jeunesse acceptant que sa directrice éditoriale installe son bureau en Grande-Bretagne montre une souplesse nouvelle dans les méthodes de travail et une ouverture sur les partenaires étrangers, tels les agents.

L'analyse de l'activité de traduction permet de mesurer cette ouverture à l'international. En 2006, le nombre de traductions reste stable, suivant une progression modeste mais régulière sur la dernière décennie. La langue anglaise conforte ses positions et représente 60% des ouvrages traduits. On observe, comme nous l'avons vu précédemment, que dans les grandes maisons la traduction est un investissement financier considérable de production de best-sellers surtout anglo-saxons. Par ailleurs la hiérarchie des langues traduites s'est légèrement modifiée : le russe recule tandis que le chinois progresse. L'allemand, le japonais, l'italien et l'espagnol demeurent, derrière l'anglais, sur la liste des cinq premières langues traduites.

Le roman reste le secteur éditorial le plus consommateur de traductions (40%) suivi des sciences humaines et sociales (15%), les livres pour la jeunesse (14%), la bande dessinée (9%), l'art (56%) et les livres pratiques (5%).

Les romans semblent construits autour d'universaux sentimentaux et le marketing basé sur les chiffres de vente de l'ouvrage aux Etats-Unis. Les droits sont très élevés, la concurrence effrénée entre les éditeurs, l'esprit de « découverte » paraît atrophié. Pierre Bourdieu relate les inquiétudes de Pierre Belfond face a ce système, encore nouveau en France à la fin des années 1980 : « Pierre Belfond raconte dans ses mémoires comment il a acheté, en 1988, les droits de publication de *Gone with the Wind 2*, suite de l'ouvrage qu'il qualifie de "best-seller mythique", *Autant en emporte le vent*. La vente aux enchères s'est déroulée "à l'aveugle", c'est-à-dire en l'absence totale non seulement de texte ou même d'extraits, mais plus encore de synopsis, ou même de titre, puisque "pas une page n'était écrite" [l'agent littéraire pouvait seulement préciser que "a) le roman serait publié aux Etats-Unis par Warner Books ; b) l'écrivain chargé de rédiger cette suite s'appelait Alexandra Ripley ; c) la remise du manuscrit définitif était prévue pour fin 1989]". Après avoir proposé 200 000, puis 650 000 dollars (alors que, selon ses dires mêmes, « aucun éditeur n'avait jamais engagé une telle somme pour acquérir les droits d'une traduction »), il emporte l'enchère à un million et un dollar. Et Pierre Belfond : "Je contemplais ces calculs avec effroi. Et si le livre était mauvais ? J'avais beau, pour me rassurer, me répéter que l'état-major de Warner Books entourerait Alexandra Ripley d'une nuée de conseillers littéraires plus géniaux les uns que les autres ; que, tant que le roman ne serait pas au point, il serait poli, raboté, remis en chantier : ces considérations ne remplaçaient pas un manuscrit dont nous ne prendrions connaissance que dans dix-huit mois" »[203].

4.7. Le repli de la distribution

La plupart des indicateurs de la distribution se dégradent, les flux de clientèle s'effritent, le panier moyen reste stable (il est inférieur à 18 €), les stocks s'alourdissent, les retours augmentent avec un taux atteignant 25% en 2006. La trésorerie des détaillants ne cesse de se dégrader. Même les grandes surfaces culturelles affichent pour la première fois en 2007 un recul en matière de vente. *A contrario*, les librairies de 1er niveau sont les seules en 2007 à ne pas afficher une activité en baisse. La profondeur de leur assortiment leur apporte enfin un avantage compétitif, car elles ne sont pas aussi dépendantes des blockbusters que la grande distribution.

Il semble que la législation française, notamment la loi Lang, apparemment impuissante à défendre durablement les librairies de 2e niveau, permette au moins de protéger efficacement celles de 1er niveau.

4.8. Un développement limité de l'exportation

Les exportations françaises souffrent dans de nombreuses régions du monde où les transactions sont calculées en dollars. Cependant, au Canada, après deux années relativement moroses, les ventes de livre français ont fait un bond en 2006, de 16,6%. L'activité française est également en progression en Italie, aux Pays-Bas et au Maghreb. Si les Etats-Unis demeurent l'un des principaux clients de l'édition française avec 16% des ventes, après l'Union Européenne (48%), le continent nord-américain se révèle chaque année un peu moins accueillant. Les exportations ont diminué de 9,1% sur trois ans. Cette tendance rejoint le phénomène décrit pas Alberto Manguel dans son article « Idiot's Fare » :

« Un jour à l'ère Thatcher, Reagan et Mulroney, les lecteurs anglophones sont devenus ignorants. Premièrement, la traduction a en anglais pratiquement cessé : aujourd'hui moins de 0,1% de tout ce qui est publié en anglais est le fruit d'une traduction et cela inclut les manuels d'informatique japonais. Ayant jadis été les découvreurs de Kafka, Camus, Sartre, Unanumo, Neruda, Dürrenmatt

---

[203] Bourdieu, Pierre, *op. cit.*, p. 25. Pierre Belfond, *Les Pendus de Victor Hugo. Scènes de la vie d'un éditeur*, Fayard, Paris, 1994, p. 19. L'ouvrage de Pierre Belfond a été réédité dans une nouvelle édition augmentée, par Fayard en 2007 sous le titre *Scènes de la vie d'un éditeur : les pendus de Victor Hugo*.

(pendant la première moitié du vingtième siècle, par exemple), les lecteurs de langue anglaise se sont fermés dans quelque chose de plus néfaste qu'une mentalité impériale – car au moins l'Empire les forçait à regarder hors de l'Angleterre : un état de contentement solide. […] Les lecteurs et les auteurs de langue anglaise actuels ne savent pratiquement rien de reste du monde"[204].

Il semble effectivement que le monde anglo-saxon se ferme progressivement à la production française. Ceci est visible non seulement, comme le dit Alberto Manguel, lorsqu'on analyse les chiffres en matière de traduction de livres français, mais également lorsqu'on regarde les résultats à l'exportation.

Conclusion : « des locomotives sans wagons »

Cette image, empruntée à *Livres Hebdo*[205], s'applique aussi bien aux groupes leaders de l'édition qu'aux ouvrages best-sellers. Les géants de l'édition produisent des best-sellers pour leur propre bénéfice mais cette activité n'entraîne pas une dynamique dont les autres maisons profitent. *Livres Hebdo* constate la puissance du groupe Editis en matière de production de best-sellers : « Nos tableaux de meilleurs ventes montrent la force de frappe du groupe Editis. Près d'un exemplaire sur quatre provient de maisons appartenant au groupe du baron Seillière[206] »[207]. Dans ce même article, Catherine Andreucci constate :

« Les trois best-sellers 2005 – *Astérix*, *Harry Potter* et *Da Vinci Code* en poche – auront été des locomotives sans wagons. Seuls les poids lourds du poche et de la jeunesse s'en sortent mieux que l'année dernière. Les romans marquent le pas tandis que les essais et documents sont véritablement en chute libre »[208]. Ainsi, l'analyse des chiffres récents confirme que la France se situe bien dans la tendance internationale de la montée en puissance commerciale des best-sellers au détriment du reste. Mais l'absence provisoire et relative de best-sellers n'implique par pour autant de meilleures ventes sur les moyens tirages. Les résultats de l'année 2006 présentés par *Livres Hebdo* montrent bien que lorsque

---

[204] *Livres Hebdo*, *Le Marché du livre 2007*, supplément au numéro 682, 23 mars 2007.

[205] *Livres Hebdo*, *Le Marché du livre 2006*, supplément au numéro 637, 17 mars 2006, p.32.

[206] Wendell-Investissement dirigé par Ernest-Antoine Seillière, président du Medef, syndicat patronal français, de 1997 à 2005.

[207] *Livres Hebdo*, *Le Marché du livre 2006*, supplément au numéro 637, 17 mars 2006, p.34.

[208] *Ibid.*, p. 32.

la force de frappe des best-sellers est moindre, les ventes, toutes catégories confondues, sont en baisse. Ainsi le phénomène de cannibalisation que représentent les best-sellers se poursuit au-delà de leur simple mise en vente, puisque le consommateur attend le prochain ouvrage, plutôt que de s'intéresser à l'offre des autres livres à moyen tirage. Comme le remarque Olivier Cohen, directeur des éditions de l'Olivier : « C'est lui le roi, c'est le client. […] Je parle là bien entendu de notre métier d'éditeur, mais cela nous concerne tous. C'est ce que j'appellerais l'irruption de la culture de masse dans notre métier. Autrefois, on disait la culture, on dit toujours la culture, mais on dit aussi la culture de masse. Qu'est-ce que cela veut dire ? […] Je dirais que la culture de masse est un ensemble d'objets et d'attitudes, de comportements, qui sont relégués et distribués selon les règles de l'industrie et qui sont imposés à tous les hommes comme n'importe quelle marchandise. […] Il me semble qu'il est extrêmement difficile de penser notre métier aujourd'hui si l'on ne prend pas ce phénomène en considération »[209].

---

[209] Colloque « L'avenir du livre », *op. cit.*, p. 56-57.

II. L'INDUSTRIE DU LIVRE AU CANADA. DEUX MONDES : CANADA ANGLOPHONE ET QUEBEC.

L'histoire de l'édition canadienne anglophone et québécoise est d'abord l'histoire de sa difficulté à exister. Difficulté inscrite non seulement dans les données historiques, mais également géographiques et démographiques de l'ensemble du pays. Ainsi, à l'exemple de toutes les littératures du Nouveau Monde, la production canadienne a dû longtemps œuvrer à son affranchissement de la pesante tutelle coloniale, tout en demeurant, aujourd'hui encore, profondément marquée par la domination culturelle, en l'occurrence, de la France puis de la Grande-Bretagne. Ce n'est qu'au milieu du XXe siècle que l'édition canadienne ose enfin s'affirmer au grand jour, victime et bénéficiaire à la fois de l'écart économique et des rivalités politiques entre les deux communautés linguistiques. Dans le même temps, ce développement a dû souffrir du scepticisme du public local. L'intérêt des universités canadiennes pour leur héritage littéraire est un phénomène récent qui ne prend son essor que dans les années 1960 et 70 avec la popularité grandissante des petites maisons nationales telles Anansi, Coach House ou Le Septentrion. En outre il semble qu'une industrie nationale du livre ne puisse se maintenir économiquement qu'au sein d'une population dépassant 10 millions d'individus[210]. Si le Canada anglophone a confortablement franchi ce cap avec 23 millions d'habitants, la situation du Québec, qui n'en compte que 7,5 millions[211], demeure critique. Le marché canadien se faisant chaque jour plus étroit, le rayonnement de ses littératures dépend fortement des aides de l'Etat pour la résistance face à l'international, et d'un fort développement de l'exportation pour la conquête éventuelle des Etats-Unis voisins et du vaste espace de la francophonie qui s'ouvre sous l'égide, et cependant, comme nous le verrons, souvent à l'écart, de la tradition.

Les années 1980 ont annoncé la mondialisation et les multinationales s'arrachent désormais les maisons d'éditions britanniques et américaines, de sorte que leurs filiales canadiennes ont aussi parfois de nouveaux propriétaires. La politique des profits sans cesse croissants contraint les entreprises à rechercher

---

[210] Vincent, Josée, *Les tribulations du livre québécois en France (1959-1985)*, Nuit blanche éditeur, Québec, 1997, p. 147.
[211] 6,5 millions au Québec, et 1 million de francophones disséminés dans sur le reste du territoire : Franco-Terreneuviens, Franco-Ontariens, Franco-Manitobiens, Fransaskois, Franco-Albertiens, Franco-Yukonnais, Franco-Tenois, Franco-Nuvanois. 31% des Canadiens se disent francophones ou bien d'ascendance francophone.

essentiellement des succès de librairie et non seulement à prendre moins de risques avec de jeunes auteurs mais également à manquer de confiance vis-à-vis d'auteurs confirmés. Les méga-librairies, comme Chapters et Indigo, menacent les libraires indépendants et les firmes américaines comme Barnes & Noble tentent continuellement de pénétrer le marché canadien. C'est donc aux organismes des gouvernements fédéral et provinciaux qu'il incombe désormais de subventionner le livre. Le gouvernement fédéral soutient les écrivains de trois façons : par le biais d'organismes indépendants comme le Conseil des arts[212], par les ministères des Communications et du Patrimoine canadien et par des lois sur les droits d'auteur.

---

[212]http://www.canadacouncil.ca/home-f.htm

I. L'IMPULSION NATIONALE AU CANADA ANGLOPHONE : UN DYNAMISME LITTERAIRE ET EDITORIAL QUI REMONTE AUX ANNEES 1970.

Tout comme le Québec, les provinces anglophones témoignent d'une volonté farouche de passer du stade de colonie à la recherche d'une reconnaissance par la métropole, à celui de puissance autonome identifiée par le reste du monde. Dans une interview de 2006 Margaret Atwood reprend certains arguments de l'ouvrage qui la rendit célèbre dans les années 1970, *Survival: A Thematic Guide to Canadian Literature*[213] et montre le caractère fondamentalement politique de toute initiative littéraire ou éditoriale nationale :

« La "Révolution tranquille" avait généré au Québec une formidable activité littéraire. L'Exposition universelle de Montréal en 1967 avait quant à elle donné aux Canadiens un sentiment neuf d'identité nationale et une confiance en soi. Partout dans le pays, poètes, romanciers et novellistes ont été plus visibles, ont pris part à des lectures et à des rencontres, et leur lectorat a considérablement augmenté. […] La littérature canadienne possède ses propres caractéristiques. Elle s'est emparée des paysages, de l'histoire et des thèmes canadiens, mais elle s'est également enrichie de toutes les histoires apportées par des écrivains venus d'ailleurs. L'un des phénomènes les plus excitants aujourd'hui est la percée d'écrivains d'origine amérindienne, comme Thomas King et Joseph Boyden, parmi d'autres »[214].

Ainsi, depuis une trentaine d'années, l'industrie du livre au Canada anglophone a pris un essor considérable qui s'accompagne aujourd'hui d'une renommée internationale pour de nombreux auteurs témoignant du multiculturalisme local. Surpris de cette évolution, Northrop Frye, juste avant sa mort en 1991, s'exclamait devant cette production littéraire remarquable : « Le Canada anglophone, ce pays dont personne ne voulait, ce pays qui semblait incapable de communiquer autrement que par la construction de chemins de fer ou de ponts, commença, vers 1960, à produire une littérature d'une envergure et d'une solidité qu'on admira dans le monde entier »[215].

Le contraste avec les années 1950 est d'autant plus saisissant si on se rappelle la complaisance ou le mépris des voisins américains. L'éditeur Alfred

---

[213] House of Anansi, 1972.
[214] *Festival America 2006,* p. 10 & 11.
[215] Commentaire rapporté par Linda Hutcheon dans la préface de *The Bush Garden* (Northrop Frye xiii). Hutcheon montre par ailleurs comment Frye, par son activité critique, a largement contribué à l'évolution de la littérature canadienne.

Knopf, en voyage au Canada en 1955, déclarait : « Je suis venu voir si je pouvais découvrir quelque talent littéraire canadien – ce qui m'étonnerait fort. Le pays n'est peuplé que d'Anglais dégénérés qui n'ont pas grand chose à dire »[216]. A cette époque, le public canadien lui-même ne réagissait pas à ce propos.

Cette évolution spectaculaire est stimulée par l'intérêt du public et par l'émergence d'une activité critique dont Northrop Frye est l'un des représentants les plus connus. Ainsi, dans les années 1960, époque à laquelle Frye devient un professeur de renommée internationale, l'essor de la littérature canadienne est lié à la simultanéité de quatre phénomènes :
 - un public qui s'affranchit du complexe colonial et s'intéresse enfin aux auteurs nationaux,
 - une poignée de critiques et d'éditeurs passionnés qui souhaitent promouvoir la production nationale,
 - des auteurs de talent qui participent activement à la vie culturelle du pays,
 - un réseau commercial encore mal déployé mais résolu à offrir une visibilité à la production nationale.

Selon Roy MacSkimming, quatre éditeurs suffiraient à révolutionner le paysage : « l'ère moderne de l'édition au Canada anglophone débuta vers 1950, avec l'épopée des quatre personnages qui fondent ce que nous connaissons aujourd'hui : John Gray chez Macmillan Canada, Jack McClelland chez McClelland & Stewart, Marsh Jeanneret aux Presses Universitaires de Toronto et William Toye aux Presses Universitaires dOxford »[217]. Si effectivement, M. Jeanneret et W. Toye introduisent une dimension nouvelle dans l'édition canadienne anglophone, principalement par la publication d'ouvrages sur lesquels s'appuient les programmes universitaires, John Gray et Jack McClelland œuvrent auprès d'auteurs qui figurent aujourd'hui parmi les plus célèbres : G. Roy, M. Laurence, M. Atwood, L. Cohen, E. Birney, S. Fraser, I. Layton, F. Mowat, A. Purdy, M. Richler et M. Ondaatje.

Les ouvrages de R. MacSkimming et J. King retracent le parcours des grands éditeurs[218] et aujourd'hui encore, l'industrie porte la marque de l'engagement passionné des années 1970. Stephen Osborne en témoigne :

« Bon nombre de presses littéraires ont démarré environ à la même époque : en 1971. Toutes étaient dirigées par des étudiants ayant quitté l'université. La plupart d'entre nous avaient abandonné une maîtrise. Je l'ai découvert en 83-85 alors je menais une étude approfondie sur l'édition pour un éditeur local qui souhait optimiser la diffusion de ses ouvrages en Amérique du

---

[216] King, James. *The Story of Jack McClelland*. Toronto: Alfred A. Knopf, 1999, p. 51.
[217] MacSkimming, Roy. *The Perilous Trade*. Toronto: McClelland & Stewart, 2003, p. 2.
[218] MacSkimming, Roy. *The Perilous Trade*, *op. cit.,* King, James. *The Story of Jack McClelland*. Toronto: Alfred A. Knopf, 1999.

Nord. Donc j'allais un peu partout dans le pays pour interroger tout le monde. J'ai découvert que tout avait eu lieu entre 1971 et 1972. Cela n'avait pas d'importance si vous étiez une filiale américaine ou une petite maison littéraire. Partout où j'allais c'était la même histoire parce que tout était parti d'un seul groupe de personnes à travers le pays, et la plupart ne se connaissaient pas. C'est Harry Van Ierssel, le légendaire directeur des Presses Universitaires de Toronto, qui attira mon attention là-dessus lorsque je l'ai interviewé. Il s'était lancé dans l'aventure de l'édition au Canada en 1971 comme nous tous. Tout fût inventé cette année-là et le Canada Council démarra son programme d'aide peu après »[219].

Cependant, loin de se satisfaire de cette progression, les Canadiens sont inquiets pour leur production culturelle et plusieurs phénomènes récents, à l'échelle canadienne et mondiale, contribuent à nourrir cette inquiétude.

En reprenant les principales classifications utilisées précédemment – acteurs, secteurs, environnement – nous dresserons un tableau de la situation actuelle en soulignant les évolutions récentes de l'industrie.

1. Les principaux acteurs

En préambule, quelques mots sur le statut de l'auteur au Canada. Celui-ci n'est pas aussi protégé par la loi de son pays que l'auteur français. En effet, au Canada, « l'auteur de l'œuvre est le premier titulaire du droit d'auteur sur cette œuvre. Lorsque l'auteur est employé par une autre personne et que l'œuvre est exécutée dans l'exercice de cet emploi, l'employeur est le premier titulaire du droit d'auteur. Le titulaire peut concéder une licence d'utilisation de son œuvre ou céder son droit en contrepartie d'une somme forfaitaire ou d'une redevance »[220].

Depuis la Deuxième Guerre mondiale, les lois sur le droit d'auteur au Canada sont complétées par une adhésion aux accords internationaux sur la distribution des livres et des revues. Le gouvernement fédéral soutient les écrivains de deux façons : par le biais d'organismes indépendants comme le Conseil des arts et par les ministères des Communications et du Patrimoine canadien. Ces deux organismes soutiennent également l'ensemble des acteurs de la chaîne du livre.

---

[219] Entretien avec Christine Evain, Vancouver, juillet 2006.
[220] http://thecanadianencyclopedia.com.

Les aides du gouvernement (aux auteurs et aux professionnels du livre) trouvent leur origine dans la Commission Massey[221] de 1951 qui se donne pour mission « de savoir comment l'État peut favoriser les lettres et les arts sans étouffer des efforts qui doivent jaillir du désir de la population elle-même » et de « déterminer comment cette aide peut s'accorder avec [le] régime fédératif et [la] diversité [canadienne] ».[222] Cette étude est la plus complète jamais réalisée sur la vie culturelle au Canada. Toutefois, elle dresse un sombre portrait de la culture canadienne. Selon Jocelyn Harvey, le bilan se résume ainsi : « [En 1951], le théâtre professionnel était moribond, la musique était essentiellement confinée aux sous-sols d'églises et aux gymnases d'écoles, les entreprises artistiques professionnelles étaient peu nombreuses et quasi inexistantes en dehors des grandes villes. En une année entière, le Canada anglais n'avait produit que 14 œuvres de fiction »[223].

C'est la Commission Massey qui recommande au gouvernement fédéral de soutenir les droits d'auteur, et d'une manière générale, l'ensemble du monde de l'édition. Par conséquent, le gouvernement fédéral crée le Conseil des arts en 1957, impulsion que suivront plus tard tous les gouvernements provinciaux.

Le processus de publication au Canada est similaire au processus français, même s'il existe des différences dans la définition des rôles de chacun des acteurs de la chaîne du livre. L'éditeur, fortement aidé par l'agent dans le système anglo-saxon, produit les livres qui sont ensuite distribués par des structures spécialisées chargées de la commercialisation aux détaillants. Nous poursuivons donc avec le schéma descriptif que nous avons adopté pour la France : l'édition, la diffusion et la distribution (bien que la fonction de diffusion, au Canada, soit comprise dans l'édition ou la distribution), et la vente au détail.

1.1. L'édition

Dans les années 1960 et 1970, on identifie clairement trois types de maisons :

- les entreprises d'édition générale dont les origines remontent aux éditeurs d'ouvrages religieux du XIXe siècle et les imprimeurs immigrés d'Ecosse, d'Angleterre ou des Etats-Unis,

---

[221] Pour le rapport de la commission : http://www.collectionscanada.ca/massey/h5-400-f.html et l'article de l'encyclopédie canadienne
http://thecanadianencyclopedia.com/index.cfm?PgNm=TCE&Params=F1ARTF0005616
[222] http://www.collectionscanada.ca/massey/h5-406-f.html
[223] Voir l'Encyclopédie canadienne sur Internet :
http://www.canadianencyclopedia.ca/index.cfm?PgNm=TCESubjects&Params=F1

- les branches commerciales canadiennes des maisons américaines,

- les petites maisons spécialisées fortement dépendantes de l'aide gouvernementale.

Cette classification, souvent reprise, est le résultat d'un schéma qui, selon Carole Gerson se prépare effectivement depuis la fin du XIXe siècle et qui depuis les années 1970, accorde une importance toute particulière à la contribution culturelle des petits éditeurs. En effet :

« Les petits éditeurs à vocation culturelle, qu'on connaît habituellement sous l'appelation "petite presse" ou "presse alternative", sont considérés comme des héros culturels dans la plupart des analyses de l'édition canadienne. Ces presses, créées dans les années 1960 ou 70 lorsque les babyboomers, ou quand les déserteurs de la guerre du Vietnam arrivèrent au Canada, commencèrent à publier des œuvres littéraires avant-gardistes ou des essais politiques, avec un équipement très précaire dans des sous-sols et des garages »[224].

Le capital sympathie dont bénéficient les petites presses s'explique par l'élan nationaliste des années 1960-70 – élan auquel le gouvernement participe par sa politique d'aide financière. En effet, l'enthousiasme littéraire de cette époque est relayé par une aide gouvernementale salutaire. Par ailleurs, les grandes maisons l'ont compris : leur survie passe par l'exportation et le Canada anglophone montre une spectaculaire progression en la matière. Entre 1993 et 2000 les maisons bénéficiant du soutien gouvernemental octroyé par l'Association for the Export of Canadian Books (AECB) augmentent leurs ventes au Royaume Uni de 214%. Le soutien du gouvernement canadien va de pair avec le développement d'un système commercial comprenant le perfectionnement des outils logistiques et l'organisation du système de distribution.

Jusqu'aux années 1960, la plus grande partie de l'industrie du livre anglophone est concentrée à Toronto ou en Ontario, mais, à partir des années 1970, de nombreuses maisons d'édition font leur apparition dans différentes villes du Canada : « Oberon (Ottawa), Harvest House (Montréal), FiDLLehead Books (Fredericton), Douglas & McIntyre (Vancouver), Western Producer Prairie Books (Saskatoon), Breakwater (St. John's), Hurtig (Edmonton), Talonbooks (Vancouver) ainsi que James Lorimer, Anansi, Lester & Orpen Dennys, New Press, Peter Martin et Women's Press (Toronto) »[225].

---

[224] Gerson, Carole, « The Question of a national Publishing System in English-speaking Canada: As Canadian as Possible, under the Circumstances », in Michon, Jacques et Mollier Jean-Yves, dir., *Les mutations du livre et de l'édition dans le monde*, Presses de l'Université Laval, Saint-Nicolas, Québec et L'Harmattan, Paris, 2001, p. 314.
[225] Maisons citées par l'Encyclopédie canadienne. http://www.canadianencyclopedia.ca/index.cfm?PgNm=TCESubjects&Params=F1

1.1.1. Les petites et les grandes maisons : historique

Pour retracer l'histoire des petites maisons d'édition canadiennes qui font leur apparition au Canada principalement à partir de la Deuxième Guerre mondiale, il convient de souligner que leur vocation est avant tout de l'ordre de la critique et de l'éducatif. Selon l'encyclopédie canadienne, ces petites maisons « tentent de présenter des manières de penser, d'agir et de s'exprimer qui soient différentes de ce qu'on peut trouver dans les publications commerciales en cette époque de constants changements sociaux et technologiques et de fragmentation des styles de vie. Plusieurs de ces maisons d'édition sont issues de la publication de petits magazines, alors que d'autres sont créées par des coopératives d'écrivains. Certaines se spécialisent dans un genre de publication, d'autres se limitent à la promotion d'un certain style. Certaines défendent des causes politiques, d'autres luttent pour conserver les particularités d'une région. Quelques-unes essaient d'avoir une portée commerciale... À Toronto, au cours des années 60, Coach House est en tête des petites maisons d'édition intéressées à la poésie expérimentale et aux graphismes élégants. La House of Anansi, publie des romans et de la critique; Playwrights Canada publie des pièces de théâtre qui ont déjà été jouées par des professionnels; Sixty Eight, sous la direction du romancier Joseph Skvorecky et de son épouse, publie des écrivains tchèques; Penumbra Press de Moonbeam, en Ontario, s'intéresse au Nord et Potlatch de Hamilton publie le *Canadian Children's Annual* »[226].

L'ensemble du territoire canadien est parsemé de maisons d'édition dynamiques[227] qui, durant les années 50 et 60, attirent principalement des écrivains non commerciaux et qui maintenant ciblent également des écrivains populaires[228].

---

[226] *Ibid.*
[227] L'Encyclopédie canadienne cite des exemples en commençant par la côté Est, et en s'intéressant ensuite à l'essor des Prairies et de la côte Ouest : « A Winnipeg, Turnstone, Pegasus, et Mosaic Press éditent des romans, de la poésie et de la critique. Thisledown de Saskatoon et Longspoon d'Edmonton se concentrent sur les poètes des Prairies. La côte ouest possède l'industrie la plus vivante et la plus diversifiée à l'extérieur de Toronto et de Montréal. Talonbooks de Vancouver est réputée pour son théâtre; Sono Nis Press de Victoria se spécialise dans la poésie d'avant-garde; Theytus Books s'intéresse aux peuples autochtones. Sur l'île de Vancouver, Oolican Books publie des œuvres de poésie et des romans. *Ibid.*
[228] Selon l'Encyclopédie canadienne : « Traditionnellement, les petites maisons d'édition et les revues littéraires publiaient les œuvres des nouveaux poètes et des écrivains non commerciaux. C'était le cas entre autres de First Statement, Contact, Quarry, Alphabet Press, et Klanack Press durant les années 50 et 60. Aujourd'hui cependant, ces maisons d'édition attirent aussi des écrivains importants et populaires de la trempe de Hugh Hood, Robert Kroetsch, Carol Bolt et Northrop Frye. Plusieurs maisons d'éditions, notamment Hurtig (Edmonton), Oberon (Ottawa), Simon & Pierre (Toronto) et Lester, Orpen &

Une des difficultés des petites maisons d'édition est de trouver un réseau de distribution adéquat pour leurs produits. Elles évitent généralement les coûts élevés attachés à une distribution nationale en concentrant leur distribution sur le marché régional et local. Récemment, la vente sur Internet donne de nouvelles possibilités de débouchés. Anansi Press notamment se veut pionnière de la démarche. Par ailleurs, quelques petits éditeurs parviennent à promouvoir leur production par l'intermédiaire du catalogue du Literary Press Group publié depuis 1975 grâce à l'aide financière du Conseil des arts provincial.

Malgré la précarité de leur financement, qui s'appuie essentiellement sur l'aide des gouvernements fédéral et provincial, les petites maisons d'édition sont indispensables pour la vie culturelle du pays. Elles réussissent non seulement à éveiller un nouvel intérêt pour la littérature régionale mais elles constituent également un terreau pour les plus grandes maisons.

Voici l'exemple de deux maisons d'édition canadiennes, Anansi Press et McClelland & Stewart, qui illustrent le parcours des petites et moyennes structures sur les trente dernières années.

1.1.1.1. Anansi Press

Anansi est un exemple-type de petite maison. Beaucoup d'auteurs canadiens se sont impliqués dans la création et le développement de cette maison qui, aujourd'hui encore, est un symbole d'indépendance culturelle. Créée par Dave Godfrey et Dennis Lee, House of Anansi porte le nom d'un dieu des araignées, conteur de l'Afrique de l'Ouest. Anansi se consacre à la publication de nouveaux auteurs à la fin des années 1960 qui se dressent contre l'impérialisme américain. En effet, dès sa création, l'activisme politique d'Anansi est bien connu : l'entreprise est au cœur des changements sociaux de la décennie (« l'œil du cyclone des bouleversements sociaux qui balaya l'Amérique du Nord dans les années 1960 et 1970 »[229]). Selon Nathalie Cooke, « la maison Anansi n'a jamais été une presse littéraire comme les autres. Elle avait un programme culturel, une mission nationale que cette génération s'était fixée. Anansi donna l'impulsion au mouvement de création de petites presses à travers tout le pays, un mouvement qui a donc couvert l'aspect "recherche et développement" de la littérature canadienne contemporaine »[230].

La vocation d'Anansi s'affirme clairement avec des œuvres qui figurent aujourd'hui parmi les classiques : deux ouvrages d'Atwood, *Power Politics*

Denys (Toronto), ont grandi à un point tel qu'on ne peut plus maintenant les considérer comme des petites maisons d'édition ». *Ibid.*
[229] Cooke, Nathalie. *Margaret Atwood: A Biography*. Toronto: ECW Press, 1998, p. 182.
[230] *Ibid.*

(1971), et *Survival* (1972)[231], *The Gangs of Kosmos* (1969) de George Bowering, *La Guerre, Yes Sir!* (1970) de Roch Carrier [232], *The Bush Garden* (1971) de Northrop Frye, *Five Legs* (1969) de Graeme Gibson, *Technology and Empire* (1969) de George Grant, *Civil Elegies* (1968) de Dennis Lee, *Coming through Slaughter* (1976) de Michael Ondaatje, *The Sun and the Moon and Other Fictions* (1973) de P.K. Page, et *Poems for All the Annettes* (1968) de Al Purdy [233] et beaucoup d'autres ouvrages d'auteurs talentueux tels Hubert Aquin, bill bissett, Austin Clarke, Matt Cohen, Marian Engel, Harold Ladoo, et Rachel Wyatt. En 1969, Anansi est responsable de la publication d'un tiers des romans au Canada anglais, signe impressionnant de sa popularité croissante.

Son propriétaire actuel, Scott Griffin[234], souhaite consolider l'entreprise en la dotant d'une structure commerciale plus performante (notamment en développant la vente en ligne). En 2005, Anansi acquiert Groundwood (éditeur de livres pour la jeunesse). Son ambition est de poursuivre sa croissance et de s'affranchir de l'aide financière du gouvernement afin d'afficher une plus grande solidité et une plus large indépendance.

1.1.1.2. McClelland & Stewart

La maison McClelland & Stewart est fondée en 1906[235]. Elle démarre comme représentante d'entreprises britanniques et américaines et fournit les bibliothèques. Puis elle publie les « grands » auteurs canadiens de l'époque tels C.W. Gordon (Ralph Connor), Bliss Carman, D.C. Scott, Stephen Leacock, L.M. Montgomery (également publiée aux Etats-Unis) et F.P. Gorve.

Jack McClelland, le fils du fondateur prend de lourdes responsabilités dans l'entreprise à partir des années 1950. Il poursuit avec passion un programme d'édition et de promotion de la littérature canadienne. Parmi ses auteurs, il compte les plus grands auteurs canadiens contemporains, y compris Farley

---

[231] A cause des coûts d'impression *Journals of Susanna Moodie* d'Atwood est publié par Oxford.

[232] « Anansi acquit rapidement une réputation pour la traduction d'ouvrages québécois. Cette maison publia Hubert Aquin, Louis Caron, Jacques Ferron, Jacques Poulin, et Roch Carrier traduit par Sheila Fischman qui, avant d'avoir terminé ses études, s'empara de *La Guerre, Yes Sir!* pour l'apporter à Anansi après que cet ouvrage ait été rejeté ailleurs. Par la suite Anansi publia six autres traductions de Carrier par Fischman ». http://www.anansi.ca/history.cfm?about_id=1.

[233] Il s'agit d'une édition plus conséquente que celle publiée par Contact Press.

[234] Un industriel amoureux des lettres, également fondateur du prix Griffin.

[235] A l'époque la maison s'appelle McClelland and Goodchild Limited. John McClelland et Frederick Goodchild donnent leurs noms à la première société. A l'arrivée de George Stewart en 1914, son nom est ajouté à la raison sociale, qui prend ensuite sa forme actuelle lors du départ de Goodchild en 1918.

Mowat, Pierre Berton, Margaret Laurence, Earle Birney, Al Purdy, Leonard Cohen, Mordecai Richler, Irving Layton, et Margaret Atwood et, plus récemment, Robertson Davies, Peter Gzowski, Mavis Gallant, Anne Michaels, Rohinton Mistry, W.O. Mitchell, Alice Munro, Jane Urquhart, Yves Beauchemin, Lorna Grozier, Jack Hodgins, Michael Ondaatje, Nino Ricci et Guy Vanderhaeghe. Certains des auteurs déjà réputés mais arrivés plus tardivement chez McClelland & Stewart ont été attirés par l'éditeur Douglas Gibson recruté par Avie Bennett.

McClelland & Stewart publie aussi bien les succès commerciaux que les classiques, grâce à ses collections « New Canadian Library » créée en 1958 et « Carleton Library » créée en 1963 – collections qui favorisent grandement l'essor des études canadiennes.

A partir de 1971, le gouvernement intervient à plusieurs reprises de manière significative pour éviter la vente possible de McClelland & Stewart. C'est en 1985 que la maison est vendue à Avie Bennett (et en 1987, McClelland démissionne à titre d'éditeur). Bennett fait équipe avec Douglas Gibson pour continuer à développer le portefeuille d'auteurs de la maison et s'établit sur un rythme de 100 nouveaux titres par an. En 1991, la maison d'édition acquiert Hurtig Publishers, d'Edmonton, éditeur de *The Canadian Encyclopedia.*

En 2000 la succession d'Avie Bennett[236] s'organise selon une formule inédite, qui peut-être permettra de préserver la qualité de relation entre l'éditeur et l'auteur : le président de McClelland & Stewart, avant de se retirer, fait don de 75% de la maison mythique à l'Université de Toronto et vend les 25% restants à la maison américaine Random House. Ce geste, qualifié de généreux par de nombreux acteurs de l'industrie[237], débouche sur une organisation nouvelle de l'entreprise. En 2004, l'arrivée à sa tête de l'Américain Douglas Pepper (Random House) inquiète le public canadien. Douglas Gibson se voit écarté[238], mais l'essentiel est de préserver l'indépendance éditoriale de l'équipe :

« La nouvelle structure de M&S était l'objet de beaucoup de spéculations où on se demandait si l'on pouvait vraiment être independent avec 25% de l'entreprise entre les mains de ce qu'il est convenu d'appeler un concurrent. Mais nous sommes restés une structure nettement protégée en gardant une indépendance éditoriale ; le pouvoir de decision sur la publication des livres est la clé d'une véritable independance »[239].

---

[236] Avie Bennett est un homme d'affaires canadien qui en 1985 rachète M&S à Jack McClelland.
[237] Margaret Atwood elle-même, à la demande de Bennett, s'est chargée de défendre son éditeur. Voir MacSkimming, *op. cit.*, p. 375.
[238] Même si c'est sans amertume qu'il se replie sur son activité éditoriale.
[239] Bethune, Brian, *Back to the Fun Part*, Maclean's, 26 April, 2004, p. 43.

Il est encore tôt aujourd'hui pour affirmer que ce nouveau partage des responsabilités – l'éditorial aux Canadiens et le commercial aux Américains – garantit le développement de la production littéraire. Mais Douglas Gibson se montre résolument optimiste et commente avec pragmatisme : « Ce sont les livres qui importent au bout du compte, le reste n'est qu'une affaire de boutique »[240]. Dans un entretien ultérieur, il explique que l'équipe éditoriale a été largement préservée lors du rachat et qu'elle garde une entière autonomie[241]. Aujourd'hui les évolutions dans l'organisation logistique et comptable ne semblent pas avoir d'incidence sur le travail éditorial, et comme l'équipe américaine reconnaît la qualité du travail de fond, il est permis d'espérer que les Canadiens pourront poursuivre leur tâche en sauvegardant leur indépendance[242].

Il est intéressant de souligner également que dans les autres maisons d'édition américaines au Canada le partage des tâches est similaire. C'est aux éditeurs canadiens que revient l'entière responsabilité des choix et des développements éditoriaux. Ainsi Louise Dennys se défend de l'accusation selon laquelle les pratiques éditoriales de Random House Canada seraient soumises au diktat de la maison mère :

« Lorsque [Roy MacSkimming] écrivait son livre [sur l'industrie du livre au Canada], il m'a interviewée et nous avons eu une vive discussion car il m'a dit : "Tu t'es vendue à une maison américaine !", et j'ai dit : "Roy, on ne peut plus parler ainsi. La question ne se pose plus en ces termes-là. Nous sommes entièrement autonomes dans nos décisions de publications en tant qu'éditeur

---

[240] *Ibid.*
[241] Entretien avec Christine Evain, Toronto, mai 2005.
[242] Cependant, Schiffrin nous met en garde contre une confiance excessive envers les conglomérats de l'édition : « Toutes ces fusions s'effectuent selon le même schéma. Le groupe fait une communication brillante pour louer les valeurs de l'entreprise qu'il vient d'acquérir et pour promettre de maintenir la culture existante. On assure qu'il n'y aura aucun changement majeur et qu'un minimum de personnes possible sera licencié. Ensuite on annonce que de petites économies s'avèrent essentielles afin d'être plus efficaces et que des fonctions administratives vont fusionner : la comptabilité, les services d'entrepôt et de transport se trouvent rapidement sous le même toît. Ensuite c'est la force de vente qui fusionne puisqu'il est inutile d'avoir les mêmes personnes qui couvrent le même territoire. Après quoi on découvre une superposition fâcheuse au niveau éditorial, et il est utile de rationaliser ce domaine également. Bon nombre d'éditeurs ainsi que leurs équipes sont renvoyés, puisque, après tout, il faut réduire le nombre de livres produits. Peu à peu, il est difficile savoir quelle entreprise publie quoi. A Random House UK par exemple, les mêmes personnes sont responsables de plusieurs listes qui correspondaient avant à différentes maisons indépendantes aux particularités distinctes, maintenant ces entreprises sont tout juste des noms qui figurent sur les pages de titres des livres ». Schiffrin, André. *The Business of Books: How the International Conglomerates Took Over Publishing and Changed the Way We Read.* New York: Verso Books, 2000. p. 117.

canadien. Nous ne sommes soumis à aucune influence de l'extérieur. On ne peut plus parler de filiale américaine ; il ne s'agit pas d'une plateforme de distribution pour des produits venant de l'étranger. Nous publions des auteurs canadiens !"»[243].

Depuis les années 1960, le Canada anglophone a montré que les maisons américaines implantées sur son sol ont une vocation dépassant celle d'un distributeur de production américaine[244]. Effectivement, plutôt que d'inonder le marché d'ouvrages étrangers, ces maisons s'impliquent dans le développement d'une littérature locale. Ainsi, face aux pressions américaines, les Canadiens paraissent confiants dans le maintien d'un équilibre entre indépendance et qualité éditoriale.

1.2. La commercialisation

La commercialisation au Canada évolue en deux temps : une expansion du réseau de distribution, dans les années 1980, permettant une meilleure commercialisation du livre ; une tendance à la concentration dans les années 1990-2000, donnant lieu à des inquiétudes autant chez les professionnels que chez les consommateurs grand public.

Dans les années 1980, l'émergence des premiers superstores, les multiples opérations de rachats et de fusion permettent au réseau distributif de se développer fortement : les superstores canadiens offrent des surfaces de vente importantes dans lesquelles la production nationale est mise en valeur. De nombreux auteurs accueillent cette évolution avec enthousiasme. Ainsi Peter Newman se réjouit de l'élargissement des rayonnages consacrés aux auteurs canadiens. Il se souvient :

« Avant les années 1990, on trouvait les ouvrages canadiens sur les étagères du fond des petites librairies, dans une section appelée Canadiana. C'était juste un rayon comme un autre, comme le jardinage ou l'ésotérisme.

---

[243] Entretien avec Christine Evain, Toronto, mai 2005.
[244] John Morgan Gray et Mel Hurtig déjà, au début des années 70, défendent les branches commerciales canadiennes des maisons américaines. Celles-ci, disent-ils, donnent au public canadien un accès au livre, tout en permettant aux agents importateurs de réaliser un profit et d'investir dans une production nationale. Voir Gerson, Carole, « The Question of a national Publishing System in English-speaking Canada: As Canadian as Possible, under the Circumstances », in Michon, Jacques et Mollier Jean-Yves, dir., *Les mutations du livre et de l'édition dans le monde*, *op. cit.*, p. 313-314.

L'émergence des chaînes de librairies a permis aux ouvrages canadiens de gagner en visibilité »[245].

Si, dans un premier temps, l'introduction de nouveaux outils couplée au renforcement du réseau de distribution offre aux auteurs canadiens la possibilité de gagner en notoriété, dans un deuxième temps, il menace d'engloutir la production nationale au profit de phénomènes commerciaux nationaux et internationaux.

Au niveau national, la rivalité des principaux distributeurs qui se solde par le rachat de Chapters par Indigo en 2000, introduit une situation de quasi monopole qui achève d'affaiblir le réseau des indépendants. La lutte de pouvoir qui touche l'industrie du livre canadienne se déroule en même temps que l'effacement progressif des frontières tel que l'avait prévu McLuhan. Les mesures protectionnistes du gouvernement canadien s'avèrent relativement inefficaces pour limiter l'influence commerciale américaine. Cette dernière n'est d'ailleurs pas systématiquement redoutée car elle apporte des capitaux, un savoir-faire et enfin, dans le cas de la distribution, une saine concurrence face au monopole grandissant de Chapters-Indigo. Ce dernier type de concurrence est cependant fortement limité par la législation – ce que certains professionnels canadiens ne manquent pas de regretter.

Lorsque la puissance commerciale américaine déjoue le système protectionniste pour pénétrer le marché canadien (comme Amazon a su le faire récemment), elle se heurte à une réalité proprement canadienne : l'étendue d'un territoire faiblement peuplé implique, à la fois pour les distributeurs et les éditeurs, des frais d'expédition élevés qui viennent alourdir les charges d'exploitation. Par ailleurs, le Canada accuse un retard logistique que les industriels américains découvrent à leurs dépens. Dans ce contexte difficile, la concurrence est forte et la guerre des prix a pour conséquence de réduire les possibilités de bénéfice. Distributeurs et éditeurs canadiens se tournent vers le gouvernement.

1.2.1. La diffusion

Dans le système anglo-saxon, la diffusion est intégrée à la distribution. Elle est donc assurée par les distributeurs.

1.2.2. La distribution

Les éditeurs canadiens peuvent choisir entre deux types de partenaire pour leur distribution : le grossiste ou le distributeur.

---

[245] Newman, Peter C., "Letter to the Chair of the SCCH", 27 March 2000 (voir le rapport SCCH, référence n° 11).

Le grossiste (comme Ingram ou B&T) propose un service logistique. Il ne se charge pas de la promotion du catalogue. Il prend 15% de marge alors que le détaillant prend 40% de marge.

Le distributeur fournit une gamme de service très complète, allant de la promotion des ouvrages par l'intermédiaires de catalogues et d'équipes de vente, jusqu'à la logistique – traitements des commandes et des retours, inventaire, facturation, etc. Le distributeur prend 37% de marge (et le détaillant prend toujours 40%).

Pour mener une stratégie de distribution efficace, il est conseillé aux éditeurs de ne pas cumuler plusieurs modes de distribution pour ne pas contrarier le distributeur[246]. Pour que ce dernier s'investisse dans la promotion du catalogue de l'auteur, il s'agit de ne pas le court-circuiter et de prendre en compte ses conseils en matière de positionnement de prix ou autre élément de stratégie commerciale.

Il est parfois assez difficile pour un petit éditeur au Canada de convaincre un distributeur de commercialiser son offre. De plus, les distributeurs sont rarement très solides financièrement : leurs dépôts de bilan fréquents ne sont pas sans conséquences néfastes pour l'éditeur[247].

Ainsi la distribution demeure un maillon faible de la chaîne du livre au Canada.

1.2.2.1. La gestion des flux informationnels

Comme aux Etats-Unis, l'informatisation du monde du livre s'est développée considérablement au Canada. Pubnet est le fournisseur de système de commandes électronique (système EDI – Electronic Data Interchange). Pubnet est connecté à BookNet qui fournit des informations statistiques utiles à la profession.

1.2.2.2. Les systèmes informatiques

Les principaux acteurs du système d'information sont donc Pubnet et BookNet (dont nous reparlerons au sujet de l'aide gouvernementale)[248].

---

[246] Voir les conseils d'Alan Canton chez Adams-Blake Co. http://adams-blake.com/item.php?recordid=rant4-10-04&pagestyle=default
[247] Voir l'article de Bob Kinford : http://www.publishingcentral.com/articles/20030516-1-f293.html?si=1
[248] Voir *infra* p. 134.

1.2.3. La vente au détail

La vente au détail est assurée par les librairies indépendantes et les grandes chaînes, que nous appellerons « distributeurs », comme le font les Anglo-saxons.

Aujourd'hui, le bénéfice retiré de la restructuration du système de distribution semble atteindre ses limites. En effet, si dans les années 1980, de multiples opérations de rachat et de fusion ont permis aux réseaux distributifs de se développer (les superstores présentent de vastes surfaces de vente dans lesquelles la production nationale est mise en valeur), en 2000-01, l'industrie du livre au Canada a souffert de la compétition sévère que se sont livrée les deux principaux distributeurs, Chapters et Indigo. La bataille s'est soldée en 2001 par le rachat de Chapters par Indigo – rachat qui engendra de multiples difficultés : celles liées à l'inévitable formation d'un nouveau réseau de distribution et celles engendrées par le nouveau rapport de force distributeurs/éditeurs.

A partir de 2001, Indigo procède à des regroupements de librairies et des fermetures qui s'imposent du fait de la surcapacité du système distributif sur le territoire canadien : depuis la création d'Indigo dans les années 1990, les deux sociétés s'étaient lancées dans une course à l'expansion de leur réseau – ce qui ne manqua pas de provoquer un déploiement excessif des points de vente. Toutefois, en 2001, Indigo, après avoir déboursé la somme nécessaire au rachat de Chapters, se trouve devant une double difficulté :

- d'une part, la situation concurrentielle n'est pas résolue par l'absorption du principal concurrent. L'entrée d'Amazon sur le territoire canadien représente une menace non négligeable pour le leader de la distribution canadienne ;

- d'autre part, la fermeture de nombreux points de vente se révèle très coûteuse : cet effort financier est d'autant plus difficile à assumer que le coût d'achat de Chapters était sans doute excessif par rapport à sa valeur.

Dès lors, une gestion très sévère s'impose à Indigo qui cherche à faire des économies sur les maisons d'édition. En effet, Indigo durcit les termes de ses négociations commerciales, imposant notamment des conditions de crédit et un taux de retour qui mettent en péril l'équilibre financier de plusieurs maisons d'édition. Ces dernières accordent un traitement préférentiel au principal distributeur canadien, espérant, grâce à lui, écouler de plus importantes quantités d'ouvrages que par l'intermédiaire du réseau des petites librairies indépendantes, dites « Indies ». Les « Indies » résistent difficilement à la concurrence du géant Indigo-Chapters[249] et les dépôts de bilan des années 1990 se poursuivent sur la décennie suivante.

---

[249] Rob Sanders sur Chapters-Indigo et la situation des "indies" et des maisons d'édition : « Le système des détaillants est stable pour la première fois depuis des années. Ça c'est

Les maisons d'édition, voyant la nécessité de rétablir un équilibre des forces, se tournent alors vers le gouvernement pour demander de l'aide. Ce dernier établit une charte baptisée « Code of Conduct » mais les éditeurs qui se sont longtemps plaints du non-respect de cette charte, constatent maintenant un certain équilibre avec la grande chaîne. Toutefois cette situation de monopole demeure inquiétante.

1.2.3.1. Les librairies indépendantes

A l'heure actuelle, les petits libraires indépendants qui ont survécu aux dépôts de bilan des années 1990 et 2000 tentent de développer des stratégies de niches ou de spécialisations qui leur permettront peut-être de survivre. Par ailleurs, certains se montrent capables de résister dans un univers extrêmement concurrentiel non seulement grâce à une approche « service de qualité » (politique de fidélisation de la clientèle, offre adaptée, conseil, etc.), mais également grâce à l'intégration de moyens logistiques modernes. Les maisons d'édition, quant à elles, souhaitent vivement la survie du réseau d'indépendants qui leur permet de donner une meilleure visibilité aux ouvrages littéraires.

Les « Indies » sont d'ailleurs des partenaires commerciaux agréables pour les éditeurs, n'étant pas en position de force dans la négociation commerciale, leurs conditions de transactions sont sans commune mesure avec celles d'Indigo. Le gouvernement, par la création de Booknet, tente de renforcer la mise à disposition d'informations commerciales susceptible de guider les indépendants dans la gestion de leur commerce.

1.2.3.2. Les webrairies

Les principales webrairies au Canada sont Amazon et Chapters-Indigo. Amazon, pour lutter contre son image d'impérialiste américain, souhaite renforcer son partenariat avec les indépendants.

---

l'élément positif. Nous avons là le marché canadien le plus stable que nous ayons eu depuis très, très longtemps. Ça ne veut pas dire que nous sommes particulièrement à l'aise. Nous n'avons qu'un seul compte important dans tous le pays. Et ils sont passés par une phase où ils étaient très aggressifs dans le commerce mais cela s'est transformé en négociations plus équilibrées maintenant. Mais le fait qu'il n'y a qu'un seul détaillant est bien sûr préoccupant. Ils représentent le plus gros marché pour les livres dans ce pays et les libraires indépendants arrivent loin derrière en termes d'importance. Donc, c'est problématique. C'est pourquoi nous pensons qu'en plus de vendre des livres en librairie, il est important de faire autre chose : premièrement, commercialiser des livres à d'autres marchés au Canada – et nous le faisons efficacement ; nous faisons beaucoup d'édition sur commande pour des galeries d'art et d'autres types de marchés ici. Nous sommes également très actifs au niveau international ; nous faisons des co-éditions avec des éditeurs en Europe ». Entretien avec Christine Evain, Vancouver, juillet 2006.

Malgré le dynamisme des indépendants qui se sont lancés dans le commerce en ligne, les webrairies des indépendants demeurent très régionales. L'exemple américain lancé par l'association des libraires américains (American Bookseller Association ABA[250]) montre que les librairies indépendantes peuvent se regrouper pour faire face à la compétition sévère des principales webrairies que sont Amazon, Barnes & Noble et Chapters-Indigo. Pour l'instant, l'initiative Booksense n'a pas d'équivalent au Canada.

1.3. Le soutien de l'Etat

Depuis le rapport de la commission Massey en 1951, l'Etat souhaite apporter un double soutien : industriel et culturel[251]. Ce soutien va de pair avec les évolutions de l'industrie : développement du système commercial, perfectionnement des outils logistiques et ré-organisations du système de production et de distribution.

Le soutien de l'Etat intervient en trois étapes :

- En 1979, le Canadian Book Publishing Development Program est introduit afin de renforcer la position financière des éditeurs. Puis le Book Publishing Industry Development Plan (1986) et le Cultural Industries Development Fund (1990) viennent compléter l'aide gouvernementale.

- En 1992, l'aide comprend également un volet longtemps attendu sur les frais postaux.

- Soudain en 1995, le gouvernement retire 55% de son aide, ce qui entraîne faillites et mécontentement. Suite au lobbying de la profession, cette aide est rapidement restaurée, ce qui montre la puissance et l'efficacité de l'association des éditeurs »[252].

---

[250] BookSense.com.
[251] Margaret Reynolds, représentante de l'Association des Editeurs pour la Colombie Britannique explique : « Il y a deux types de soutien aux éditeurs au Canada : l'un est culturel, l'autre industriel. Le Canadian Heritage apporte un soutien industriel. Il donne de l'argent en fonction des ventes réalisées. Il n'est pas nécessaire qu'il s'agisse d'un ouvrage culturel en soi ; il suffit que l'ouvrage soit écrit par un Canadien. Le Canadian Council ne soutient que l'édition culturelle : cette catégorie comprend principalement la fiction mais aussi d'autres domaines, mais en revanche ni les guides pratiques, ni les livres scolaires, les livres religieux, touristiques, de cuisine, etc. Alors que le Canadian Heritage va apporter un soutien – industriel ou économique – à tous ces livres ». Entretien avec Christine Evain, Vancouver, juillet 2006.
[252] Gerson, Carole, "The Question of a national Publishing System in English-speaking Canada: As Canadian as Possible, under the Circumstances », in Michon, Jacques et Mollier Jean-Yves, dir., *Les mutations du livre et de l'édition dans le monde*, op. cit., p. 314.

En effet, même les plus grandes maisons appartenant à des groupes étrangers souhaitent voir le tissu éditorial des petites maisons ne pas se défaire. Ces dernières représentent une précieuse source de talents et, par conséquent, nourrissent l'activité des plus grandes. Random House Canada estime qu'il est légitime qu'une large part des subventions gouvernementales soit attribuée aux plus petites maisons. Louise Dennys y voit les pépinières (« seedbeds ») des plus grandes et souhaite qu'elles soient protégées : « Je pense qu'au-delà d'un certain niveau de chiffre d'affaires, une maison d'édition – canadienne ou pas – ne devrait pas recevoir de subventions... Je pense que les subventions devraient aller aux petites structures »[253]. Cependant, les grandes maisons l'ont compris : leur survie passe par l'exportation et le Canada anglophone montre une spectaculaire progression en la matière. Entre 1993 et 2000 les maisons bénéficiant du soutien gouvernemental octroyé par l'Association for the Export of Canadian Books (AECB) augmentent leurs ventes au Royaume Uni de 214%[254].

Le gouvernement se lance dans une entreprise de modernisation de l'industrie. Nous avons évoqué le projet Booknet qui déjà porte ses fruits[255]. Cependant, il est à craindre que l'intervention du gouvernement aille en diminuant : la politique de subventions est irrégulière et la législation protectionniste inadaptée. La mobilisation des groupes de pression reste forte et fructueuse. L'exemple rapporté par Carole Gerson montre bien que lorsque l'aide gouvernementale pour l'édition est réduite de plus de la moitié en 1995, les conséquences désastreuses de cette mesure – notamment la fermeture de Coach House Press – suscitent une vive réaction de la part des professionnels. Grâce au lobbying effectué par l'Association des éditeurs, l'aide gouvernementale est vite rétablie mais la confiance accordée au gouvernement est atteinte. Margaret Reynolds, représentante de l'Association des éditeurs pour la Colombie Britannique témoigne de la dimension politique des aides du Canadian Heritage : « le soutien du gouvernement est irrégulier, c'est à nous de faire en sorte qu'il se maintienne »[256], c'est effectivement le rôle des organisations

---

[253] Entretien avec Christine Evain, Toronto, mai 2005.
[254] Cette information est donnée sur le site du DFAIT Web qui precise : « Les invitations multiples faites au Canada pour le mettre à l'honneur lors de foires internationales – par exemple, récemment, à Turin, à Belgrade ou en Serbie – reflètent le succès grandissant du Canada sur la scène internationale ». http://www.dfait-maeci.gc.ca/: Department of Foreign Affairs and International Trade.
[255] http://www.booknetcanada.ca/booknet.
[256] « Le Canadian Heritage reçoit de l'argent sur la base de 5 ans. Et le système est davantage politique que pour le Canadian Council. Et il est arrivé qu'un programme soit abandonné au bout de six mois (avant son terme), et les éditeurs comptaient sur cette aide et subitement, il n'y avait plus d'argent. L'autre point est que le programme

professionnelles de solliciter le gouvernement afin que ce dernier renouvelle son soutien financier à l'industrie du livre.

Malgré l'aide gouvernementale, la survie des maisons est loin d'être garantie. L'exemple de McClelland & Stewart montre que l'ère des rachats n'est pas révolue mais laisse espérer la persistance d'un modèle proprement canadien[257].

Résumons en quelques points les grandes lignes des programmes d'aide du Conseil des Arts du Canada (The Canadian Council) et du ministère du Patrimoine canadien (Canadian Heritage) :

1.3.1. Les programmes d'aide
1.3.1.1. Le Conseil des arts du Canada (The Canadian Council)

Le Conseil des arts du Canada accorde un soutien financier aux éditeurs canadiens pour les aider à absorber les coûts de publication de titres canadiens de littérature générale qui contribuent de façon importante au développement de la littérature canadienne. Le soutien est offert par l'intermédiaire des subventions aux nouveaux éditeurs, qui sont destinées aux nouvelles maisons d'édition, et des subventions globales, qui s'adressent aux maisons d'édition établies.

Les subventions aux nouveaux éditeurs offrent des fonds couvrant une période d'un an, et les subventions globales consistent en une aide annuelle (un an) ou pluriannuelle (deux ans).

Les éditeurs qui reçoivent des subventions aux nouveaux éditeurs peuvent aussi solliciter une subvention à la traduction, une aide aux tournées de promotion pour les auteurs ou une subvention pour les livres d'art. Les renseignements pour ces trois autres volets du programme d'Aide à l'édition de livres peuvent être obtenus sur le site web du Conseil des Arts.

Comme le mandat du Conseil des arts du Canada consiste entre autres à soutenir la production d'œuvres artistiques dans le domaine des arts littéraires et

---

démarre avec une certaine somme mais cette somme n'augmente pas selon le nombre de maisons à laquelle elle s'adresse. Donc, si on raisonne en fonction de l'aide par titre, le programme offre de moins en moins d'argent [...] donc oui, le soutien du gouvernement est irrégulier, c'est à nous de faire en sorte qu'il se maintienne ». Entretien avec Christine Evain, Vancouver, juillet 2006.

[257] Il s'agit de « l'approche typiquement canadienne » ou « the distinctly Canadian approach », selon l'expression de James King. La politique éditoriale au Canada, selon Jack McClelland, se situe à mi-chemin entre l'approche américaine et l'approche britannique. L'éditeur américain pense que c'est lui le véritable auteur du livre (c'est à lui – qui connaît bien le marché – d'imposer une ligne d'écriture). L'éditeur anglais pense que si un livre nécessite trop de modifications, il ne vaut pas la peine d'être publié. Voir King, James, *The Story of Jack McClelland*, Toronto, Alfred A. Knopf, 1999, p. 129.

de l'étude de la littérature et des arts, seuls les titres appartenant aux catégories suivantes sont admissibles :
les romans et les nouvelles
la poésie
les pièces de théâtre
les bandes dessinées (comptant plus de 47 pages)
les publications pour enfants et adolescents
les études et essais.

Est donc exclue de toute aide apportée par le Conseil des Arts du Canada une longue liste d'œuvres qui comprend les guides (voyages, nature, gastronomie, etc.) ; les publications sur des techniques ou des jeux ; les livres à colorier et d'activités ; les livres de jeux-questionnaires et les recueils de faits divers ; les livres de psychologie, de développement personnel, de piété ou de spiritualité ; les manuels professionnels et les ouvrages de référence destinés à un public spécialisé, etc.

Les subventions varient entre 5 000 $ et 30 000 $, selon les recommandations du comité d'évaluation par les pairs. Les fonds annuels sont accordés pour la période débutant au 1er décembre de l'année.

1.3.1.2. Le ministère du Patrimoine canadien (Canadian Heritage)

Le ministère du Patrimoine canadien propose plusieurs programmes sur l'édition à l'appui des livres et aide à renforcer l'industrie de l'édition au Canada. Selon l'information disponible sur le site du Canadian Heritage, il existe des programmes d'aide directe tels le Programme de subventions globales du Conseil des arts et le Programme d'aide au développement de l'industrie de l'édition du ministère du Patrimoine canadien. Cette aide financière permet aux entreprises sous contrôle canadien de croître et de se consacrer à la production et à la distribution de livres d'auteurs canadiens. Afin de traiter la question de l'accès des éditeurs au capital, le ministère du Patrimoine canadien a élaboré, de concert avec la Banque Royale du Canada, le Programme de prêts aux éditeurs de livres conçu pour donner à ceux-ci l'accès à du financement supplémentaire sous forme de marges de crédit.

Les autres mesures fédérales d'aide à l'industrie de l'édition du livre incluent le Fond de développement des industries culturelles administré par la Banque de développement du Canada (BDC), qui permet aux entreprises œuvrant dans le secteur culturel d'avoir accès à des capitaux sous forme de prêts à terme. De plus, des règlements sur l'importation parallèle, présentés dans la loi sur le droit d'auteur, protègent les ententes relatives à la distribution de livres sur le marché canadien.

Finalement, la politique relative à l'investissement étranger dans le secteur de l'édition du livre a pour objectif d'aider le secteur de l'industrie de l'édition du livre de propriété et sous contrôle canadiens. En vertu de la loi sur Investissement Canada, les investissements étrangers dans le domaine de l'édition et de la distribution de livres doivent être compatibles avec la politique culturelle nationale et être à l'avantage net du Canada et du secteur sous contrôle canadien. Les lignes directrices de la politique sont les suivantes :

Les investissements étrangers dans une nouvelle entreprise sont limités aux co-entreprises sous contrôle canadien ; l'acquisition d'une entreprise existante sous contrôle canadien par un non-Canadien n'est pas autorisée. Dans des circonstances extraordinaires, le gouvernement peut faire des exceptions à cette ligne directrice ; si un non-Canadien désire vendre une entreprise canadienne existante, indépendamment de toute autre transaction, ce dernier doit veiller à ce que des investisseurs canadiens potentiels aient pleinement et équitablement l'occasion d'acheter ; les acquisitions indirectes seront examinées afin de déterminer si elles constituent un avantage net pour le Canada et pour le secteur sous contrôle canadien, et évaluées en fonction de leurs mérites par rapport aux facteurs énoncés par la loi.

Ces lignes directrices sont rigoureusement appliquées[258].

Enfin, le Programme d'aide au développement de l'industrie de l'édition (PADIÉ) a pour principal objectif d'assurer le choix et l'accès à des livres d'auteurs canadiens, qui reflètent la diversité culturelle et la dualité linguistique du Canada tant au pays qu'à l'étranger.

Le PADIÉ vise à atteindre cet objectif en favorisant une industrie canadienne du livre solide et viable qui publie des livres d'auteurs canadiens et en fait la promotion. Le programme comprend quatre volets :

- Aide aux éditeurs : il s'agit d'un soutien financier aux éditeurs canadiens. Les demandeurs doivent être des entreprises détenues et contrôlées par des intérêts canadiens à 75%, être en affaires depuis au moins 36 mois.

- Projet de renforcement et de modernisation de la chaîne d'approvisionnement du livre au Canada, notamment l'amélioration des données bibliographiques, la promotion du transfert électronique de documents uniformisés et l'accessibilité des données sur les ventes de livres.

- Initiatives collectives (anciennement Aide à l'industrie et aux associations). Il y a cinq catégories de projets dans le cadre de ce volet : la commercialisation et la promotion, le perfectionnement professionnel, la recherche sur l'industrie, la planification d'entreprise, et les stages en édition.

- Aide à la commercialisation internationale : aides financières pour la logistique, les études de marchés et les démarches à l'international.

---

[258] Tout engagement négocié en vertu de l'examen de l'avantage net sera étroitement contrôlé. La loi prévoit des recours en cas de non-respect d'un engagement et le gouvernement les appliquera au besoin.

1.3.2. La loi

La législation concernant l'industrie du livre s'organise selon quatre axes principaux : le "Competition Act" (qui sanctionne toute forme de concurrence déloyale suite à des opérations d'intégration verticale ou horizontale), l'"Investment Canada Act" (qui examine toute proposition d'investissement étranger), l'amendement au "Copyright Act" de 1997 (qui comprend des sanctions contre les opérations d'importation parallèles) et l'"Excise Tax Act" (la taxe sur les biens et services qui prévoit des aménagements pour les opérations culturelles).

Le Competition Bureau s'est récemment occupé des cas suivants : en 1995, Le rapprochement de Reisman avec l'américain Borders (qui a été refusé) ; la même année, la fusion de plusieurs chaînes de distribution pour former Chapters ; en 1999, l'intégration verticale de Chapters/Pegasus ; en 2001 le rachat de Chapters par Indigo.

A la fin des années 1990, une fusion entre Chapters et Barnes & Noble a été refusée au nom du "Investment Canada Act". En 2002, le ministère du Patrimoine canadien a eu recours au "Investment Canada Act" pour traiter le cas d'Amazon.ca et a statué en faveur de l'installation de l'Américain au Canada.

Ces exemples montrent que malgré une législation protectionniste, les Canadiens ne tranchent pas systématiquement contre toute implantation étrangère.

1.4. Les organisations professionnelles

1.4.1. L'Association of Canadian Publishers (ACP)

En 1970, un mouvement de protestation contre le rachat de Ryerson Press par les Américains suscite la création de l'Association des Editeurs Canadiens : l'Association of Canadian Publishers (ACP) – d'abord appelée Independent Publishers Association (IPA). L'objectif de l'IPA était de défendre les maisons canadiennes contre la domination américaine. Au-delà de son objectif premier, l'IPA souhaite :

- accroître l'intérêt du public canadien pour la production canadienne,

- obtenir le soutien financier de l'Etat,

- réduire la puissance américaine sur le marché du livre de poche (paperback) et dans le domaine de l'éducation,

- défendre les petits éditeurs.

A sa création, l'organisation est très modeste et s'installe dans les bureaux de la petite maison d'édition Anansi. Son développement sera rapide. Les efforts de l'IPA en matière de lobbying débouchent, en 1972 sur la création d'une structure pour l'export de livres canadiens : l'Association for the Export of Canadian Books (AECB), financée le ministère de l'Industrie et du Commerce. L'AECB travaille à la promotion de la littérature canadienne à l'étranger en installant l'agence Books Canada à New-York, Londres et Paris.

A partir de 1974, l'IPA est en relation avec plusieurs partenaires. Des relais régionaux, dont le premier est en Colombie Britannique, le BC Publishers Group. The Literary Press Group of Canada se crée en 1975. Parmi les partenaires de l'IPA se trouve également un groupement d'éditeurs spécialisés dans la production littéraire : le Literary Press Group of Canada (LPG), sur lequel nous reviendrons au paragraphe suivant.

En 1975, le regroupement de plusieurs organisations au sein du Book and Periodical Development Council (BPDC) permet à l'édition canadienne de présenter un front uni au gouvernement. Grâce aux organisations variées des groupements professionnels permettant un travail plus efficace au niveau régional comme au niveau national, le gouvernement est amené à mettre en place une aide concrète par l'intermédiaire du Canadian Book Publishing Development Program (BPDP), créé en 1979, qui devient le Book Publishing Industry Development Program (BPIDP) en 1992.

Le dynamisme des organisations professionnelles s'affirme dans les années 1970-80. L'ACP représente aujourd'hui plus de 140 maisons canadiennes dans tous les secteurs de l'édition.

1.4.2. Le « Literary Press Group of Canada » (LPG)

Le « Literary Press Group of Canada » regroupe 50 maisons et représente la moitié de la production dite littéraire du Canada. Cette structure met en place bon nombre d'initiatives.

Dans un entretien avec Michael Bryson, éditeur de *The Danforth Review*, le directeur du LPG, Robert Kasher, explique : « [Vous ne pouvez pas imaginer] à quel point le paysage de la littérature canadienne était désert il y a 35 ou 40 ans, avant la création du LPG… Le dynamisme actuel est le résultat des efforts de nos membres. Des écrivains comme Atwood, Ondaatje, Urquhart, Wharton, Carson, Clarke, pour ne citer que quelques noms, ont tous démarré chez un éditeur LPG »[259].

---

[259] www.danforthreview.com/features/interviews/lpg_interview.htm.

A l'initiative de Dave Godfrey and Karl Siegler, fondateurs de l'association en 1976, le LPG lança très vite deux projets : une étude de marché et un catalogue, suivis de nombreuses initiatives saluées par le public. Ainsi le « Book Bus », un bus scolaire recyclé, qui circule d'un bout à l'autre du Canada pour faire la promotion des livres du LPG, et « Cloudland », en partenariat avec les libraires, système permettant aux clients potentiels de recevoir un dépliant et d'acheter les livres de LPG chez leur libraire.

Ce type de projet renforce les liens entre les libraires et LPG et incite l'association à développer une force commerciale qui, depuis les années 1990 assure également la promotion de la production de ses membres sur Internet.

1.4.3. Les groupements de libraires

Le regroupement des détaillants, fondé en 1957, est appelé « The Canadian Booksellers Association »[260]. Les comités de l'association reflètent son dynamisme : comité de lobbying (Advocacy Policy Committee), comité des relations avec les fournisseurs (Supplier Relations Policy Committee), comité des relations avec les membres (Member Relations Policy Committee), comité chargé de la communication (Communications Policy Committee), comité de conseil aux campus (Campus Advisory Committee), comités de conseil au développement technologique et professionnel (Technology Policy Committee et Professional Development Committee), comité pour le jour de l'indépendance (Independents' Day Advisory Committee), comité des nominations (Nominations Committee), comité du prix Libris remis à BookExpo Canada (Libris Awards Committee).

Chaque année, à l'occasion du grand congrès annuel de la CBA qui a lieu en juin, les éditeurs exposent leurs nouveaux titres en prévision de la haute saison, soit l'automne et Noël. Les libraires de tout le Canada prennent une bonne partie de leurs décisions d'achats à cette exposition.

La Canadian Booksellers Association (CBA) compte en 1996 environ 1200 membres, et, pendant plusieurs années, le nombre d'adhésions n'a cessé d'augmenter. Mais à la suite du dernier mouvement de concentration de la distribution en 2001, la situation est devenue plus critique pour les libraires.

1.4.4. Les groupements d'écrivains

Il existe plusieurs groupements d'écrivains au Canada. Parmi les principaux se trouvent le Syndicat des écrivains du Canada et la Canadian Association of Authors.

---

[260] www.cbabook.org

Fondé en 1973, le Syndicat des écrivains au Canada est appelé Writers' Union[261]. Son activité s'organise selon plusieurs axes : le syndicat défend les intérêts des écrivains en matière de droits d'auteurs notamment, entreprend des actions de lobbying auprès du gouvernement, et enfin, organise plusieurs événements culturels comme par exemple des concours d'écriture.

La « Canadian Author Association » (CAA)[262], fondée en 1921, publie son premier organe officiel, *Canadian Bookman*, auquel succède *Author's Bulletin* (1923-1933) et *Canadian Author*. En 1940, ces deux périodiques fusionnent pour former *Canadian Author & Bookman*. Le *Canadian Poetry Magazine* (depuis 1936), lui aussi sous l'égide de la CAA, est intégré au *Canadian Author & Bookman* en 1968.

1.4.5. Les groupements américains ouverts aux Canadiens

Ces derniers sont nombreux. Ce sont des regroupements d'éditeurs, de distributeurs, et de détaillants[263].

---

[261] www.writersunion.ca.

[262] « Fondée en 1921 pour lutter contre les modifications proposées à la loi sur le droit d'auteur, la Canadian Authors Association est la première organisation littéraire nationale au Canada. Elle regroupe les deux langues officielles jusqu'à la création, en 1938, de la Société des écrivains canadiens. Non seulement l'association lutte pour que les écrivains exercent un contrôle sur les droits d'auteur, mais à ses débuts, elle travaille aussi à promouvoir la littérature canadienne en instaurant la semaine du livre canadien (1921-1957). Dans les années 30, elle encourage la création de l'Association of Canadian Bookmen (1935-1939), la fondation du *Canadian Poetry Magazine* (1936-1968) et le lancement des prix littéraires du Gouverneur Général (1937), qu'elle administre jusqu'en 1959. En 1946, l'association rédige un contrat d'édition type et obtient des privilèges particuliers en matière d'impôt sur le revenu pour les écrivains canadiens. L'année suivante, elle accepte d'administrer le tout nouveau prix de l'humour Leacock. En 1975, l'association instaure un nouveau système de prix littéraires, qui comportent tous, pour la première fois, une récompense en argent d'un montant de 1000 $. Ces prix s'élèvent aujourd'hui à 5 000 $. Elle administre aussi les prix Vicky Metcalf, créés en 1963 par une bibliothécaire de Toronto qui leur a donné son nom. Il existe aujourd'hui trois prix distincts : un prix en argent de 10 000 $ pour l'ensemble d'une œuvre, qu'il s'agisse de fiction, d'essais, de poésie ou de livres d'images; un prix en argent de 3 000 $ pour une nouvelle publiée dans un périodique ou une anthologie de langue anglaise; et un prix en argent de 1 000 $ pour l'éditeur de la nouvelle gagnante si elle a été publiée dans une anthologie ou un périodique canadiens. La publication officielle de l'association, *Canadian Author* (lancée en 1921), continue d'être le porte-parole de la plus importante organisation littéraire au Canada ». John Lennox, http://thecanadianencyclopedia.com.

[263] Voir les sites the Independent Book Publisher Association (PMA) http://www.pma-online.org/ ; American Bookseller Association (ABA) www.bookweb.org ; Independent Online Booksellers Association : http://www.ioba.org/index.html.

1.4.6. Les bibliothèques

La principale bibliothèque au Canada s'appelle « Bibliothèque et Archives Canada »[264]. Elle recueille et préserve le patrimoine documentaire du pays et le rend accessible à tous. Ce patrimoine comprend des publications, des documents d'archives, des enregistrements sonores, du matériel audiovisuel, des photographies, des œuvres d'art, ainsi que des documents électroniques tels que des sites web. La bibliothèque a fêté son 50e anniversaire en 2003.

1.5. Les agents

Au Canada, le rôle des agents, tout comme celui de leurs confrères américains, est essentiel. L'agent est celui qui s'occupe de négocier, pour le compte de l'auteur, auprès de l'éditeur. Pour l'auteur, le service de l'agent présente un double avantage : sa production est mise en valeur de manière optimale, et il est déchargé du travail de négociation, pouvant ainsi se consacrer à son œuvre. L'utilité de l'agent est largement reconnue dans le monde anglo-saxon : son rôle et sa rémunération ne sont pas remis en question.

Toutefois, bien qu'ils soient présents dans la plupart des négociations entre auteurs et maisons d'édition, ils ne sont pas indispensables dans la bonne relation entre l'auteur et la maison d'édition.

Alice Munro n'éprouve aucunement le besoin de passer par un agent lorsqu'elle traite avec Douglas Gibson, son éditeur canadien[265]. Elle s'étonne de voir autant de jeunes auteurs pressés de trouver un agent. Douglas Gibson, son éditeur, suggère que l'attrait des agents réside essentiellement dans la fascination exercée par les multinationales et leurs à-valoirs considérables.

Cependant, comme l'indique Gill Davies, un bon agent ne cherche pas seulement à satisfaire les besoins financiers de l'auteur mais veille également à ce que ce dernier soit traité correctement par la maison d'édition en termes de soutien promotionnel et de perspectives d'avenir. Il s'agit également de veiller aux intérêts de l'auteur en défendant l'œuvre par un marketing adéquat : « Un contrat bien négocié comprendra non seulement une bonne rémunération financière mais aussi des campagnes marketing judicieuses, des promesses de droits dérivés, et une relation avec l'éditeur où l'auteur se sent convoité, apprécié et choyé. Il arrive que l'aspect financier du contrat soit attractif mais que le reste

---

[264] http://collectioncanada.ca/index-f.html.
[265] Evidemment Alice Munro a recours, par ailleurs, à un agent américain.

fasse défaut. C'est à l'agent de trouver un bon équilibre entre ces différentes choses »[266].

Si l'agent est encore perçu comme un spéculateur faisant monter les enchères, c'est également sans doute parce que ce modèle existe bel et bien. Michael Korda, dans ses mémoires, nous fait part d'une pratique fréquemment utilisée par les agents : « [Certains agents] proposent des ouvrages signés par des célébrités sans même en informer les auteurs potentiels. Si l'agent trouve acquéreur, il démarche l'auteur en lui proposant une offre attrayante »[267].

Une pareille méthode ne sert pas nécessairement les intérêts des auteurs sur le long terme. En effet, ces derniers représentent pour l'agent un bien commercial que l'on n'hésite pas à rejeter dès lors qu'une meilleure affaire se présente.

Bien que la négociation des avances ne soit pas le seul élément pris en charge par l'agent, cela reste un point important. Giles Gordon souligne que les à-valoirs obtenus par les agents influent considérablement sur la stratégie promotionnelle mise en place par l'éditeur. Plus le montant de l'à-valoir est élevé, plus l'éditeur souhaite rentabiliser son investissement. Par voie de conséquence, il mettra en place des moyens plus importants afin de promouvoir l'ouvrage. Giles Gordon affirme que cette logique n'est pas sans conséquence sur l'attribution des prix littéraires :

« Les lauréats du Booker Prize Barry : Unsworth (pour *Sacred Hunger*) et Michael Ondaatje (pour *The English Patient)*, furent choisis principalement grâce au travail de leurs éditeurs respectifs, Hamish Hamilton et Bloomsbury. Ceux-ci savaient que ces auteurs étaient de qualité et ils furent convaincus par les agents de payer d'importants à-valoirs, qui devaient ensuite être justifiés financièrement, d'où le travail promotionnel sur le profil de chacun de ces auteurs, travail qu'il était difficile aux juges du Booker Prize d'ignorer »[268].

Et Gordon de conclure : « cela peut paraître cynique mais l'édition dans les années 1990 est devenue un business, *faute de mieux* »[269]. En vertu de ces considérations financières, les agents sont accusés de se garder d'effectuer un réel travail sur l'œuvre elle-même : « On leur reproche de ne lire ni les propositions ni les manuscripts qu'ils envoient aux éditeurs ; de ne rien savoir de l'éditeur avec qui ils souhaitent travailler (c'est-à-dire de ne pas savoir assortir un auteur à un éditeur) ; de laisser l'auteur et l'éditeur se débrouiller au sujet du

---

[266] Davies, Gill, *Book Commissioning and Acquisition*. London, Routledge, 2e édition 1996, p. 32.
[267] Schiffrin, *op. cit.*, p. 83.
[268] Gordon, Giles, "Literary Agents" *Publishing Now*. Ed. Peter Owen, London, Peter Owen Publishers, 2e édition 1996, p. 126.
[269] *Ibid.*

livre et de n'intervenir qu'à l'étape du contrat ; d'interférer dans la relation entre l'auteur et l'éditeur, en semant parfois la discorde ; de déplacer les auteurs d'un éditeur à l'autre de manière péremptoire ; de faire monter les enchères des royalties et des à-valoirs »[270].

Bien que ces critiques soient en partie justifiées, un bon agent semble utile à l'éditeur comme à l'auteur : « Un bon agent peut aussi se battre pour un auteur lorsque ce dernier est maltraité ou déçu par un éditeur. De même, un agent se chargera de houspiller un auteur qui ne tient pas ses promesses. Le travail d'un agent est de construire une situation qui marche pour les deux parties »[271].

C'est ce que souligne Louise Dennys de Random House Canada : « Les éditeurs préfèrent presque toujours que leurs auteurs aient des agents parce que cela leur permet de négocier les termes du contrat de manière plus rude, sans que pour autant leur relation avec l'auteur ne souffre de cette négociation »[272].

Progressivement l'agent prend à sa charge un certain nombre de tâches que la maison d'édition ne souhaite pas ou plus traiter. L'exemple qui suit illustre ce point : « Un admirateur de John Fowles lui faisait part de sa surprise de le voir conserver son agent à la suite du succès de son premier livre, *The Collector*. "Au contraire", répondit Fowles. Ce n'est que lorsque le monde commercial – les éditeurs étrangers, le cinéma et la télévion, les clubs de livres, les médias – commencèrent à s'intéresser à son travail qu'il a eu besoin d'un agent pour s'occuper des demandes conflictuelles, offres et de possibilités. Les agents deviennent utiles à partir du moment où les auteurs ont écrit un livre qui est mûr, au sens positif du terme, pour l'exploitation »[273].

Au-delà des aspects pratiques et techniques du travail de l'agent, les professionnels anglo-saxons remarquent que celui-ci apporte aujourd'hui le confort que l'auteur trouvait jadis auprès de son éditeur. « Parce que… bon nombres d'agents sont d'anciens éditeurs et parce qu'ils ont tendance – si on ne parle pas du conjoint – à être les premiers à lire le nouveau manuscrit, l'agent joue maintenant un rôle crucial par ses remarques éditoriales. Je suis constamment surpris, alors que l'art du travail éditorial décline dans l'édition britannique, de constater combien plus rigoureux sont les agents par rapport à leurs confrères éditeurs, pour apporter une analyse *analytique* du manuscrit »[274].

Mais ce glissement de la responsabilité de l'éditeur vers l'agent n'est pas systématique. Il s'agit ici d'une simple tendance et on aurait tort de la prendre

---

[270] Gill Davies, *op. cit.*, p. 32.
[271] *Ibid.*
[272] Giles Gordon, *op. cit.*, p. 131.
[273] *Ibid.*, p. 126.
[274] *Ibid.*, p. 132.

pour un stéréotype. L'exemple de Douglas Gibson à qui Alice Munro rend hommage dans une lettre publiée récemment[275] montre que les liens entre éditeur et auteur n'ont pas forcément lieu de se distendre. Si l'éditeur souhaite encore assumer le rôle du confident de l'auteur, nombreux sont ceux parmi ces derniers qui accueilleront cet appui avec joie et soulagement.

Quant aux autres types de service que peut proposer l'agent, la logique suivante s'applique : les agents réussiront dans les domaines où leur valeur ajoutée est réelle. Ainsi Louise Dennys nous donne l'exemple de l'auteur Ann-Marie MacDonald qui, devenant célèbre avec son roman *Fall on Your Knees* s'est tournée vers un agent sur les conseils même de son éditeur[276].

Certains éditeurs ont su se doter d'un service juridique international et paraissent mieux armés que les agents pour la défense des droits de leurs auteurs. Ainsi, cette responsabilité, qui paraissait devoir dériver des éditeurs vers les agents, semble parfois leur revenir.

2. Les principaux secteurs

En l'absence de chiffres fiables sur les secteurs, nous souhaitons mettre en lumière les dynamismes ou difficultés de chacun, sachant que les tendances actuelles sont amenées évoluer selon le contexte national et international.

2.1. La littérature

Comme nous l'avons vu lorsque nous avons traité du dynamisme littéraire depuis les années 1970, la littérature est le secteur où le Canada fait la

---

[275] Voir Christine Evain, *Douglas Gibson Unedited: On Editing Robertson Davies, Alice Munro, W.O. Mitchell, Mavis Gallant, Jack Hodgins, Alistair MacLeod, etc.*, Bruxelles : Peter Lang, 2007.

[276] « Parfois nous en arrivons à un point où c'est à nous de dire à un écrivain : "Il vous faut un agent". Par exemple, pour Ann-Marie MacDonald[276] *Fall on Your Knees* est passé sur Oprah – ce livre s'est vendu à 1,5 million d'exemplaires aux Etats-Unis. A partir du Canada, nous l'avons vendu dans 32 pays et il a remporté un grand succès. C'est alors que les négociations pour un film démarrèrent. Et elle était très demandée dans de nombreuses émissions. Et je lui ai dit : "Je pense que vous avez besoin d'un agent". Je l'ai présentée à plusieurs agents et elle a choisi un agent américain, et nous avons ainsi perdu – tout à fait volontairement – les droits internationaux pour son livre suivant, ce qui représente un manque à gagner considérable pour notre entreprise mais c'est ce qu'il fallait faire pour Ann-Marie parce que nous en étions arrivés à un point où nous ne pouvions pas tout faire pour elle. On ne pouvait lui fournir qu'une partie du service dont elle avait besoin ». Entretien avec Christine Evain, Toronto, mai 2005.

progression la plus remarquée aux niveaux national et international. La notoriété des auteurs canadiens à l'international suffit à constater cette forte évolution.

La promotion des ouvrages de ce secteur est réalisée par des revues spécialisées. Par exemple, pour la littérature, les revues universitaires incontournables sont les suivantes : *The Literary Review of Canada, Canadian Literature, Essays on Canadian Writing, Studies in Canadian Literature, University of Toronto Quarterly.*

Aujourd'hui, la littérature canadienne s'appuie aussi bien sur le monde universitaire que sur la batterie commerciale de l'industrie du livre (médias, salons, événements et négociations nationales et internationales).

2.2. Les sciences humaines, sociales et techniques

Sciences de l'information, philosophie, politique, religions, sciences sociales, histoire, géographie, essais, sciences et techniques de la nature et de la matière, mathématiques, botanique, santé, etc., sont autant de catégories qui peuvent prendre deux orientations différentes :
- une orientation universitaire (et les presses universitaires, avec le soutien gouvernemental s'occupent de ce secteur) ; la promotion des ouvrages de ces secteurs est réalisé par des revues spécialisées, notamment les revues universitaires.
- une orientation grand public permettant à cette catégorie de rejoindre les livres pratiques ou best-sellers à contenu pseudo-scientifique.

2.3. Arts, sports, beaux livres et livres pratiques

Les Anglo-saxons ont toujours eu un temps d'avance sur les Français pour les livres de cette catégorie. Il suffit de consulter le site du Reader's Digest avec ses pages intitulées « Home and Garden », « Health », et « Food » pour comprendre l'importance de ces domaines pour l'industrie du livre. Jardinage, animaux, cuisine, tourisme, managements, etc., sont autant de catégories qui amènent l'industrie du livre à s'ouvrir sur des nouveaux canaux de distributions et de nouveaux supports promotionnels.

2.4. La bande dessinée

Le « comic book » au Canada cherche sa spécificité face à l'invasion commerciale de la production américaine. L'histoire de la BD au Canada est retracée sur Internet (ses débuts difficiles face aux performances époustouflantes de *Superman* et *Captain Marvel*, son essor après la Deuxième Guerre mondiale, son affirmation dans les années 1970 et enfin ses développements et reculs jusqu'à nos jours)[277]. Depuis les années 1990, ce secteur connaît plusieurs restructurations difficiles. Ces changements favorisent l'évolution de trois cultures de la BD au Canada, différentes l'une de l'autre : la BD de superhéros grand public, la BD parallèle et les « zines » de la presse spécialisée.

Après 60 ans, les *comic books* au Canada sont devenus une forme d'art destinée à un public plus restreint, mais principalement composé d'adultes. Ces nouvelles BD ont aussi eu le malheur de voir le jour à une époque où cette industrie conniassait des difficultés d'ordre économique (de nombreuses maisons d'édition, distributeurs et détaillants déposaient le bilan).

Malgré ces revers de fortune, la BD canadienne est considérée comme une forme d'art hybride puissante, mondialement connue. Bon nombre d'amateurs reconnaissent l'origine canadienne de cette production et il arrive que le caractère canadien de la BD soit visible sur la couverture même de l'ouvrage (par exemple : *Guardians of the North: The National Superhero in Canadian Comic-Book Art* (1992) de Ken Steacy).

Parmi les nombreuses bandes dessinées de presse qui sont publiées entre la fin des années 1980 et le début des années 2000, se trouvent : *Chubb & Chauncey* de Vance Rodewalt, *Fisher* de Phillip Street, *Between Friends* de Sandra Bell Lundy, *Backbench* de Graham Harrop et *The Coast* d'Adrian Raeside. Toutefois, la plus importante BD canadienne de cette période est de loin la comédie familiale *For Better or for Worse* de Lynn Johnston, qui reste l'une des plus populaires au monde. Elle est publiée dans près de 2 000 journaux dans 25 pays. En 1993, elle devient une source inattendue de controverse lorsqu'un des personnages, Lawrence, révèle qu'il est homosexuel. Le débat qui s'ensuit vient souligner le fait que les BD peuvent être un moyen d'expression de masse, même si ces phénomènes sont souvent considérés comme des cas particuliers.

2.5. Le livre scolaire et parascolaire

Contrairement à la France, le Canada n'a pas de programmes scolaires centralisés, ce qui permet un fonctionnement plus libre du secteur des manuels scolaires et du parascolaire. En effet, beaucoup d'éditeurs jouent la carte du régionalisme et introduisent dans leurs catalogues des ouvrages en relation avec l'histoire, la géographie ou la culture locale.

Plusieurs petites maisons des années 1970, nous l'avons vu, affirment leur identité par une offre universitaire ou scolaire[278]. Ce positionnement, en réaction à la domination américaine, est soutenu par l'aide gouvernementale canadienne.

---

[277] http://www.collectionscanada.ca/comics/027002-8000-f.html.
[278] Pour les ouvrages scolaires, voir également la partie suivante sur l'édition pour la jeunesse.

2.6. Les éditions pour la jeunesse

L'Association des éditeurs canadiens a publié plusieurs rapports sur l'édition pour la jeunesse : *Highlights from: Canadian Books in Schools: Raising the Profile ; The Crisis in Canada's School Libraries: The Case for Reform and Re-Investment; The Canadian Children's Book Market.*

Ces rapports mettent en lumière le dynamisme du secteur à l'international mais également un recul des achats effectués par les bibliothèques scolaires au Canada. Les bibliothèques scolaires représentent non seulement un marché important mais également un vecteur promotionnel qui contribue à faire connaître les ouvrages de ce secteur. Face à cette difficulté, c'est à chaque région de réagir : les différents regroupements professionnels s'activent de manière indépendante ou en réseau. Par exemple, Margaret Reynolds, présidente de l'Association des éditeurs en Colombie Britannique, a monté une opération pour promouvoir les ouvrages pour la jeunesse par le biais d'un catalogue préparé par des enseignants qui mettent en valeur les possibilités d'exploitation pédagogique des ouvrages[279]. Cette opération trouve différentes sources de financement lui permettant d'être renouvelée chaque année.

Le secteur de l'édition pour la jeunesse est également soutenu par le gouvernement dans le cadre des différentes actions précédemment évoquées. Enfin, ce secteur est dynamisé par de nouveaux concours qui sont lancés en partenariat avec différents acteurs de la chaîne du livre et qui attirent l'attention aussi bien des professionnels que des lecteurs[280].

---

[279] « Nous faisons [un] catalogue [...] qui est principalement destiné aux bibliothèques scolaires. Nous recrutons des maîtres et des maîtresses d'école pour rédiger des annotations. Ces annotations sont faites pour les enseignants et on indique également le niveau auquel s'adresse le livre ainsi que les sujets traités. Et ensuite le catalogue est envoyé à toutes les écoles dans la Province (privées, publiques, etc.) ainsi qu'à des grossistes. C'est devenu un outil très utile pour communiquer aux écoles une information sur les livres de nos éditeurs membres de l'Association. Ce catalogue est important pour nos éditeurs car ce ne sont pas des éditeurs scolaires et ils ne savent pas comment proposer leurs ouvrages à ce marché. Ils ne pourraient pas faire ce catalogue par eux-mêmes. C'est bien moins cher de mener une action par notre intermédiaire : nous collectons l'information nécessaire, nous la mettons en forme et nous la diffusons. Cette idée trouve son origine dans un programme du gouvernement. Le gouvernement faisait un catalogue et proposait un bon d'achat aux écoles pour acheter des livres. Ce n'était pas une grosse somme mais les écoles pouvaient acheter des livres du catalogue avec l'argent du gouvernement, [...] et tout le monde était content. Le gouvernement a supprimé ce programme [...]. Nous avons décidé de maintenir l'idée du catalogue car les écoles l'ont trouvé utile. On a reçu un financement du Canadian Heritage, ce qui nous permet de financer un nouveau catalogue chaque année ». Entretien avec Christine Evain, Vancouver, juillet 2006.
[280] Voir http://www.publishingcentral.com/articles/20031015-1-7bdb.html?si=1

3. L'environnement

3.1. L'événementiel

L'événementiel autour du livre s'organise selon plusieurs axes : les salons (traités dans la dernière partie de cette ouvrage à cause de leur dimension internationale), les émissions littéraires, les prix ou concours et enfin l'engagement même des auteurs pour promouvoir leur œuvre. Commençons par ce dernier point.

Au Canada, comme partout ailleurs dans le monde anglo-saxon, le travail de l'auteur pour défendre son livre sur le terrain, constitue une part importante de la promotion de l'œuvre. En effet, la présence même de l'auteur suscite l'événement, et peut se traduire en retombées médiatiques importantes.

C'est ainsi que David Lodge en arrive à se désoler du sort de l'auteur pour qui il n'est aujourd'hui plus possible d'attendre sereinement que l'éditeur et la presse professionnelle fassent leur travail. Dès la signature du contrat pour son livre, l'auteur doit prévoir de prendre part à l'ensemble de la démarche promotionnelle : « Si vous êtes un romancier avec une réputation particulière, pour la publication d'un roman, il n'est plus nécessaire d'envoyer le manuscrit et d'attendre neuf mois que les articles critiques paraissent. Il vous faut plutôt effectuer des négocations délicates, par l'intermédiaire de votre agent, sur les termes du contrat, et peut-être même passer par une vente aux enchères. Une fois le contrat signé, il s'agit de voir avec l'éditeur le timing pour la sortie du livre, les éléments graphiques pour la couverture et les autres détails concernant la production de l'ouvrage. Vous serez peut-être amené à parler à la force de vente de l'entreprise, ou bien de participer à une convention de libraires »[281].

Outre le choix de la couverture, ainsi que les décisions d'avant-vente auxquelles l'auteur est amené à consacrer du temps, celui-ci paraît inévitablement piégé dans une machine commerciale exigeant sa présence à tout moment : conférences, tables rondes, séances de signature. La disponibilité de l'auteur ainsi que son aptitude à se médiatiser paraissent alors constituer les principaux sujets de préoccupation des éditeurs. L'éditeur américain Richard Marek rapporte une question fréquemment entendue dans le milieu : « L'ironie du sort veut que le média le plus immédiat qui soit – la télévision – exerce une influence considérable sur la décision d'achat d'un livre. "Est-ce qu'il (ou elle) passe bien à l'écran ?" est une des questions le plus souvent posées au sujet des auteurs. Il semble souvent que la capacité à se présenter (sans parler de l'apparence physique) est plus importante que la capacité à écrire, et cela se justifie. Il est

---

[281] Lodge, David. *The Practice of Writing*, London: Penguin, 1997. pp. 13-14.

évident qu'une prestation remarquée dans l'émission d'Oprah ou dans celle de Donahue influencera les ventes bien davantage que les compétences d'un écrivain pour l'organisation de son matériau ou des idées qu'il souhaite mettre en avant »[282].

Malgré son ironie, ce commentaire montre bien que pour une large part des auteurs anglo-saxons, cette question est loin d'être une simple plaisanterie. Doris Lessing explique : « Les écrivains plaisantent tristement sur le fait qu'une fois le livre écrit, il faut le vendre. Ce n'est pas une plaisanterie. Il m'a fallu trois mois et demi de ma vie – de ma vie d'écrivain – pour "promouvoir" *Under My Sin* en Grande Bretagne et aux Etats-Unis, en Hollande, en Irlande et en France »[283]. Et Doris Lessing est loin d'être le seul écrivain à apporter ce type de témoignage. Certes tous les auteurs ne vivent pas ce jeu médiatique comme une contrainte. Cela peut également être un plaisir auquel l'auteur peut s'adonner, mais aussi parfois se fourvoyer. Dadid Lodge l'avoue : « L'égo de l'écrivain reçoit peut-être quelque gratification au contact des lecteurs admiratifs ou du public lors de lectures publiques… Il n'est pas exclu qu'il ou elle soit satisfait (e) de sortir de la maison, d'échapper à la solitude du travail, de partir pour l'étranger aux frais d'un autre »[284].

Cette obligation engendre ce que Lodge nomme « literary lifestyle » et qu'il résume ainsi : « Le danger est que le monde médiatique encourage chez l'auteur la vanité, la jalousie et la paranoia qui sont des tendances intrinsèques chez les écrivains. Le danger est que tous les entretiens, conférences, séances de signature, festivals, etc., consommeront du temps et de l'énergie qui auraient dû être consacrés à la production d'un nouveau travail. Le danger le plus important est peut-être que la conscience que l'auteur se fait du marché se trouve aiguisée et que cela interfère avec la dimension artistique en limitant l'innovation et l'ambition d'une œuvre qui devient alors moins susceptible d'explorer un territoire nouveau »[285].

Certes le climat actuel encourage les auteurs à se considérer non plus uniquement comme des artistes mais également comme des professionnels

---

[282] Richard Marek, "How Books Are Chosen", *Editors on Editing*, New York, Grove Press, 1993 p. 87.
[283] Doris Lessing, *Walking in the Shade*, London: Flamingo, 1997, p. 97.
[284] De nombreux auteurs ont critiqué les tournées promotionnelles, comme le montre les extraits de mémoires et de courriers dans la biographie Jack MacClelland par King. De même, Flannery O'Connor n'aimait pas les entretiens qu'elle subissait : « Lors des entretiens j'ai l'impression d'être une vieille vache que l'on trait. Il est impossible de savoir ce qu'ils vont me faire dire ». Flannery O'Connor, *The Habit of Being : Letters of Flannery O'Connor*, ed. Sally Fitzgerald, New York: Farrar, Straus and Giroux, 1979, p. 306.
[285] Lodge, David, *op. cit.*, pp. 14-15.

impliqués dans un partenariat avec le monde de l'entreprise. Mais il convient toujours de faire la part de ces deux composantes du métier actuel de l'écrivain. C'est ainsi que Margaret Atwood préconise de procéder en deux temps. Dans *Negotiating with the Dead*, elle s'appuie sur la théorie de Lewis Hyde sur la commercialisation de l'art pour dissocier la sphère du don et celle du commerce. La démarche que proposent Hyde, puis Atwood, est la suivante : « D'abord l'artiste s'autorise à sortir de l'économie du don qui est la relation première avec son art pour se réconcilier avec le marché. L'artiste qui ne souhaite ni perdre son don ni crier famine se constitue une sphère protégée pour la création, mais une fois le travail effectué, il s'autorise quelque contact avec le marché »[286].

Si ce partage des tâches est possible en théorie, dans la pratique il n'est pas rare de voir le champ commercial prendre le pas sur l'espace de création et il n'est pas toujours facile – voire possible – pour un auteur de sauvegarder une saine séparation entre l'un et l'autre. En outre, comme le souligne Douglas Gibson, la plupart des écrivains – et tout spécialement certains jeunes avides de succès – placent leur priorité non pas dans le travail de l'écriture mais dans le recrutement d'un agent susceptible de mieux défendre leurs intérêts et de leur donner une meilleure visibilité dans le monde – le commerce dirait-on – du livre.

La situation est-elle aussi dramatique en France ? Alberto Manguel, qui a écrit plusieurs articles sur le sujet, n'hésite pas à dire que notre pays est sans doute encore suffisamment protégé de ce phénomène. Nous aurons l'occasion de revenir sur ce débat.

3.2. Les médias

3.2.1. Journaux et magazines

Les journaux et magazines qui assurent la promotion des livres dans le monde anglo-saxon sont peu connus en France, à l'exception sans doute du *Reader's Digest*[287], dont la réputation est internationale. Si, contrairement au Reader's Digest, peu de journaux assurent non seulement un soutien promotionnel mais également une mise en vente directe, les relais au niveau de la distribution sont facilités par la vente sur Internet ainsi que par la mise en ligne de « microsites » (souvent reliés aux sites des éditeurs) pour la promotion de livres et d'auteurs phares.

Quelques-uns des supports nationaux proposent une section « Book Reviews » : *The Globe and Mail* [Toronto], *The National Post* [Toronto],

---

[286] Hyde, Lewis, *The Gift*. London: Random House, 1999, pp. 274-275.
[287] http://www.readersdigest.ca.

Canadian Author and Bookman, Toronto Life. Cette liste est également à compléter au niveau régional par de nombreux journaux d'intérêt général ou spécialisés.

Par ailleurs, selon les secteurs de livres, différents organes sont sollicités. Pour les ouvrages universitaires, la plupart des presses universitaires proposent des sections intitulées « Reviews ». Nous l'avons vu, pour la littérature, les organes sont les suivants : *The Literary Review of Canada, Canadian Literature, Essays on Canadian Writing, Studies in Canadian Literature, University of Toronto Quarterly*. Pour chaque domaine, on recense des revues spécialisées. Certains organes de presse se spécialisent dans le domaine des « reviews » comme par exemple « Books in Canada »[288]. Enfin, l'incontournable presse professionnelle comprend le *Quill & Quire*[289], revue de l'industrie du livre canadienne établie en 1935. Cette revue, diffusée en plus de 5 000 exemplaires, est une source importante de critique, offrant l'aperçu le plus récent et le plus complet sur les nouveaux livres publiés au Canada. *Quill & Quire* publie également de l'information sur l'industrie du livre au Canada. Ces informations sont accessibles en ligne pour les Canadiens abonnés[290] ou bien par l'intermédiaire d'un annuaire imprimé, mis à jour chaque année, *Book Trade in Canada or Canadian Publishers Directory*.

Pour davantage d'information concernant les périodiques, on peut faire une recherche à partir des sociétés savantes canadiennes[291] ou bien consulter des index du type « Repère » pour les périodiques en langue française, ou « Book

---

[288] http://www.booksincanada.com.
[289] www.quillandquire.com
[290] Le site Internet de *Quill & Quire* pour les abonnés est Q&Q Omni.
[291] « Au Canada, les sociétés savantes désignent les nombreuses organisations d'érudits qui organisent annuellement un congrès de la fin mai à la mi-juin dans une université différente. Les membres des sociétés y assistent non seulement pour entendre et discuter des communications savantes relatives aux derniers travaux dans leur domaine respectif, mais aussi pour renouer le contact et partager leurs préoccupations. La réunion de ces associations en un seul lieu à un moment donné est un concept typiquement canadien qui découle davantage de considérations pratiques que d'une volonté de planification. Étant donné les distances au Canada, le choix d'une université offrant des installations appropriées est une solution économique qui permet aux congressistes d'assister aux rencontres d'autres sociétés que la leur et de visiter différentes régions géographiques. La Société Royale du Canada dont le siège est à Ottawa, donne l'exemple en se déplaçant pour des congrès annuels à Montréal, à Kingston et à Toronto. Des associations plus jeunes et plus spécialisées, œuvrant par exemple dans le domaine de l'histoire, des sciences politiques et de l'économie, emboîtent le pas en organisant leurs propres réunions en même temps ou juste après celle de la Société royale du Canada. Au cours des années 30, la tenue d'une conférence annuelle d'érudits en un lieu différent est déjà une coutume bien établie bien que l'on favorise le centre du Canada, où sont situées la plupart des universités les plus importantes. http://thecanadianencyclopedia.com.

Review Index » ou encore « Book Review Digest » pour les périodiques en langue anglaise.

3.2.2. Les émissions littéraires

Selon les professionnels, l'intérêt des médias pour le livre est insuffisant au Canada. Selon Louise Dennys, les journaux consacrent insuffisamment d'espace au livre et les émissions de télévision ont une courte durée de vie au Canada[292].

Imprint, le programme inspiré du modèle français de Bernard Pivot, démarre en 1988 pour être annulé en 2005. *Imprint* avait cependant réussi à inviter sur son plateau des figures célèbres telles Salman Rushdie, Margaret Atwood, David Cronenberg, Leonard Cohen, John Irving, Julian Barnes, Amiri Baraka and Harry Allen [293]. Bien que la décision arbitraire de TVOntario en 2005 donne lieu à une controverse, aucun remplacement n'est proposé dans l'immédiat. Sans doute le Canada est-il une fois de plus victime d'une invasion d'émissions télévisées des Etats-Unis (comme celles d'Oprah Winfrey), laissant peu de place à une production canadienne.

Si le sort des émissions littéraires à la télévision paraît décevant, la radio, en revanche, offre un dynamisme étonnant. C'est Radio-Canada qui propose les émissions littéraires les plus connues ainsi qu'une animation culturelle encourageante pour les nouveaux talents. Depuis les années 1970, la radio est un puissant vecteur de promotion pour les livres[294]. Peter Gzowski, journaliste

---

[292] « Nous n'avons pas assez de lieux pour parler des livres. Nous n'avons pas de support médiatique littéraire. On a une section dans le *Globe and Mail*. Nous avons une page dans un journal national. Notre plus grand problème est l'absence d'appareil critique médiatique. Et mon prochain rendez-vous aujourd'hui est avec Tina Srebotnjak. Tina Srebotnjak était la présentatrice d'une très bonne emission littéraire *Imprint*. Il y a quelques semaines, cette émission a été supprimée et nous étions très déçus car c'était une très bonne émission ». Entretien avec Christine Evain, Toronto, mai 2005.

[293] « *Imprint* était une emission à la télévision canadienne diffusée sur TVOntario, BookTelevision, Knowledge Network et, pour une saison, PBS. Inspirée de l'émission littéraire de Bernard Pivot *Apostrophes*, Imprint invitait des auteurs lauréats et des journalistes, commentait les dernières tendances dans le monde du livre et évoquait les débats littéraires du moment. […] Daniel Richler présenta l'émission à partir de 1988 jusque dans les années 1990, et fut remplacé par Mary Hynes. Enfin le programme fut présenté par Tina Srebotnjak. La décision de TVOntario d'annuler le programme en 2005 fût très contestée ». Wikipedia.

[294] « *Morningside* est un programme de la radio canadienne CBC, diffusé de 1977 à 1997 – succédant à *This Country in the Morning*, de 1971 to 1977. Présenté à ses débuts par Don Harron, le programme devint célèbre avec Peter Gzowski, présentateur de l'émission à partir de 1982. Le programme était un mélange d'actualités et de nouvelles d'intérêt général diffusé tous les jours de 9 heures à midi. Shelagh Rogers et Stuart McLean furent fréquemment invités sur ce programme. *Morningside* s'est avéré être le

légendaire, fait de l'émission « Morningside » un des programmes les plus populaires au Canada à partir de la fin des années 70. Cet immense succès, qui durera plus de vingt ans, est suivi d'autres réussites, plus modestes toutefois après son départ. Aujourd'hui de nombreuses initiatives de Radio-Canada contribuent à dynamiser la promotion culturelle : ainsi, le concours des prix littéraires Radio-Canada récompense des œuvres originales et inédites dans les deux langues officielles. Il comprend trois catégories : nouvelle, poésie et récit, et les prix, offerts par le Conseil des arts du Canada totalisent 60 000 $. En outre, les œuvres gagnantes sont publiées dans le magazine *en Route* d'Air Canada et Radio-Canada, ce qui offre de la visibilité aux gagnants et à leurs œuvres sur l'une ou l'autre de ces plateformes.

3.2.3. Les prix et les concours

L'attention portée aux prix littéraires au Canada a augmenté en fonction de l'essor national de l'industrie du livre. En effet, le système des prix a pour effet d'encourager non seulement les auteurs lauréats mais également tous les acteurs de la chaîne du livre, y compris, bien évidemment, les éditeurs. Le *Canada Council* a su accorder une importance aux prix littéraires, avant même de se lancer dans le soutien à l'industrie par le truchement de ses différents programmes d'aide. La série de prix baptisée Governor General's Literary Awards n'a fait que gagner en notoriété depuis sa création en 1936.

Parmi les prix canadiens les plus prestigieux, il faut retenir le Giller Prize (créé par un homme d'affaires de Toronto, Jack Rabinovitch, en 1994). Ce prix récompense de 25 000 $ canadiens la meilleure fiction de l'année (roman ou recueil de nouvelles). Bien que ce prix soit relativement récent, il est sans doute le plus attractif. La somme offerte dépasse largement celle du Governor General's Award, tout en demeurant inférieure à celle accordée par le Booker Prize (50 000 £).

L'historique des prix est le suivant :

Avant les années 1920, il n'existe aucun prix annuel pour les auteurs d'œuvres littéraires de langue anglaise au Canada. Progressivement au cours des années 1920 et 30, la vie littéraire s'anime et des compétitions s'organisent. De tous les prix créés dans ces années, le prix du Gouverneur général est devenu le plus important au Canada. Il est attribué pour la première fois en 1936 par la

---

programme radio de CBC qui remporta le plus grand succès. Lorsque Gzowski prit sa retraite, *Morningside* ainsi que *Sunday Morning* furent remplacés par *This Morning*, présenté par Michael Enright et Avril Benoit ». Wikipedia.

Canadian Authors Association CAA. Deux autres prix créés dans les années 1930 existent encore mais sont relativement peu connus en dehors du Canada[295].

Parmi les prix littéraires institués dans les années 1940, le Stephen Leacock Memorial Medal est sans doute le plus renommé[296], puis le Book of the Year Medal for children's books, décerné depuis 1947 à l'auteur du meilleur livre pour la jeunesse par l'Association canadienne des bibliothécaires pour les enfants[297]. Dans les années 1950, de nombreux prix sont créés parmi lesquels se trouvent des prix décernés par des universités et des sociétés savantes[298]. Plusieurs autres prix, tels le MacLean's Magazine Novel Award (de 1953 à 1957) n'ont existé que quelques années.

Le Prix Molson est le prix le plus prestigieux instauré au cours des années 1960, grâce à une dotation de la Fondation Molson au Conseil des arts du Canada. Deux prix de 50 000 $ chacun sont attribués chaque année pour une contribution exceptionnelle à tout domaine de la culture. Parmi les autres prix

---

[295] « l'Alberta Poetry Contest, lancé en 1930 par la section d'Edmonton de la CAA, permet aux œuvres des gagnants d'être publiées dans sa série *Alberta Poetry Year Book* de 1930 à 1990. Les divers prix attribués par le Festival national d'art dramatique (aujourd'hui Théâtre Canada) de 1934 à 1969 sont fort prisés jusqu'en 1970, date à laquelle le festival cesse d'organiser des concours et il est dissout en 1978. Le Canadian One-Act Playwriting Contest, institué en 1937 par l'Ottawa Little Theatre, présente sa 68e compétition en 2007 ». The Canadian Encyclopedia.

[296] Créé en 1947, il est décerné au meilleur livre humoristique : « En 1973, la Compagnie d'assurance Manu-Vie y ajoute un prix en argent, dont diverses compagnies, notamment la compagnie de la baie d'Hudson et J. P. Distillers se chargent de l'attribution au fil des ans. Le Groupe financier de la Banque TD devient le commanditaire du prix de 10 000 $ en 2004 ». *Ibid.*

[297] La liste des prix datant de cette époque ne s'arrête pas là : le Provincial Chapter of Ontario Short Story Competition de l'IODE, créé en 1948 ; l'Eaton Short Story Competition, lancé en 1948 par le Women's Canadian Club de Winnipeg et la section de la CAA de la même ville (son nom actuel est adopté en 1960 lorsque la compagnie T. Eaton y ajoute une contribution en argent) ; enfin, le Nova Scotia Poetry Contest, créé en 1949 par le Nova Scotia Centre of the Poetry Society of England. Figurent aussi le Ryerson Fiction Award, attribué 14 fois par la Ryerson Press entre 1942 et 1960, le O'Leary Newfoundland Poetry Awards (1944-1955) et le IODE Annual Book Contest (1946-1957) parrainé par la section de l'Alberta.

[298] Les prix d'excellence de l'Université de l'Alberta en littérature, en musique, ainsi qu'en peinture et arts connexes, l'University of British Columbia Medal for Popular Biography, la Médaille du Président de l'Université de Western Ontario, créée pour compléter les prix du Gouverneur général et pour reconnaître les œuvres parues dans des revues, la Médaille Chauveau de la Société royale (annuelle jusqu'en 1966, attribuée tous les deux ans depuis et accompagnée d'une somme de 1 000 $) et la Government of Newfoundland and Labrador Arts and Letters Competition.

établis dans les années 1960, l'encyclopédie canadienne cite : « le prix Vicky Metcalf, pour la littérature jeunesse, le Beaver Trophy, accordé par la compagnie de la baie d'Hudson d'Edmonton, le CAA Vancouver Branch Award, l'Alberta Playwriting Competition, et le Dr William Henry Drummond National Poetry Contest. Le Doubleday Canadian Prize Novel Award (de 1961 à 1967), d'une valeur de 10 000 $, attribué à un premier roman, n'existe plus ».

Le nombre, la valeur et le prestige des prix littéraires ne cesse de croître malgré quelques créations éphémères. Plusieurs associations créent des prix afin de rivaliser avec les prix littéraires du Gouverneur général – y compris la Canadian Author's Association qui, en 1973 attribue pour la première fois les médailles d'argent destinées à remplacer les prix du Gouverneur général alors même qu'elle administrait ces prix avant 1971. En 1975, les romans Harlequin ajoutent un prix aux médailles.

En 1979, Robert Weaver, le réalisateur de la SRC, crée les Canadian Literary Awards, ensuite appelés, à partir de 2000, les CBC Literary Awards : ils s'élèvent à 6 000 $ et sont commandités par le Conseil des arts du Canada et Air Canada. En 1982, le Writers' Development Trust et le Festival national du livre commanditent le premier Writers' Awards, qui s'est développé depuis pour atteindre 11 prix annuels totalisant 150 000 $. En Alberta, à la fin des années 1970, l'*Edmonton Journal* lance l'Edmonton Journal Awards, et, au début des années 1980, les Writers Guild of Alberta Awards sont créés. Plusieurs autres prix voient le jour entre les années 1970 et les années 1980[299].

Les prix attribués pour un premier roman sont très populaires. Le Seal Books First Novel Award, d'un montant de 50 000 $, qui bénéficie d'une très grande publicité, aide à lancer les nouveaux auteurs à la fin des années 1970 et dans les années 1980. Le Books in Canada First Novel Award, attribué pour la première fois en 1977 et financé précédemment par SmithBooks and Chapters, est maintenant commandité par Amazon et se chiffre à 7 500 $.

De nombreux prix littéraires attrribués dans les Provinces s'adressent aux auteurs de premiers ouvrages, comme celui de l'Association canadienne des distributeurs de livres qui honore les auteurs, les éditeurs et les distributeurs. Parmi les nouveaux prix dans cette catégorie, le plus original est sans doute l'International 3-Day Novel Writing Contest, institué par Steve Osborne de Pulp Press (« lors d'une soirée dans un bar », déclare-t-il[300]) à Vancouver en 1977. Ce

---

[299] Entre autres : le City of Toronto Book Award (depuis 1973), l'IODE Book Award (depuis 1974), le prix littéraire Canada-Australie (depuis 1976), remis à un Canadien une fois tous les deux ans. Les British Columbia Book Prizes sont décernés pour la première fois en 1985. Les Ottawa Book Awards sont créés en 1986, et le premier Vancouver Book Award est décerné en 1989.
[300] Entretien avec Christine Evain à Vancouver, juillet 2006.

prix est maintenant présenté par une société indépendante. Cet événement annuel est ouvert aux auteurs du monde entier.

La plupart des nouveaux prix pour la poésie ont été intégrés aux prix de littérature générale[301]. La League of Canadian Poets administre également deux prix de poésie[302]. Le magazine littéraire *Malahat Review* organise un concours de poèmes longs depuis la fin des années 1980. Le prix de poésie le plus célèbre aujourd'hui, et le plus lucratif, est le Griffin Prize sur lequel nous reviendrons.

Par ailleurs, certains prix distincts ont été créés pour le théâtre, la littérature de jeunesse, les études et essais, et l'encyclopédie canadienne en dresse la liste[303].

---

[301] Par exemple le Writers' Trust Bronwen Wallace Memorial Award et le Canadian Authors' Association Poetry Award.

[302] Le Pat Lowther Memorial Award, pour l'œuvre d'une femme poète, et le Gerald Lampert Memorial Award, décerné à l'auteur d'un premier ouvrage de poésie.

[303] La Canadian Authors' Association décerne un prix pour la meilleure pièce écrite en anglais depuis 1976 ; ce prix a été nommé en mémoire de la dramaturge Carol Bolt en 2002. Parmi les autres prix de théâtre prestigieux figurent le Chalmers Award, géré par le Chalmers Fund, et le Dora Mavor Moore Award à Toronto. Le prix pour les arts de la scène le plus prestigieux est le Siminovitch Prize, s'élevant à 100 000 $, décerné annuellement depuis 2001 à un dramaturge, à un réalisateur ou à un concepteur. En plus des prix du Gouverneur général décernés à l'échelle nationale, divers prix littéraires provinciaux reconnaissent l'évolution et l'excellence de la littérature jeunesse canadienne, tels que le Red Maple Award de l'Ontario, le Rocky Mountain Book Award de l'Alberta et le Ann Connor Brimer Award de la Nouvelle-Écosse. On compte également parmi les prix de littérature jeunesse, plusieurs prix administrés par la Canadian Library Association. Les Mr Christie's Book Awards ont été décernés de 1989 à 2003. *Jacob Two-Two Meets the Hooded Fang* de Mordecai Richler est le premier ouvrage à recevoir le Ruth Schwartz Memorial Award (créé en 1976, et renommé le Ruth and Sylvia Schwartz Children's Book Award en 2004). Le Vicky Metcalf Award, s'élevant maintenant à 15 000 $ et administré par le Writers' Trust, est décerné pour la première fois en 1963. Le TD Canadian Children's Book Award, institué en 2004 par le Canadian Children's Book Centre et le Groupe financier de la Banque TD, permet d'attribuer 20 000 $ à chacun des meilleurs livres pour enfants en anglais et en français. Parmi les nouveaux prix pour les études et les essais créés dans les années 1970, citons le Sainte-Marie Prize in History, l'Alberta Non-Fiction Award, le Evelyn Richardson Memorial Award (pour les résidents de la Nouvelle-Écosse) et le Saskatchewan Native Writers' Contest. Le Writers' Trust décerne un prix d'une valeur de 15 000 $ pour les études et les essais depuis 1987, il est commandité par Nereus Financial depuis 2006. Notons parmi les prix littéraires de l'Association canadienne des distributeurs de livres, une catégorie réservée aux études et aux essais depuis 1988. Tous les prix littéraires provinciaux et bon nombre de prix littéraires municipaux comptent maintenant un prix pour les études et les essais. Le Lionel Gleber Prize (créé en 1989) accorde chaque année 15 000 $ à la meilleure œuvre de la catégorie études et essais traitant de relations

Depuis la fin des années 1980, on assiste encore à la création de nouveaux prix lucratifs. Par ordre chronologique citons :

- le Prix Trillium (1987) de 20 000 $, décerné aux ouvrages publiés ou écrits en Ontario.

- James A. Michener a fait don de tous les droits d'auteur canadiens de son roman *Journey* (1988) pour créer le Journey Prize. Le prix est décerné à la meilleure nouvelle parue dans un journal littéraire (10 000 $ à l'auteur et 2000 $ au journal).

- Le prix Giller (40 000 $), est remis à l'auteur du meilleur roman ou recueil de nouvelles canadien publié en anglais – précédemment cité.

- Le Rogers Communications Writers' Trust Fiction Prize (1997) de 15 000 $.

- Le W.O. Mitchell Literary Prize pour un même montant est créé simultanément : ce prix honore l'ensemble d'une œuvre.

- Le Matt Cohen Award (2000) de 20 000 $, décerné pour l'œuvre de toute une vie ou une œuvre exceptionnelle publiée par un auteur canadien.

- Le Writers' Trust lance le prix Timothy Findley (2003) de 15 000 $, décerné à un auteur masculin pour l'œuvre qu'il a réalisée en milieu de carrière.

Malgré son faible impact commercial, revenons sur le Scott Griffin Prize pour en expliciter l'originalité. Ce prix décerné pour la poésie bénéficie d'une solide couverture médiatique internationale qui lui donne un prestige incontesté. C'est grâce à ce type de médiatisation que la poésie et, partant, la littérature canadienne, étendent leur notoriété internationale. Ce prix s'adresse à tous les auteurs du monde, à la condition qu'il existe au moins une traduction du texte publiée en anglais. Ainsi, au-delà des auteurs canadiens qui participent largement à ce concours, bon nombre d'auteurs d'autres langues et cultures se présentent. Par voie de conséquence, c'est le dynamisme même de la scène culturelle canadienne qui est mis en lumière ici. Scott Griffin explique : « Nous emmenons maintenant les poètes à l'étranger et cela fait partie du processus d'attribution des prix. L'année dernière, nous les avons emmenés à Londres, cette année à Dublin, pour qu'ils donnent des lectures. Et cela aide non seulement à établir la

---

internationales. Le Charles Taylor Prize, institué en 2000, offre 25 000 $ et un appui promotionnel pour la meilleure œuvre littéraire de cette catégorie. Le Shaughnessy Cohen Award, créé également en 2000 et d'une valeur de 15 000 $, est décerné à un écrit politique.

réputation du prix mais également à donner de la notoriété aux poètes […] auprès de tous ces publics différents, dans tous ces pays différents »[304].

L'envergure internationale du concours est évidemment soulignée par le choix de la langue anglaise : « Combien de langues allions-nous accepter ? Et même si notre prix avait été national, nous aurions eu cette difficulté car il est impossible d'avoir un prix canadien sans accepter le français et l'anglais. Et dans le cas d'un prix international pourquoi le français et l'anglais et pas l'espagnol, l'italien, etc. ? Alors nous avons décidé : "Ce sera seulement l'anglais mais nous accepterons des traductions". Mais ensuite on s'est dit : "Comment traduire de la poésie ? On ne peut pas". Cependant il y a beaucoup de traducteurs qui deviennent des poètes eux-mêmes en travaillant sur des traductions. Donc nous avons donné aux traducteurs 60% du prix et aux auteurs 40%. Et nous recevons 20 ou 30 traductions par an. Et elles viennent de partout : de Slovénie, de Corée du Sud, du Brésil »[305].

Les résultats de l'expérience vont bien au-delà de ce que l'on pouvait imaginer. En 2000, l'année du lancement du prix, le public de l'événement était d'environ 175 personnes. En 2005, il était de plusieurs centaines de personnes. Quant au nombre de candidatures, il dépassait cette année-là les 430. Ce chiffre continue de grimper. Le Prix Scott Griffin débouche chaque année sur la publication d'une anthologie qui se vend à 2000 exemplaires, ce qui, dans le domaine confidentiel de la poésie, est un excellent résultat.

Les prix littéraires ne sont pas nécessairement des entreprises de philanthropie : ils permettent de gagner en notoriété[306], et parfois, les prix sont à l'origine de solides bénéfices financiers. C'est la raison pour laquelle les éditeurs s'y intéressent. Voyons maintenant ce que représentent ces bénéfices.

3.2.4. L'impact des prix, des sélections et des listes de best-sellers sur les ventes

Il suffit de consulter les sites des webrairies canadiennes pour saisir l'importance que les détaillants accordent aux prix littéraires, aux sélections et aux listes de best-sellers. Le site de la principale chaîne de distribution canadienne, Chapters-Indigo, intègre 7 prix littéraires dans ses critères de

---

[304] Entretien avec Christine Evain, Toronto, mai 2005.
[305] *Ibid.*
[306] Pour donner un exemple récent, le forum Lire le Canada permet de mettre en avant la Bibliothèque nationale du Canada. En effet, l'année 2003 marque le 50ᵉ anniversaire de la Bibliothèque nationale du Canada et le 30ᵉ anniversaire de l'Association d'études canadiennes. En collaboration avec des partenaires des domaines de l'édition, de l'écriture et de l'alphabétisation, l'Association d'études canadiennes et Bibliothèque et Archives Canada présentent *Lire le Canada : Les bénéfices publics et les plaisirs privés de la lecture.*

recherche : le Dublin IMPAC Award, les Governor General's Literary Awards, le Man Booker Prize, l'Orange Prize, le Pulitzer Prize, le Charles Taylor Prize et enfin le Giller Prize. Trois de ces prix offrent une large sélection de plus de 700 titres pour le Governor General's, plus de 300 pour le Booker, en enfin 66 pour le Giller, Toutefois l'outil promotionnel le plus puissant pour l'Amérique du Nord reste bel et bien la sélection d'Oprah Winfrey, dont le club sur le site américain Amazon.com offre plus de 400 titres. Chapters-Indigo tient également compte de cette sélection (« Oprah's picks »), mais en propose aussi d'autres, parmi lesquelles on trouve le Readers Choice top 100, Globe 100 et « Heather's picks ». Cette initiative est aujourd'hui en passe de devenir une référence incontournable, sa crédibilité à la tête de Chapters-Indigo en étant la cause. En effet Heather Reisman est devenue une « célébrité du livre » dont l'image circule dans la publicité à la télévision comme à la radio. Mais Reisman précise que sa sélection est toujours authentique et sincère : « Ce sont mes livres, mes livres préférés, et il se trouve qu'il me faut aimer un livre passionnément pour le choisir. Nous faisons cela de manière formelle depuis environ 5 mois, depuis décembre, et, depuis deux mois, nous observons un intérêt remarquable du public sur les livres que nous choisissons »[307]. Elle dit ne faire que donner un caractère davantage formel à une habitude qu'elle a prise avec ses amies depuis de longues années. S'agit-il d'une concurrence aux « habitudes » d'Oprah Winfrey ? Ca n'est pas son opinion : « Je préfère ne pas faire de comparaison. J'ai beaucoup de respect pour ce qu'elle a fait. Mais puisque je recommande réellement des livres à mes amis – la liste de Heather existe depuis environ 30 ans – ceci n'est qu'une sorte d'extension de ce que je fais de toutes façons. Je ne le fais pas que pour les livres mais également pour la musique »[308].

Les exemples d'Oprah Winfrey et de Heather Reisman montrent en effet que certaines personnalités populaires peuvent avoir dans le monde de l'édition autant, sinon davantage, d'influence qu'un prix littéraire.

Par ailleurs, les éditeurs, tout comme les détaillants, capitalisent sur les retombées commerciales des prix littéraires. McClelland & Stewart et Random House proposent sur leur site une sélection de prix – chaque maison retient les prix pour lesquels sa performance est la plus remarquable : 15 prix sur le site de Random House Canada, dont 9 canadiens. Sur le site McClelland & Stewart, la liste des prix est plus importante, et se trouve divisée en 2 catégories : 57 dans la catégorie "National Awards" et 18 dans la catégorie "International Awards".

Il est difficile de chiffrer précisément l'impact des prix sur les ventes. Plusieurs études ont été menées. Richard Todd indique que le Booker Prize permet aux lauréats non seulement de vendre de 40 000 à 80 000 exemplaires

---

[307] Entretien de Heather Reisman avec Publisher's Weekly.
[308] *Ibid.*

supplémentaires, mais également aux titres sur la shortlist de faire quelques milliers de ventes supplémentaires : « Le Booker est réputé augmenter les ventes de l'ouvrage gagnant en grand format de 40 000 à 80 000 exemplaires. Pour les ouvrages sur la shortlist, les ventes augmentent d'un nombre à quatre ou cinq chiffres. Les chiffres de vente, gonflés par la presse, ne sont pas démentis par les éditeurs. Etre sur la shortlist du Booker permet d'accroître les ventes de 5 000 exemplaires »[309].

Ce phénomène date des années 1980 – une période décrite par David Lodge : « Une décennie consacrée à la culture d'entreprise, à la dérégulation et à l'internationalisation de la finance. Dans ce climat les maisons d'édition sont devenues des objets de convoitise pour la réalisation d'opérations de fusions et d'acquisitions. Des auteurs prestigieux ont pris une valeur marchande, tout comme des noms de marques sur le marché des produits de grande consommation, mais leur valeur était plus élevée que les sommes réellement générées par leurs livres – bien que ces derniers puissent, à l'occasion, produire beaucoup d'argent. Dans les années 1980, le Booker Prize, qui n'avait que peu d'effet sur les ventes dans la décennie précédente, a subitement développé une capacité à transformer les livres primés en bestsellers »[310].

Ainsi un prix tel que le Booker Prize paraît donner à ses lauréats une très large visibilité et contribue, d'une manière générale, à placer une littérature régionale ou nationale sur la scène internationale. Comme nous l'avons vu, la liste des auteurs canadiens ayant obtenu des prix européens tels le Booker, le Médicis, le Goncourt et les Orange s'allonge chaque année et contribue à expliquer le succès récent de la littérature canadienne.

4. Comment conclure sur le Canada anglophone ?

Au Canada anglophone, comme nous le verrons pour le Québec, l'industrie du livre a toujours été précaire, l'histoire du pays étant marquée par les dominations étrangères. La distribution est coûteuse à cause de l'immensité du territoire. Le marché est restreint car le pays faiblement peuplé par rapport aux Etats-Unis. En outre, jusque dans les années 1970, les éditeurs canadiens rentabilisent difficilement leurs initiatives car les exportations sont difficiles et les négociations pour acquérir les droits des œuvres étrangères encore plus. En effet, les éditeurs canadiens sont généralement limités à leur propre territoire, parce que les éditeurs britanniques, américains détiennent les droits mondiaux

---

[309] Todd, Richard, *Consuming Fictions. The Booker Prize and Fiction in Britain Today*, London, Bloomsbury, 1996, p. 20.
[310] Lodge, David, *op. cit.*, p. 12.

des œuvres de leurs propres auteurs, et ne s'ouvrent pas à une production canadienne encore peu réputée.

Depuis les années 1970, le paysage est moins sévère pour les éditeurs canadiens. Les décisions de publier un auteur canadien ne sont plus des phénomènes d'exception. En outre, ces décisions, qui jadis étaient prises à New-York ou à Londres, appartiennent maintenant aux maisons canadiennes elles-mêmes. En effet, de nombreuses maisons canadiennes refusent d'être considérées comme de simples portails d'importations : elles exigent maintenant de produire des éditions canadiennes pour les auteurs étrangers commercialisés au Canada, et d'offrir une place suffisante dans leurs catalogues pour leur propre production. Si le rachat par les Américains de nombreuses structures canadiennes inquiète les professionnels et le grand public canadien, bon nombre de filiales américaines implantées au Canada ont compris l'importance de privilégier une production locale.

4.1. Exportation des auteurs et production nationale

Aujourd'hui le marché canadien est suffisant pour permettre aux auteurs nationaux de survivre. Toutefois, bien qu'un écrivain puisse se contenter de son propre marché, il a tout intérêt à vendre également ses livres à l'étranger. Quelques écrivains canadiens, depuis le siècle dernier, montrent l'exemple du succès sur les marchés étrangers (T.C. Haliburton, L.M. Montgomery, Farley Mowat, Margaret Atwood) – ce qui permet souvent d'affirmer que, s'il n'y avait pas d'industrie de l'édition au Canada, les auteurs nationaux seraient publiés ailleurs. C'est contre cet argument que s'insurgent les Canadiens. Les auteurs de l'encyclopédie canadienne se font le porte-parole des professionnels de l'industrie du livre et du public lui-même en affirmant : « On tient pour acquis qu'un bon livre canadien sera publié à l'étranger et qu'il fera son chemin jusque dans les librairies canadiennes, mais ce point de vue ne fait pas de distinction entre les services fournis par les industries culturelles de son propre pays et l'exportation normale de livres et l'échange d'idées par-delà les frontières. Les éditeurs étrangers sont en effet réceptifs à la littérature canadienne, mais aucun ne fait pour les écrivains canadiens ce que font Jack McClelland, Jack Stoddard, Jacques Hébert, Pierre Tisseyre et Louise Dennys. À l'éditorialiste du *Globe and Mail* qui déclare dans le numéro du 23 mars 1994 que rien ne prouve que la nationalité d'un éditeur change quoi que ce soit aux livres qu'il publie, l'éditeur Anna Porter répond : "Les éditeurs canadiens publient entre 75% et 85% de tous les livres écrits par des auteurs canadiens". Un rapport de 2006 émanant de l'*Association of Canadian Publishers* confirme cette tendance en spécifiant que "85% des livres écrits par des Canadiens sont publiés par des sociétés appartenant à des Canadiens" »[311].

---

[311] http://thecanadianencyclopedia.com.

Les chiffres permettent effectivement de souligner une forte corrélation entre auteurs canadiens et maisons d'édition canadiennes, justifiant pleinement l'implication des auteurs eux-mêmes dans le phénomène de développement des maisons d'édition dans les années 1970.

4.2. L'implication des acteurs de la chaîne du livre

En s'impliquant dans la création de petites maisons, en se regroupant également au sein d'activités politiques, non seulement au profit de leurs livres mais aussi au nom des industries culturelles canadiennes, les auteurs sont les premiers à susciter le changement sur la scène de l'édition canadienne. Désormais, tous les professionnels de la chaîne du livre prennent le relais.

Non seulement les auteurs, mais également les éditeurs et les détaillants ont créé des groupements professionnels en suscitant la contribution financière du gouvernement. Le système d'aide est fermement défendu et renouvelé d'année en année depuis sa mise en place progressive dans les années 1970.

Par ailleurs, la promotion des écrivains s'effectue, nous l'avons vu, de plusieurs façons. L'animation culturelle, jugée encore insuffisante, permet de créer l'intérêt du grand public.

Harbourfront organise à Toronto, à chaque rentrée depuis 1980, un Festival international d'auteurs qui attire des écrivains et des auditoires du monde entier. En automne, les libraires et le grand public participent aux festivals *The Word on the Street* qui se tiennent d'un bout à l'autre du Canada. Les nominations des auteurs canadiens à des prix littéraires nationaux et internationaux génèrent toujours des retombées médiatiques. Les émissions de la radio ainsi que l'organisation de concours à destination du grand public contribue à éveiller l'intérêt du pays pour la vie littéraire canadienne.

L'intérêt du grand public pour la littérature nationale est également le fruit du travail de l'école et de l'université. En effet, la promotion de la littérature canadienne commence à tous les niveaux d'enseignement. Les cours de littérature canadienne font aujourd'hui partie des programmes et sont facilités par des rééditions et des anthologies. Les auteurs eux-mêmes contribuent à ce travail d'archéologie littéraire : par exemple, Margaret Atwood ouvre le chemin, par son œuvre critique (notamment *Survival*), mais également par son travail d'édition d'une anthologie de la littérature canadienne qui commence au XVIIe siècle. Comme aux Etats-Unis et en Grande Bretagne, les universités canadiennes offrent des programmes d'écrivains résidents pour permettre aux écrivains de talent de poursuivre leur travail en touchant un salaire régulier. Pour faire connaître les auteurs canadiens dans le milieu universitaire international, les programmes d'études canadiennes des universités étrangères se développent rapidement. Le dynamisme de ces programmes va de pair avec celui des périodiques littéraires qui permettent aux écrivains canadiens d'accéder à la scène littéraire internationale. Enfin, depuis la première Conférence des écrivains canadiens qui a eu lieu à Queen's University en 1954, de nombreux congrès contribuent à l'animation de la vie universitaire littéraire. En effet, les congrès des sociétés savantes et de l'Université de l'Alberta s'intéressent au problème de l'institution littéraire. Les universités organisent également des symposiums consacrés à un auteur, tels que ceux tenus chaque année à l'Université d'Ottawa, notamment sur Margaret Atwood en 2004 et sur Al Purdy en 2006.

Les institutions nationales et locales participent également au dynamisme de la vie littéraire. Outre les prix littéraires du Gouverneur général au niveau national, les gouvernements provinciaux décernent des prix littéraires tels que les Prix Trillium en Ontario. Des prix sont décernés par divers donateurs : les villes (Toronto et Edmonton), les sociétés et foncation privées (Molson, Chalmers et Giller), et, bien sûr, les maisons d'édition (Seal Books et Harlequin). Nous l'avons vu, la publicité autour de ces événements stimule fortement la vente des livres d'un auteur primé.

4.3. Pérégrinations depuis les années 1970

Après l'affirmation d'une production nationale dans les années 1970, les années 1980 et 1990 connaissent à la fois des améliorations et des perturbations du paysage. L'apparition de méga-librairies (Chapters, coentreprise de SmithBooks et Coles) donne davantage de visibilité aux œuvres canadiennes mais rapidement un excès de concentration à la fin des années 1990 (débouchant sur le rachat de Chapters par Indigo en 2001) devient néfaste pour l'ensemble de l'industrie. En effet, le quasi monopole Chapters-Indigo a mené une bonne partie du réseau des petits libraires indépendants à déposer le bilan. Les méga-librairies de la grande chaîne concentrent leurs efforts commerciaux sur les bestsellers et ne se risquent pas à promouvoir des livres de petites presses. Certains critiques affirment que les chaînes de distribution (américaines ou canadiennes) en arriveront à dicter les choix éditoriaux des grandes maisons.

Les mouvements de concentration ne touchent pas uniquement la distribution : ils ont également lieu – et ceci, depuis les années 1980 – au niveau des maisons d'édition : qu'elles soient britanniques américaines ou canadiennes, les maisons et filiales se trouvent absorbées par de grands groupes multinationaux. La logique commerciale s'impose : elle pousse les maisons à rechercher les succès de librairie plutôt qu'à se construire un fond. La crainte d'une domination américaine (justifiée, au niveau des maisons d'édition, par les vagues de rachats successifs, et, au niveau de la distribution, par l'implantation d'Amazon.ca et par les tentatives répétées de Barnes & Noble de pénétrer le marché canadien) demeure bien ancrée chez les Canadiens. En fait, elle traduit surtout un malaise croissant devant une mentalité résumée par l'expression « winner-takes-it-all ».

4.4. Le soutien de l'Etat

Pour combattre cette tendance d'un fonctionnement industriel qui s'appuie sur d'énormes rotations et des ventes importantes, le gouvernement intervient selon diverses modalités. Celles-ci évoluent au fil du temps : si les législations protectionnistes s'avèrent peu efficaces pour freiner les mouvements de concentration, le soutien financier de l'Etat, quant à lui, (dispensé sous des formes variées), est un élément clé du rayonnement de la production canadienne.

Nous avons souligné les résultats exceptionnels atteints par l'industrie du livre au Canada anglophone au cours de ces trois dernières décennies. Il ne faut pas perdre de vue que ce succès touche un faible pourcentage des auteurs canadiens. Bon nombre d'auteurs continueront à travailler dans l'obscurité, délaissés par un système qui ne choisit que très peu de vedettes. L'aide de l'Etat permet de ne pas abandonner le travail des ces auteurs aux caprices du marché et d'assurer la survie d'une production culturelle de qualité. Ainsi, si le Canada a réussi le double pari d'affirmer l'existence de son industrie du livre et de l'intégrer dans le contexte du commerce mondial, il poursuit ses efforts et continue, par sa politique d'aides gouvernementales, à défendre une qualité culturelle que la mondialisation fragilise inévitablement.

II. L'ESSOR QUEBECOIS.

Depuis la seconde moitié du XIXe siècle l'édition québécoise n'a pas manqué de vigueur. Les librairies Bauchemin et Granger Frères à Montréal et J.P. Garneau à Québec ont abondamment fourni l'essentiel de la production. Toutefois, celle-ci ne représente jusque dans les années 1960 que 10% à 20% des titres mis en circulation, les 90% puis 80% restants étant le produit de l'importation française, souveraine, principalement littéraire mais comprenant également une large proportion d'ouvrages scolaires[312]. L'essentiel du chiffre d'affaires de ces grandes librairies est donc le fait de l'importation, malgré la création locale de collections scolaires et d'ouvrages de jeunesse qui connaissent un vif succès.

La production québécoise commence à se manifester à l'extérieur du pays au début du XXe siècle, pour éclore avec la Révolution tranquille des années 1960 – période des dernières étapes de la décolonisation pour la France et de l'émergence de l'espace imaginaire et littéraire francophone – avec l'attribution des très parisiens, et donc très flatteurs Prix Médicis 1966 à Marie-Claire Blais, et Prix Goncourt 1979 à Antonine Maillet. En effet, la légitimation littéraire du Québec par la France représente un passage obligé, depuis les Parisianistes jusqu'à l'époque actuelle encore souvent marquée par l'avantage pour un auteur québécois d'être co-édité par une maison française pour être reconnu, y compris dans son pays.

Aujourd'hui l'édition québécoise, tout comme l'édition française, traverse des zones de turbulence. L'émergence brutale des nouvelles technologies, le raidissement des lois du marché, la présence parfois envahissante de la culture américaine et de l'édition française, ou encore la nécessité de diversifier le public forcent l'industrie du livre au Québec à se remettre en question. Comme dans l'ensemble du monde global, les tirages moyens baissent et les réseaux indépendants de diffusion se fragilisent. Le débat sur la nécessité d'établir un système de prix unique pour le livre s'inscrit dans cet esprit de survivance culturelle.

---

[312] Michon, Jacques, « L'édition au Québec entre l'autonomie culturelle et les logiques marchandes », in Michon, Jacques et Mollier Jean-Yves, dir., *Les mutations du livre et de l'édition dans le monde*, op. cit., p. 316-323.

1. Les principaux acteurs

Parallèlement à nos analyses précédentes, nous avons choisi de répartir les acteurs majeurs de l'édition québécoise en plusieurs catégories majeures : l'édition, la diffusion et la distribution, et la vente au détail, en soulignant les particularités québécoises de chacun des maillons.

1.1. L'édition

Même si l'édition de livres peut être considérée aujourd'hui comme la plus ancienne des industries culturelles québécoises, on sait qu'il n'y avait pas d'édition en Nouvelle-France sous le régime français. Les premières presses furent installées à Québec en 1764 et à Montréal 1776, et servaient à l'impression des journaux et des textes officiels du gouvernement, des lettres pastorales et des livres religieux, des manuels scolaires – religieux également – et des annonces publicitaires. Au XIXe siècle encore, on importe la plus large part de l'écrit, le commerce est largement dominé par les Anglais en vertu des lois sur la navigation abrogées en 1849. Quelques écrits littéraires paraissent, discrètement au début. Ce sont les *Épîtres, satires* de Michel Bibeau en 1830, le célèbre *L'Influence d'un livre* de Philippe-Ignace-François Aubert de Gaspé en 1837, et *Les Fiancés de 1812* de Joseph Doutre en 1844. Ainsi, l'édition québécoise ne se développe véritablement qu'au XXe siècle, et notamment à partir de 1940 quand l'isolement brutal de la France prive la francophonie de nouvelles publications. Jusqu'en 1947, 21 millions de livres sortent des presses québécoises, notamment des manuels scolaires destinés à l'Empire français. Le marché est nettement dominé par Fides et Variétés, mais de nouvelles maisons font leur apparition : L'Arbre-Robert Charbonneau, Les Éditions du Lévrier, Les Éditions du Lumen, Les Éditions du Mangin, Gérard Parizeau, la Société des Éditions Pascal, Jean-Guy Pilon, Victor Serge, Bernard Valiquette et d'autres encore. Mais au lendemain de la guerre la France parvient rapidement à reconquérir le marché et plusieurs éditeurs montréalais font faillite. Malgré cette brutale interruption, les éditeurs québécois ont acquis l'expérience du métier et se sont libérés de l'emprise du clergé et des mouvements nationalistes, et d'une certaine manière, d'une France omniprésente. Les succès de romanciers comme Gabrielle Roy et Roger Lemelin démontrent que les Québécois sont désormais à même de produire au-delà des manuels scolaires.

Sous la direction de Jacques Michon, les divers auteurs de *l'Histoire de l'édition littéraire au Québec au XXe siècle*, insistent sur cette difficile émergence de l'édition québécoise :

« La montée en puissance de l'éditeur littéraire durant la Seconde Guerre mondiale ouvre un nouveau chapitre de l'histoire du livre au Québec. En prenant le relais de l'édition parisienne affaiblie par la guerre, l'éditeur québécois lance des collections, ouvre de nouveaux marchés et acquiert une grande notoriété à l'étranger. L'éventail de la production éditoriale se déploie dans toutes les directions. En faisant la promotion de valeurs progressistes, les éditeurs laïques favorisent la constitution d'une sphère publique autonome. Des œuvres jusque-là interdites par l'Église sont mises en circulation et des auteurs canadiens-français d'envergure internationale font leur apparition. La littérature de masse, produite localement, connaît un essor sans précédent. La littérature de jeunesse se modernise et occupe une place de plus en plus importante dans les catalogues d'éditeurs. Les maisons d'édition religieuses elles-mêmes se transforment et doivent s'adapter à l'évolution des mentalités. Du coup, les professionnels du livre prennent conscience de leur pouvoir et de leur spécificité en créant des associations afin de répondre aux besoins d'un marché qu'ils ont eux-mêmes contribué à développer. Les années 1950 se situent dans le prolongement de tous ces changements survenus au cours des années 1940. Plusieurs éditeurs ouvrent des librairies et convertissent leur entreprise en société d'importation ou en agence de diffusion du livre étranger. Des formules empruntées à l'édition internationale sont introduites, comme le livre de poche, la bande dessinée, l'album pour enfants, la littérature en fascicules et le club du livre. Toutes ces initiatives annoncent et préparent les mutations qui surviendront au lendemain de la Révolution tranquille »[313].

Néanmoins on ne peut que constater qu'il n'y a pas à proprement parler de réseau de distribution au Québec. Souvent les villes moyennes n'offrent pas de librairie. Les grandes maisons comme Beauchemin et Fides ainsi que d'autres plus récentes écoulent 70% de leur production auprès des institutions d'enseignement qui contrôlent et censurent volontiers les ouvrages.

Ainsi le véritable essor ne s'opère que dans les années 1960, à la faveur des réformes qui ont marqué l'éducation et la culture, et l'apparition des petites maisons qui modèlent encore aujourd'hui le paysage littéraire du Québec. Les Éditions de l'Hexagone rassemblent en 1953 les poètes, tout comme les Éditions Erta et les Éditions Orphée. Leméac publie du théâtre. Les Éditions de l'Homme et les Éditions du Jour introduisent le marché de masse : elles s'introduisent dans les supermarchés et dans les gares. De leur côté, les sciences humaines et

---

[313] Le Groupe de recherche sur l'édition littéraire au Québec a été fondé en 1982. Il est dirigé par Jacques Michon, titulaire de la Chaire de recherche du Canada en histoire du livre et de l'édition de l'Université de Sherbrooke. Sous la direction de Jacques Michon *Histoire de l'édition littéraire au Québec au XXe siècle Le temps des éditeurs, 1940-1959*, volume 2.

sociales prennent une importance croissante. Les presses universitaires acquièrent des parts de marché et des maisons comme Québec Amérique, Alain Stanké et VLB éditeur élargissent leur panel tout en consacrant une large part de leur catalogue à la littérature.

Mais plus que jamais les éditeurs dépendent du gouvernement. La *loi d'aide à l'édition* date de 1962, suivie de la fondation du Conseil supérieur du livre, fédération des associations d'éditeurs et de libraires. Le rapport Bouchard de 1964 jette les premiers jalons d'une politique gouvernementale du livre. Toutefois les éditeurs français entendent contrôler le marché québécois. En 1968, Hachette s'impose à toutes les librairies québécoises comme distributeur exclusif d'ouvrages français. Le Québec réagit en 1973 en adoptant des lois contraignant les établissements à acheter auprès de librairies agréées dont les intérêts sont québécois à 50% au moins. En 1976 paraît le livre vert de Jean-Paul L'Allier qui dénonce l'hégémonie des maisons étrangères, l'absence de diffusion à l'étranger et la pénurie de bibliothèques au Québec. En 1978 paraît le livre blanc de *La Politique québécoise du développement culturel*. Mais rien ne se produit et les éditeurs se tournent vers le gouvernement fédéral.

Dans les années 1980, le financement se présente sous forme de subventions directes à l'ensemble de l'industrie. Dans les années 1990, les autorités fédérale et provinciales doivent prendre en considération les requêtes des partisans de l'autonomie provinciale, des souverainistes culturels, ainsi que des groupes internationaux. Le Canada soutient que les industries culturelles ne sont pas négociables : celles-ci protègent l'identité nationale. Pour leur part les Etats-Unis considèrent que les biens culturels sont comparables à ceux produits par d'autres industries. Par voie de conséquence, le Canada se doit de renforcer les industries culturelles et d'évaluer les achats de maisons d'édition par des intérêts étrangers avec des aléas importants dans la succession des divers gouvernements au pouvoir, tant à Ottawa qu'à Québec.

Aujourd'hui, avec ses 200 librairies et sa centaine d'éditeurs agréés répartis sur l'ensemble du territoire, l'industrie du livre québécoise propose une production forte de 4 000 à 4 500 livres/année qui occupe aujourd'hui, tous secteurs confondus, plus de 40% du marché local. Toutefois, malgré la protection des gouvernements successifs, l'édition québécoise connaît encore bien des difficultés.

1.2. Les grands groupes

L' « empire Quebecor » est aujourd'hui le plus important groupe d'édition de langue française au Canada et l'exemple même de la concentration verticale. Les Éditions Quebecor Média[314] regroupent aujourd'hui 6 maisons : Libre

---

[314] http://www.quebecor.com/LeisureEnternainment/Books.aspx

Expression[315], Alain Stanké[316], les Éditions Logiques[317], le Trécarré[318], les Éditions Quebecor[319] et Publistar[320]. Le groupe détient également les éditions CEC[321], la plus importante maison d'édition scolaire du Québec, dirige depuis 2005 le Groupe Sogides[322] qui comprend les Éditions de l'Homme[323], Le Jour[324], Utilis[325], Les Presses Libres[326], le Groupe Ville-Marie Littérature[327] (L'Hexagone[328], VLB éditeur[329], Typo[330]) et les Messageries ADP[331] qui distribuent près de 170 éditeurs québécois et étrangers. Cette société est également propriétaire de plusieurs journaux, quotidiens ou hebdomadaires, de magazines, d'un réseau de chaînes de télévision, en particulier Vidéotron[332], la plus importante société de télévision et de téléphonie par câble du Québec, et finalement de la chaîne de librairies Archambault[333].

Cette situation de monopole rappelle celle qu'a connue la France en 2002 après la débâcle de Vivendi Universal Publishing, lorsque le groupe Hachette a tenté de prendre le contrôle absolu de l'édition française. De la même manière, les dirigeants de Québécor assurent le public de leurs meilleures intentions, notamment en prétextant une forme de sauvetage culturel[334]. En effet on parle volontiers d'amour du livre alors qu'on publie davantage de biographies de vedettes du showbiz. Il est question également de préservation du patrimoine, de la préférence en fait accordée par le distributeur Sogides à Quebecor plutôt qu'à des sociétés non québécoises. De même il est fait état d'un rayonnement international, notamment avec les partenariats commerciaux dont Sogides

---

[315] http://www.lelibraire.org/editeur.asp?id=24

[316] http://www.edstanke.com/

[317] http://www.quebecoreditions.com/
[318] http://www.lelibraire.org/editeur.asp?id=121
[319] http://www.quebecoreditions.com/
[320] http://www.edpublistar.com/

[321] http://www.editionscec.com/
[322] http://www.sogides.com/
[323] http://www.edhomme.com/
[324] http://www.edjour.com/
[325] http://www.edutilis.com/
[326] http://www.presseslibres.com/
[327] http://poesie.evous.fr/poesie.php?article901
[328] http://www.edhexagone.com/
[329] http://www.edvlb.com/
[330] http://www.edtypo.com/

[331] http://www.messageries-adp.com/
[332] http://www.videotron.com/services/fr/index.jsp

[333] http://www.archambault.ca/store/default.asp

[334] Conférence de presse, *La Presse* et *Le Devoir*, 13 octobre 2005.

dispose avec le Français Éditis, cette diffusion massive concernant semble-t-il davantage des livres de cuisine que des recueils de poésie.

Les 6 maisons d'éditions appartenant à Quebecor sont en effet puissantes mais également variées et riches en potentiels de toutes sortes. En voici rapidement les caractéristiques premières :

Les Éditions Quebecor fondées en 1977 publient une large gamme d'ouvrages dans les domaines les plus divers : affaires, biographie, littérature, roman, psychologie, santé, religion, spiritualité, cuisine, essais, nouvel âge et guide pratique, etc.

Les Éditions Libre Expression bénéficient d'une solide réputation fondée sur la qualité. Depuis 1976, Libre Expression a publié plus de 1 300 titres en romans, biographies, essais et documents, livres pratiques, psychologie, guides de voyage, etc.

Les Éditions Trécarré fondées en 1982 publient majoritairement dans des domaines de la nature et du régionalisme, des guides pratiques et des beaux livres. Trécarré est un éditeur majeur en matière d'écologie.

Les Éditions Internationales Alain Stanké fondées en 1975 faisaient à l'époque des « coups ». Ainsi dans les années 1970, la maison détenait les droits mondiaux de la biographie de Richard Nixon. La maison s'adresse au grand public avec des essais, des récits vécus et des témoignages sur l'actualité.

Les Éditions Logiques fondées en 1987 s'intéressent à l'apprentissage et à la compréhension des technologies et de leur impact social.

Les Editions CEC fondées en 1956, publient, diffusent et distribuent des manuels scolaires dans toutes les disciplines et publient des ouvrages de référence. Ces ouvrages sont utilisés tant au Canada et dans le reste de la francophonie qu'aux États-Unis. La maison affiche un catalogue de plus de 1 700 titres. En outre les Éditions CEC assurent la vente exclusive au Canada des ouvrages de Hachette Éducation.

Les Éditions Publistar se développent depuis le milieu des années 1990 dans les domaines des biographies d'artistes, des guides pratiques et des livres-événements.

Les Éditions de l'Homme et Le Jour, Editeur, fondées en 1958, constituent une maison de premier plan de l'édition québécoise avec plus de 130 titres par an incluant les rééditions d'anciens titres. Leur programme de publication est composé à 60% d'œuvres d'auteurs francophones. La maison se développe fortement autour des sciences humaines, des beaux livres et des livres pratiques.

Les Éditions de l'Homme ont un bureau à Paris depuis les années 1970, ce qui leur permet de faire connaître leurs auteurs dans toute la francophonie. Par ailleurs, grâce à de multiples contrats de coédition, plusieurs de leurs livres sont traduits et publiés dans une quinzaine de pays.

Utilis publie une importante gamme d'ouvrages pratiques : carnets de voyages, de recettes, journaux intimes, etc.

Les Presses Libres se sont spécialisées depuis les années 1960 dans les différents aspects de la sexualité, à raison d'une dizaine de livres par an.

Le groupe Ville-Marie Littérature est le principal regroupement d'édition littéraire du Québec, avec plus de 1 900 titres. Il est composé entre autres des maisons l'Hexagone, VLB éditeur et Typo. L'Hexagone, avec plus de 1 000 titres à son catalogue, est la plus ancienne maison de poésie du Québec, et a publié environ 300 écrivains parmi les plus importants lauréats des prix littéraires les plus importants du Québec et de France. VLB éditeur se consacre au roman et à l'essai. Plusieurs de ses 800 titres connaissent une large vente internationale, en français ou en traductions. Avec environ 150 titres, la maison de livres de poche Typo offre, au grand public comme aux enseignants, les œuvres des grands auteurs québécois.

1.3. Les petites maisons

Malgré les investissements publics qui viennent en soutien aux petits éditeurs, le Québec est donc frappé par la vague de fusions et acquisitions qu'ont déjà connue les marchés de l'édition en France, en Italie, en Allemagne et aux États-Unis. La menace que fait peser un très grand groupe tel que Quebecor sur l'édition littéraire québécoise est bien réelle. Néanmoins bon nombre de petites maisons naissent et subsistent énergiquement.

Ainsi les Editions du Septentrion[335], fondées en 1988 avec l'acquisition des Editions du Pélican (fondées en 1956), comptent plus de 500 titres et ont reçu, entre autres, le prix du Gouverneur général, le prix Gutenberg, le prix France-Amérique. Le Septentrion est une maison spécialisée en histoire, même si elle s'intéresse également aux sciences humaines. Les livres savants alternent avec les beaux livres et les ouvrages de vulgarisation.

De même, Québec/Amérique[336] est une maison d'édition spécialisée dans les dictionnaires et les logiciels.

---

[335] http://www.septentrion.qc.ca/

[336] http://www.quebec-amerique.com/

On peut citer également les Editions Les Intouchables[337], jeune maison vigoureusement dirigée par Michel Brûlé et qui n'a pas peur du marché du best-seller[338].

Il convient également de mentionner deux maisons particulièrement actives, notamment dans leurs relations avec la France, le Boréal[339] et Leméac. La première travaille avec Le Seuil et la seconde avec Actes-Sud. Elles s'associent toutes deux à la vente de la littérature française au Québec et à la vente de la littérature québécoise dans le reste de la Francophonie.

Le Boréal, maison très connue et respectée au Québec pour sa capacité à identifier, à publier et à faire connaître les grands auteurs littéraires québécois[340]. A ce titre, le Boreal est communément surnommé « le Gallimard québécois ». La maison le Boreal Express est fondée en 1963 et publie principalement des ouvrages historiques qui tranchent sur la tradition et s'inscrivent dans l'évolution des mentalités québécoises. Dans les années 1970, la maison s'ouvre aux sciences humaines et aux sciences politiques. A partir de 1981, le Boréal Express publie des œuvres de fiction, les romans de Gilles Archambault, Jacques Brault, Jacques Godbout. En 1984 paraît l'autobiographie de Gabrielle Roy, *La Détresse et l'Enchantement*. En 1987, le Boréal Express avait publié 200 titres. La maison inaugure alors la pratique des coéditions, d'abord avec des maisons parisiennes comme La Découverte, pour la série des « *Etat du monde* », le Seuil, Actes Sud, Phébus et Flammarion. Les éditions du Boréal publie désormais dans tous les genres, sauf celui du manuel scolaire, et compte aujourd'hui plus de 1 200 titres à son catalogue. En 1989 s'est ouvert le secteur jeunesse. Aujourd'hui, le Boréal est devenu emblématique de la littérature et de l'édition québécoises. Avec la poésie d'Anne Hébert ou les romans de Marie-Claire Blais, la maison défend le travail des grands créateurs, tandis que toute une nouvelle génération d'écrivains donne forme à la sensibilité contemporaine : Suzanne Jacob, Robert Lalonde, Marie Laberge, Monique Proulx, Hélène Monette, Louis Hamelin, Gaëtan Soucy, Ying Chen. Le Boréal accueille également en traduction plusieurs écrivains du Canada anglais, dont Neil Bissoondath, Alistair MacLeod, Michael Ondaatje et Charles Taylor.

Nombreuses sont les petites maisons d'édition régionales, maintenant présentes d'un océan à l'autre, de Breakwater (St. John's, Terre-Neuve) à Oolichan (Lantzville, Colombie-Britannique), qui ont fait leur apparition à partir des années 1950. On connaît également Ragweed, Lancelot Press et Les Éditions d'Acadie. Ces maisons publient dans tous les domaines. À Montréal, Tundra Books se fait connaître dans la littérature jeunesse, et Vehicule Press publie des

---

[337] http://www.lesintouchables.com/intouchables2004.htm
[338] http://www.lesintouchables.com/intouchables2004.htm Voir p. 18.
[339] http://www.editionsboreal.qc.ca/fr-index.php
[340] http://www.editionsboreal.qc.ca/fr-boreal.php

auteurs étrangers, dont des Américains. Les Éditions du Noroît éditent de la poésie avec succès. Ces maisons défendent parfois des positions politiques, d'autres luttent pour le maintien et le respect de certains particularismes. La fondation en 1957 du Conseil des arts du Canada a permis l'octroi de subventions aux petites maisons et face à l'offensive des multinationales est fondé avec succès en 1969 l'Independent Publishers Association à laquelle appartiennent rapidement une large part des grandes maisons. Cette structure devient l'Association of Canadian Publishers et un organisme, le Literary Press Group, est créé pour la défense des petites maisons qui utilisent le Literary Press Group Catalogue publié depuis 1975 afin d'assurer le marketing de leur production.

2. La commercialisation

2.1. La diffusion et la distribution

Les distributeurs du Québec travaillent également avec la France, d'où leur poids, mais aussi leur vulnérabilité. Ainsi, à cause de leur dépendance à l'égard des maisons françaises prises dans la tourmente de la concentration, notamment depuis 2001, les ventes de livres par les distributeurs dont c'est la principale activité accusent une baisse[341]. Toutefois, les ventes finales de livres représentent une part très faible des activités des distributeurs, leur mission étant orientée vers la diffusion et la distribution de livres au réseau de détail. En revanche la valeur des ventes de livres par les distributeurs au réseau de détail progressent, et finalement les livres québécois sont en bonne position quant au nombre d'exemplaires vendus par titre. En 2004-2005, les distributeurs québécois ont mis en marché 123 175 titres, dont 94,3% étaient des livres de littérature générale, et 5,7% des livres scolaires, tandis que la part des titres québécois était de 19,5%. Le nombre d'exemplaires vendus par les distributeurs s'élevait à 17,2 millions, parmi lesquels on comptait 98,4% de livres de littérature générale et 38,7% de livres québécois. Le nombre d'exemplaires vendus par titre québécois est donc supérieur à celui de l'ensemble des livres. L'Institut de la statistique du Québec produit et diffuse une information statistique pertinente, fiable et actuelle sur l'évolution socioéconomique du Québec et de la société québécoise[342]. Il constitue le lieu privilégié de production et de diffusion de l'information

---

[341] C'est ce que révèle l'enquête auprès des distributeurs et diffuseurs exclusifs de livres, menée à l'hiver 2006 par l'Observatoire de la culture et des communications du Québec, direction de l'Institut de la statistique du Québec.
[342] Benoit Allaire, responsable de projet. Observatoire de la culture et des communications du Québec. Institut de la statistique du Québec.

statistique officielle pour les ministères et organismes du gouvernement, et il est responsable de toutes les enquêtes d'intérêt général[343].

Une information pratique sur les distributeurs francophones se trouve dans plusieurs annuaires tels que celui de l'édition publié par Livre d'Ici[344], ainsi que l'annuaire des distributeurs exclusifs de langue française[345].

2.2. La vente au détail

2.2.1. Les librairies indépendantes

2.2.1.1. Statut

Comme partout ailleurs dans le monde global, les librairies québécoises doivent faire face à la concentration des médias, aux conglomérats de l'édition et de la distribution, aux grandes chaînes de détaillants et aux sites Internet de vente de livres. Au Québec comme ailleurs, elles ont décidé de s'organiser. Lors d'une conférence de presse, réunissant tous les principaux médias du Québec à Montréal le 22 février 2007, Normand Provençal, président de l'Association des libraires du Québec (LIQ) et copropriétaire de la Librairie J.A. Boucher et Denis Lebrun directeur général du magazine Le *Libraire* et copropriétaire de la Librairie Pantoute ont annoncé la création de l'organisation « Les librairies indépendantes du Québec », association de 72 librairies de toutes les régions De la Province. L'objectif est d'ouvrir un site Internet qui diffusera, grâce au magazine « Le libraire », les principaux nouveaux titres francophones et québécois et permettra aux clients de choisir leur librairie de proximité.

Dans *Le Devoir*[346], la journaliste Caroline Monpetit donne l'explication suivante : « [Les librairies indépendantes] […] comptent se servir du site Internet du *Libraire*[347] comme d'un outil promotionnel et, éventuellement, comme d'un portail de vente en ligne. Tout en préservant l'identité et l'indépendance de chacune des librairies, qui conserveront leur nom et leur politique de gestion, celles-ci pourraient offrir certains rabais de groupe, passer ensemble certaines commandes ou publier des catalogues conjoints. Ce regroupement réunit des librairies de l'ensemble du territoire québécois. Selon les données de l'Observatoire de la culture et des communications, les librairies indépendantes auraient perdu 3% de leur part du marché de 2004 à aujourd'hui. On sait que le

---

[343] *Ibid.*
[344] redaction@livre-dici.qc.ca
[345] adelf@sympatico.ca
[346] Du 23/02/ 07, article de Caroline Monpetit.
[347] www.lelibraire.org

métier de libraire indépendant est difficile et que les marges de profit de ces commerçants sont souvent très faibles. Plutôt que de se concentrer sur les livres les plus rentables (les best-sellers), ces librairies tiennent une très grande variété de titres, soit 10 000 en moyenne. Plusieurs développent des spécialités et peuvent fournir des conseils adaptés à leur clientèle. C'est aussi ce "label de qualité" que le regroupement veut mettre en avant. Denis Lebrun, de la librairie Pantoute, à Québec, et aussi instigateur, il y a huit ans, du projet de magazine *Le Libraire*[348], voit quand même là une façon de réagir aux pratiques d'exclusivité et de guerres de prix des magasins dits à grande surface. Le regroupement devrait encadrer certaines pratiques de ses membres. Ceux-ci devront par exemple offrir à leurs clients un service de commandes spéciales pour les livres qu'ils n'ont pas sur leurs tablettes. Le projet de service de ventes en ligne est pour sa part encore assez loin d'être mis au point, mais le regroupement espère cependant en créer un "à moyen terme". Fait inusité, le client en ligne devra éventuellement choisir lui-même la librairie par laquelle il voudra commander un livre. Reste aussi à déterminer le fonctionnement d'un système de "coups de cœur" de littérature quikébécoise, qui pourraient mettre en valeur des livres qui se sont bien vendus ou que les libraires ont particulièrement appréciés. Le regroupement prévoit aussi de mettre en circulation une artillerie de produits, sacs et signets par exemple, afin de faire valoir son existence. On compte 214 librairies agréées au Québec, y compris les grandes chaînes que sont Renaud-Bray et Archambault. 95 d'entre elles sont membres de l'Association des libraires du Québec, à l'origine de ce projet de regroupement. "On compte éventuellement représenter 100 librairies", a dit M. Provençal. Il y a quelques mois, plusieurs éditeurs de livres s'étaient réunis au sein du Regroupement des éditeurs littéraires indépendants (RELI). Les éditeurs (Boréal, Hurtubise HMH, Fides et Québec-Amérique) avaient ainsi pris les moyens de faire face notamment à la concurrence "verticale" que leur mène le groupe Quebecor, qui possède à la fois des librairies, des maisons d'édition, des médias, des imprimeries, etc. On s'inquiétait aussi de l'expansion continue des chaînes de librairies. "C'est sûr que [les grandes chaînes de librairies] fragilisent un maillon de la chaîne", a reconnu hier Pierre Filion, de Leméac éditeur, qui ne fait d'ailleurs pas partie du RELI. Au Canada anglais, on sait que les difficultés financières de la chaîne de librairies Chapters avaient mis à mal certains éditeurs qui en étaient entièrement dépendants pour la diffusion de leurs livres »[349].

2.3. Le soutien de l'Etat

Comme dans la plus large part des domaines, notamment culturels, c'est depuis la Révolution tranquille des années 1960 que l'Etat cherche sa voie en

---

[348] Voir les médias, les revues.
[349] *Le Devoir* 23/02/07, *Ibid.*

matière de soutien au livre québécois. Des rapports successifs en 1963, 1965, plus tard en 1978, soulignent l'hégémonie des éditeurs et distributeurs étrangers, notamment américains ou français, et la nécessité pour le Québec de conquérir sa part du marché. L' « affaire Hachette » en 1970, qui permet des dénoncer les agissements des maisons françaises, va accélérer le processus de prise de conscience de la gravité de la situation de la part des autorités et de mise en place de mesures effectives.

On peut noter néanmoins que les frontières sont ténues entre les zones d'influence fédérale et provinciales et que la superposition des initiatives présente parfois davantage d'obstacles que de solutions[350]. Mais si une distance significative sépare quelquefois les tenants du bilinguisme de ceux de la francophonie, un objectif commun est de préserver le Canada de l'intrusion à la fois des Etats-Unis et de la France dans le paysage éditorial et culturel canadien. L'aspect fédéral de ce phénomène est traité dans le chapitre suivant.

Le soutien financier provincial, c'est une évidence, représente des aides financières moins élevées que dans le domaine fédéral, plus riche à tous les égards, mais plus diversifiées.

2.3.1. La loi

Depuis 1981, la loi sur le développement des entreprises québécoises dans le domaine du livre[351] ou loi 51 au caractère indéniablement protectionniste, a pour objectif de créer des conditions économiques favorables au développement de la lecture et des entreprises œuvrant dans le secteur du livre. Cet objectif est atteint de deux façons : par la reconnaissance du rôle fondamental de la librairie dans le développement de la lecture et la consolidation de l'industrie du livre ; et par la réglementation des pratiques commerciales des intervenants du secteur – éditeurs, distributeurs, libraires et acheteurs institutionnels – destinée à équilibrer le plus justement possible les revenus tirés du commerce du livre.

En 1998, le ministère chargé de la culture a rendu publique une Politique de la lecture et du livre[352], qui, en exigeant que les acheteurs institutionnels déposent chaque année un rapport sur l'acquisition des livres, a fortement orienté l'action gouvernementale. Le but de cette politique est de faire de la lecture une véritable pratique culturelle, d'en faciliter l'accès et d'en préserver la diversité.

---

[350] *Ibid.*
[351] http://www.mcc.gouv.qc.ca/index.php?id=1005
[352] http://www.mcc.gouv.qc.ca/fileadmin/documents/publications/lire.pdf

Elle propose d'investir chacun des lieux où la lecture doit être accueillie : famille, centres de la petite enfance, écoles, bibliothèques, librairies, etc.

Le ministère est donc responsable de l'agrément des distributeurs, éditeurs et libraires au Québec.

2.3.1.1. Agrément des distributeurs

Les distributeurs peuvent, s'ils le désirent et s'ils sont admissibles, être agrés en vertu de la loi sur le développement des entreprises québécoises dans le domaine du livre. L'essentiel de l'agrément réside dans l'obligation faite aux libraires de s'approvisionner chez un distributeur exclusif quand celui-ci est titulaire d'un agrément. Pour cela il convient d'être citoyen canadien et domicilié au Québec ; d'approvisionner les librairies agréées ; de prendre des mesures en vue de distribuer des livres d'auteurs québécois ; de fournir aux librairies agréées et aux points de vente de chaque région des services de représentation et de rotation des stocks ; de fournir des services de stockage et d'information pour les stocks et les titres distribués ; de garantir des moyens de distribution efficaces et rapides. On compte aujourd'hui 8 grands distributeurs agréés au Québec, dont les Messageries ADP, Inc.[353] et Diffusion Collective Radisson, Inc.[354]

2.3.1.2. Agrément des éditeurs

Les professionnels de l'édition doivent être titulaires d'un agrément délivré par le ministère s'ils souhaitent bénéficier des programmes d'aide financière du gouvernement du Québec. Il est nécessaire d'être citoyen canadien et domicilié au Québec, d'avoir publié au moins 5 titres d'auteurs québécois (3 auteurs différents au moins) au cours de l'année qui précède la demande, ou de posséder un inventaire d'au moins 15 titres d'auteurs québécois. Dans le cas d'une maison d'édition d'art, il faut avoir publié 3 titres d'auteurs québécois (2 auteurs différents au moins) au cours de l'année qui précède la demande, ou posséder un inventaire d'au moins 5 titres d'auteurs québécois Pour une maison existant depuis moins de 3 ans, il convient d'avoir publié 5 titres d'auteurs québécois (3 auteurs québécois au moins) au cours de l'année qui précède la demande, ou posséder un inventaire d'au moins 8 titres d'auteurs québécois.

2.3.1.3. Agrément des libraires

L'agrément habilite les libraires à vendre des livres aux organismes publics et parapublics. Il faut être citoyen canadien et domicilié au Québec, recevoir les

---

[353] http://www.messageries-adp.com/
[354] http://goliath.ecnext.com/coms2/product-compint-0001240364-page.html

envois d'office d'au moins 25 éditeurs agréés, exploiter un établissement commercial facilement accessible, posséder un équipement bibliographique adéquat et posséder un inventaire d'au moins 6 000 titres à l'étalage.

2.3.1.4. Droits d'auteur – Littérature et écriture dramatique

Le but ultime des droits d'auteur est l'équilibre entre une récompense équitable pour le créateur et l'intérêt public. Cette notion d'équilibre permet aux créateurs de préserver des droits exclusifs sur leurs œuvres jusqu'à 50 ans après leur mort.

Des sociétés de gestion des droits d'auteurs sont accessibles au Québec comme dans l'ensemble du Canada. Elles administrent les droits d'auteur d'un nombre important de titulaires, accordent la permission d'utiliser les œuvres et précise les conditions qui s'y rattachent. La gestion collective des droits d'auteur est habituelle au Canada, notamment pour ce qui est de l'exécution publique de la musique, de la reprographie et de la reproduction mécanique. Certaines sociétés de gestion sont affiliées avec des sociétés étrangères dont elles représentent les membres au Canada. Deux d'entre elles sont particulièrement actives au Québec :

- La Société québécoise de gestion collective des droits de reproduction (COPIBEC)[355]. C'est une société de gestion collective qui autorise la reproduction des œuvres des titulaires de droits québécois, canadiens (par le biais d'une entente de réciprocité avec Access Copyright, The Canadian Copyright Licensing Agency) et étrangers. COPIBEC a été fondée en 1997 par l'Union des écrivaines et écrivains québécois (UNEQ) et l'Association nationale des éditeurs de livres (ANEL).

- La Société québécoise des auteurs dramatiques (SoQAD)[356] a la fonction de redistribuer aux auteurs dramatiques québécois, canadiens et étrangers, dont les œuvres sont jouées dans les établissements d'enseignement publics et privés des niveaux préscolaire, primaire et secondaire, les sommes prévues à cette fin dans l'entente financière liant le ministère de l'Éducation et l'Association québécoise des auteurs dramatiques (AQAD).

Un plan administre les droits de photocopie depuis 1984 sous le nom de Mandat de gestion des droits de reprographie. En vertu des accords conclus avec les utilisateurs d'œuvres protégées par des droits d'auteur – écoles, collèges, universités, bibliothèques, compagnies, ministères fédéraux et provinciaux.

Aujourd'hui la loi commence à peine à prendre en compte la révolution numérique. Le Comité du patrimoine canadien a été mandaté en 2002 pour

---

[355] www.copibec.qc.ca

[356] www.aqad.qc.ca

veiller à la conduite d'une réforme et a déposé le Rapport Bulte[357]. Celui-ci affiche 9 recommandations dont 2 sont particulièrement controversées : la première recommande que le gouvernement du Canada permette l'octroi de licences étendues d'utilisation du matériel accessible sur Internet à des fins éducatives. Il convient donc de reconnaître que les sociétés de gestion collective n'ont pas le droit d'exiger de redevances pour le matériel disponible publiquement. La seconde recommandation dit que le matériel disponible publiquement doit être défini comme étant le matériel publié sur des sites Internet publics (qui ne nécessitent pas de mot de passe ou d'abonnement et qui ne s'accompagnent d'aucun droit ni d'aucune mesure de protection technique restreignant sa disponibilité ou son utilisation) et soit assorti d'un avis du détenteur du droit d'auteur qui donne explicitement son accord pour que le matériel puisse être utilisé sans paiement ni autorisation préalable. Le Comité recommande donc que toutes les institutions éducatives paient des redevances à une société de gestion collective en échange d'une licence qui va permettre à ces institutions d'avoir accès légalement aux ressources Internet. Aucune redevance ne pourra donc être récoltée pour le matériel disponible gratuitement sur le Web mais il est précisé que les sites publics doivent clairement aviser les internautes que leur matériel est gratuit. Sans cet avis, le matériel d'un site gratuit ne sera donc pas considéré comme tel d'après la loi canadienne sur le droit d'auteur.

Avec Internet apparaît également un besoin grandissant d'élaborer des standards internationaux qui permettent de contrôler la circulation d'œuvres protégées au-delà des frontières. Il existe un grand nombre de traités internationaux sur le droit d'auteur dont le Canada est le signataire. Mais certains de ces traités peuvent avoir un effet négatif sur l'équilibre entre les droits d'auteur et le public. Ainsi la Convention de Berne suggère que le droit d'auteur soit valable durant la vie de l'auteur plus 50 ans. Mais la convention mentionne également que les signataires peuvent fournir une protection plus longue. L'Union Européenne a donc prolongé le droit d'auteur à la vie de l'auteur plus 70 ans. Les États-Unis ont suivi en 1998.

2.3.2. Le ministère québécois chargé de la culture[358]

Le ministère soutient le livre et la lecture avec 2 sociétés d'État : le Conseil des arts et des lettres du Québec (CALQ)[359] et la Société de développement des entreprises culturelles (SODEC)[360]. Pour appuyer la production et la vente des livres québécois, la SODEC soutient les éditeurs, les libraires et les différents

---

[357] Le *Rapport Bulte*.
http://www.bibliotheques.uqam.ca/informations/Bibliocliq/dossiers/droit_auteur3.html

[358] http://www.mcc.gouv.qc.ca/

[359] http://www.calq.gouv.qc.ca/index_flash.htm

[360] http://www.sodec.gouv.qc.ca/

salons du livre, contribue à la promotion de la lecture, favorise l'élargissement des marchés, offre un soutien à la traduction d'œuvres québécoises, appuie les différentes associations professionnelles du milieu, soutient l'exportation et le rayonnement culturel sur les marchés hors Québec et la participation collective des entreprises à des manifestations internationales, et finalement veille à l'intégration des technologies numériques dans les industries culturelles.

Le CALQ, créé en 1994, a pour mission de soutenir la création, l'expérimentation et la production dans les domaines des arts de la scène, des arts visuels, des arts médiatiques, de la recherche architecturale, des métiers d'art et de la littérature, et d'en favoriser le rayonnement au Québec, au Canada comme à l'étranger. Le Conseil attribue des bourses et des subventions selon le mérite, validé par des comités formés de pairs. Le Conseil octroie également des prix à la création artistique.

La SODEC participe à l'essor des entreprises et au rayonnement des œuvres québécoises. Depuis 1995, la SODEC fait la promotion des entreprises culturelles, y compris les médias, dans toutes les régions du Québec. Cet organisme se place à la conjonction entre la création artistique et le monde des affaires et mise financièrement, notamment par des aides fiscales et des prêts, sur la culture en tant que secteur de développement économique. Tous les trimestres, la SODEC publie la liste des personnes et des entreprises qui reçoivent une aide. Son rapport annuel de gestion contient l'énumération de toutes ses interventions. L'originalité de la SODEC tient au fait qu'elle allie les compétences des milieux professionnels aux exigences de la gestion des fonds publics. Les membres de son conseil d'administration, nommés par le gouvernement, sont issus de chacun de ses domaines d'intervention.

Il existe également sous l'égide de la SODEC un programme de soutien à l'exportation et au rayonnement culturel, Sodexport[361]. Ce programme de soutien à l'exportation s'adresse aux entreprises culturelles québécoises des domaines du cinéma, de la production télévisuelle, du disque et du spectacle de variétés, du livre et de l'édition spécialisée, des métiers d'art et du multimédia. Son objectif principal est de contribuer à l'élargissement des marchés des entreprises culturelles à l'extérieur du Québec, à accroître leur compétitivité et à renforcer leur assise financière. De ce fait la SODEC soutient en priorité les activités de prospection, de promotion, de distribution et la participation à des manifestations internationales par l'organisation de la présence collective d'activités culturelles québecoises dans les marchés et les foires.

---

[361] http://internet2.mic.gouv.qc.ca/export.nsf/afcca8652a45a1a7852567520002e608/6a01 15cd3cd1db33852566b40077201d?OpenDocument

Certains éditeurs non québécois réussissent également à bénéficier des subsides attribués par Sodexport sous couvert de partenariats avec des éditeurs québécois. Ainsi Denis Pryen, l'habile président des éditions l'Harmattan[362] à Paris, a réussi, par le développement de publications communes avec, à titre d'exemple, les éditions des Presses Universitaires de Laval, à figurer parmi les bénéficiaires de la politique financière de la SODEC.

Il existe également un soutien de l'Etat aux bibliothèques publiques, aux bibliothèques spécialisées et à la Bibliothèque et Archives nationales du Québec (BAnQ)[363], de même que les dossiers relatifs à la propriété intellectuelle et certains programmes visant la concertation entre culture et éducation.

2.4. Les organisations professionnelles

2.4.1 Les groupements d'éditeurs

L'ANEL[364], l'Association Nationale des Editeurs de Livres, regroupe, depuis 1992, plus de 120 maisons de langue française à la fois du Québec et du reste Canada. Cette structure soutient la croissance de l'industrie de l'édition francophone en Amérique du Nord à l'échelle nationale et internationale. Il s'agit de représenter les éditeurs et des autres intervenants du milieu du livre auprès des pouvoirs publics. L'ANEL soutient les activités d'exportation en organisant des stands collectifs dans plus de dix foires et salons à travers le monde.

L'Association pour l'exportation du livre canadien (AELC)[365] est une association de l'industrie qui fournit aux éditeurs de livres canadiens de l'information sur les marchés ainsi qu'un soutien financier, promotionnel et logistique sur les marchés internationaux. Avec plus de 30 ans d'expérience en exportation, L'AELC produit des catalogues et offre d'autres services à la communauté internationale d'éditeurs. L'AELC travaille étroitement avec les agents commerciaux des consulats et ambassades du Canada à la promotion du livre canadien. L'AELC agit aussi comme agent de liaison avec les éditeurs à la recherche de droits disponibles ou d'un distributeur grâce au bulletin bi-hebdomadaire envoyé à tous les éditeurs canadiens. L'association travaille étroitement avec les agents commerciaux des consulats et des ambassades canadiennes à la promotion des titres canadiens. L'AELC coordonne également

---

[362] http://www.editions-harmattan.fr/index.asp

[363] http://www.banq.qc.ca/portal/dt/accueil.jsp?bnq_resolution=mode_1280

[364] http://www.anel.qc.ca/

[365] http://www.aecb.org/fra/default.asp

la distribution de catalogues promotionnels, les expositions itinérantes, les expositions d'ouvrages en études canadiennes et une foule d'autres services offerts à la communauté internationale.

2.4.2. Les groupements de libraires

L'Association des libraires du Québec (ALQ)[366], fondée en 1969, représente l'ensemble des librairies agréées de la province. Sa mission est « d'établir entre tous les libraires qui y sont admis des rapports habituels et de bonne confraternité ; d'étudier et de défendre les intérêts généraux, économiques et commerciaux de la profession ; d'intervenir auprès des éditeurs, des commissionnaires et des libraires-grossistes pour qu'ils coopèrent avec elle pour la défense et les intérêts du commerce du livre ; de constituer, vis-à-vis de l'autorité, une représentation réelle de la profession ; de favoriser la diffusion de la culture française au Canada »[367]. L'Association compte une centaine de membres dans tout le Québec, et quelques-uns hors du Québec. L'ALQ s'est donné 5 objectifs : l'informatisation des librairies, la promotion, la formation des personnels, la médiation auprès des distributeurs, éditeurs, et des bibliothèques, la représentation des intérêts professionnels, économiques et culturels de ses membres auprès des instances politiques et des partenaires de l'industrie du livre. L'Association des libraires du Québec compte aujourd'hui plus d'une centaine de membres avec les librairies francophones hors Québec (Colombie-Britannique, Alberta, Ontario, Nouveau-Brunswick et Allemagne) et plusieurs librairies anglophones québécoises.

2.4.3. Les groupements d'écrivains

L'Union des écrivaines et écrivains québécois (UNEQ)[368], fondée en 1977, est une association professionnelle et un syndicat. L'UNEQ est située dans la et compte aujourd'hui 1 200 membres : poètes, romanciers, auteurs dramatiques, essayistes. L'UNEQ travaille à la promotion et à la vente de la littérature québécoise, au Québec, au Canada et à l'étranger, de même qu'à la défense des droits des écrivains. L'Union a négocié le contrat type d'édition avec l'Association des éditeurs québécois et obtenu du ministère de l'Éducation du Québec des droits d'auteur pour les ouvrages photocopiés dans les établissements d'enseignement. L'UNEQ a été reconnue en 1990 comme l'association la plus représentative des artistes du domaine de la littérature, en vertu de la loi sur le statut professionnel des artistes en arts visuels, des métiers d'art et de la littérature et sur leurs contrats avec les diffuseurs. L'UNEQ a aussi été accréditée, en 1996, par le Tribunal canadien des relations professionnelles

---

[366] http://www.alq.qc.ca/
[367] http://www.alq.qc.ca/sujet_alq/historique.php
[368] http://www.uneq.qc.ca/

artistes-producteurs pour négocier avec les producteurs relevant de la compétence fédérale, afin de conclure des accords-cadres qui définissent les conditions d'embauche des travailleurs professionnels autonomes du secteur littéraire. L'UNEQ gère également un important site Internet sur la littérature québécoise appelé L'Ile[369].

La Société québécoise des auteurs dramatiques (SoQAD)[370] est un société de gestion des droits mais également une association d'auteurs.

L'Association québécoise des auteurs dramatiques (AQAD)[371], fondée en 1990, est aussi un syndicat professionnel. Sa mission est de défendre les droits des auteurs dramatiques, des librettistes, des adaptateurs et des traducteurs francophones, québécois et canadiens.

2.5. Les agents

Le Québec semble pris aujourd'hui entre la forte tradition des agences telle qu'elle s'est développée au Canada anglophone et la France où les agents restent rares et souvent marginalisés. Le débat existe donc au Québec, dont le marché relativement étroit paraît aujourd'hui peu intéresser les agents.

Il semble que les agences littéraires actuelles au Québec soient davantage des agences pour auteurs dramatiques qui s'orientent progressivement vers la littérature. Néanmoins, en juillet 2006, l'agence Alinéa s'est ouverte à Montréal, une association à but non lucratif qui aide les auteurs à négocier leurs droits.

3. Les principaux secteurs

3.1. La littérature

Comme nous l'avons vu, la très jeune édition québécoise n'aurait pu se développer sans l'intervention de l'Etat. L'universitaire Luc Pinhas nous le dit : « Ce constat est tout particulièrement vrai pour l'édition littéraire, vecteur primordial de l'identité québécoise, qui a contribué à renforcer la cohésion nationale autour de la langue française. Les maisons qui constituent le champ éditorial sont le plus souvent de petite taille, mais des phénomènes de

---

[369] http://www.litterature.org/
[370] http://www.dramaction.qc.ca/phpBB2/viewtopic.php?p=353&sid=4445728b6ae236c2062ed640154e2b57
[371] www.aqad.qc.ca

concentration, à l'image de ce qui se passe dans les autres pays industrialisés, ont commencé à se manifester au cours des dernières années, tandis que la production québécoise cherche à présent à exporter son savoir-faire et ses spécificités »[372].

La littérature québécoise fait preuve aujourd'hui d'une puissante vitalité. Universelle et variée, fière de ses racines et affranchie du folklore réducteur, elle fait entendre les nouvelles voix, souvent multiculturelles, de Ying Chen, Gaétan Soucy, Maxime-Olivier Moutier, Martine Desjardins et Pierre Yergeau et de multiples jeunes auteurs qui poursuivent l'œuvre de Gabrielle Roy, Gaston Miron, Anne Hébert, Marie-Claire Blais et Réjean Ducharme. Mais, en marge des auteurs classiques auxquels nous avons fait plusieurs fois allusion, il convient ici de faire une place méritée à des genres moins naturellement reconnus, notamment par l'univers littéraire – parisien à titre d'exemple – comme le régionalisme, la science-fiction ou la littérature dite « populaire ».

Ainsi l'identification à la terre demeure importante dans la littérature canadienne francophone contemporaine. Mais, dans la multitude de régions historiques, économiques, ethniques et linguistiques, les frontières traditionnelles sont en train de se déplacer. La jeune littérature francophone de l'Ouest canadien paraît emblématique de cette évolution. Née avec les premiers voyageurs au XVIIIe siècle, suivis de près par les missionnaires et les premiers pionniers au XIXe siècle, la littérature francophone du Manitoba, en particulier, montre aujourd'hui une vitalité digne de l'isolement, du climat et de l'oubli, voire du mépris dont elle a été longtemps la victime. Cette région connue pour le commerce de la fourrure puis du bois, puis pour les révoltes de ses populations indiennes et métisses, a dû lutter pour préserver des cultures et une langue française minoritaires et sans cesse menacées. Bon nombre d'auteurs de l'Ouest demeurent encore peu connus aujourd'hui. En revanche, un Manitobien d'adoption, Maurice Constantin-Weyer (1881-1964), le « Jack London français », originaire du Centre de la France, a su gagner une popularité importante dans toute la francophonie. Son roman *Un homme se penche sur son passé*, en 1928, lui permit de recevoir le prix Goncourt. On retrouve dans l'Ouest également Gabrielle Roy qui, dès 1945, apporte des techniques narratives nouvelles, tout comme le poète romancier Roger Leveillé.

Mais dans les années 70, alors que la nouvelle littérature québécoise occupe l'essentiel de la scène francophone de l'Amérique du nord, les auteurs de l'Ouest réagissent. Avec la fondation des Éditions du Blé en 1974 et des Éditions des Plaines en 1979, ainsi que d'une revue littéraire, *Les Cahiers franco-*

---

[372] *Québec : une édition nationale : Livre et lien social (Quebec: a national publishing : Book and social link)* PINHAS Luc ; Communication et langages (Commun. lang.) ISSN 0336-1500 2002, n°132, pp. 49-64 [16 page(s) (article)] Nathan, Paris, FRANCE (1969) (Revue)

canadiens de l'Ouest, en 1989, cette littérature s'affirme malgré un nombre restreint de lecteurs qui la contraint à tenter sa chance au Québec, voire en France et aux Etats-Unis, et en 1999, la littérature de l'Ouest fait sa première apparition au Salon du livre de Paris.

La nouvelle littérature de l'Ouest se construit désormais sur la richesse culturelle croissante des nouvelles populations de l'Ouest : de France, des pays de l'Est, d'Afrique du Nord, d'Afrique centrale, d'Haïti, des auteurs francophones pionniers y contribuent activement. Née en Alberta en 1953, d'origine anglophone, Nancy Huston vit aujourd'hui à Paris, et explore les frontières géographiques, linguistiques, et culturelles en défrichant en permanence de nouvelles terres.

Au Québec, nombre d'auteurs se consacrant à la science-fiction ou au fantastique (Esther Rochon, Elisabeth Vonarburg, Jean-Pierre April), paraissent dans les colonnes du magazine *Requiem* fondé en 1974 et rebaptisé *Solaris* en 1979, et du magazine *Imagine...*, tous deux spécialisés dans la science-fiction. Par ailleurs, deux collections se spécialisent dans ce genre : « Nuits d'encre » (fantastique), chez Desclez, et « Chroniques du futur », chez Préambule.

D'une manière générale, une vision des phénomènes littéraires contemporains au Québec est proposée par le Centre de recherche interuniversitaire sur la littérature et la culture québécoises (CRILCQ)[373] qui réunit des chercheurs de plusieurs universités locales qui fournissent des travaux de synthèse et une réflexion théorique.

Egalement le site Internet l'Ile[374], déjà cité, met en ligne depuis 1999 les biographies et bibliographies de plus de 1 000 auteurs québécois, 360 dossiers de presse et plus de 100 000 pages de documents d'archives, documents du Centre de recherche en littérature québécoise (CRELIQ) de l'Université Laval et du Centre d'études québécoises (CETUQ) de l'Université de Montréal. Le CÉTUQ[375], fondé en 1975, a d'abord été un lieu de documentation. On y a constitué des dossiers sur des écrivains, des maisons d'édition, des productions théâtrales. Le CÉTUQ accueille régulièrement des étudiants et des chercheurs québécois ou étrangers.

---

[373] http://www.crilcq.org

[374] http://www.litterature.org/

[375] http://www.cetuq.umontreal.ca/presentation.htm

3.2. Le roman best-seller

Le succès mondial de *Da Vinci code* fait rêver certains éditeurs québécois. Pour Libre expression, Trécarré, Stanké, Logiques et Publistar – maisons dépendant toutes de Quebecor Média – le livre est désormais un produit, sans tabou. Cette opinion est aujourd'hui de plus en plus largement partagée, comme parfois aux Etats-Unis et en France. Michel Brûlé, patron des Intouchables[376], déclare : « Le livre, c'est une chose sacrée... qu'il faut vendre ! Ce n'est pas l'argent qui m'intéresse, mais le succès. Je veux battre les Américains et les Européens, je veux rivaliser avec eux, je veux bâtir des carrières internationales pour les écrivains québécois »[377].

Le roman québécois de type best-seller apparaît dans les années 1980 avec *Le Matou*, d'Yves Beauchemin, et *Les Filles de Caleb*, d'Arlette Cousture. Ces succès incitent écrivains et éditeurs à investir délibérément le créneau de la littérature de grande consommation. Avec *Life of Pi*, lauréat du Booker Prize 2002, Martel a signé un livre qui fait date. Le Booker Prize constitue un sésame pour la conquête de tout le marché anglophone et, règle générale, est traduit en plusieurs langues. Au Québec, durant l'année 2003-2004, *L'Histoire de Pi* a longtemps régné en première place du palmarès de Renaud-Bray[378], et réussi une performance comparable à celle de *Da Vinci code*.

Le palmarès de la librairie Renaud-Bray, publié chaque semaine, tient lieu d'indicateur presque officiel des best-sellers. Au Québec un livre est considéré comme un best-seller à partir de 5 000 exemplaires vendus. Il faut noter donc que depuis les années 1980, le best-seller québécois a toujours fait une vive concurrence au best-seller étranger.

3.3. Les sciences humaines et sociales

Le début des presses universitaires au Canada est récent. Encore aujourd'hui il semble que bon nombre d'éditeurs canadiens manquent de volonté pour publier des textes spécialisés qui sont souvent moins rentables.

Mais au cours des années 60, les presses universitaires canadiennes se sont développées fortement, à la faveur de l'essor des universités, et les éditions dans sciences humaines et sociales, mis à part la maison Québec Livres appartenant à Quebecor Média, sont souvent l'apanage des presses des universités, notamment

---

[376] http://www.lesintouchables.com/intouchables2004.htm

[377] www.librairiepantoute.com/article/article.asp?id=1589 - 61k

[378] http://www.renaudbray.com/francais/menu/gabarit.asp?Section=Livre&Page=palmares_wsc.asp

de l'Université du Québec, de Polytechnique à Montréal et de l'Université Laval pour les textes en français, ainsi que de l'Université McGill de Montréal pour ceux en anglais.

Ainsi les Presses de l'Université du Québec (les PUQ de l'UQUAM)[379] comptent plus de 1 000 titres. Le catalogue propose des livres numériques et des produits. Les PUQ traitent principalement des sciences de la gestion, science politique, sciences appliquées, sciences de l'éducation, sciences sociales, psychologie, communication, éthique, arts, géographie, etc. Les PUQ reçoivent l'aide financière du gouvernement du Canada dans le cadre du Programme d'aide aux entreprises du livre et de l'édition spécialisée de la SODEC.

Les Presses de l'Université Laval (PUL)[380] fonctionnent avec l'IQRC[381], l'Institut québécois de recherche sur la culture depuis 1995 et gère un fonds de plus de 1 500 titres, à raison de plus de 100 titres annuellement dans 30 collections. La distribution des PUL et des éditions de l'IQRC est assurée par Distribution de livres Univers. Les PUL participent à des congrès professionnels, des colloques, des salons du livre, tant au Québec qu'à l'étranger. Les PUL réalisent des coéditions avec les partenaires étrangers et elles comptent parmi les maisons québécoises les plus actives à ce chapitre. Pour les ouvrages non coédités, les PUL et les Éditions de l'IQRC sont diffusées en France par l'Association française des presses universitaires (AFPUD) et distribuées par la SODIS[382]. Nuit Blanche éditeur[383] est une maison connue et respectée pour la qualité de ses publications scientifiques, sous les auspices de l'Université Laval.

3.4. Arts, sports, beaux livres et livres pratiques

Les livres pratiques édités au Québec sont souvent l'apanage des Editions le Trecarré, qui en 2006, ont connu de grands succès populaires avec des ouvrages consacrés à la santé (*Les aliments contre le cancer* et *Cuisiner avec les aliments contre le cancer* de Richard Beliveau et Denis Bigras).

---

[379] http://www.puq.ca/fr/
[380] http://www.pulaval.com/
[381] http://www.pulaval.com/catalogue/editions-de-iqrc.html
[382] Voir plus haut, partie France.
[383] Voir également *infra* p. 194.

3.5. La bande dessinée

En raison de sa population de 6,5 millions d'habitants, le Québec constitue un marché étroit, toutefois, ceci n'a pas empêché les grands éditeurs étrangers de s'y intéresser. Les albums américains, franco-belges et japonais n'ont laissé à la production locale, à ses débuts, qu'une place limitée. A cause de tirages très limités, la bande dessinée québécoise s'est affichée longtemps modestement avec un contenu en noir et blanc et des couvertures cartonnées.

Mais la bande dessinée québécoise, née au début du XXe siècle, a su s'enrichir de l'influence de ses concurrents, et créer bon nombre de maisons d'édition indépendantes. Ainsi la bande dessinée québécoise a trouvé sa voie avec Réal Godbout, Caroline Merola, André-Philippe Côté, Julie Doucet, etc. Son essor coïncide avec la contre-culture et les mouvements étudiants des années 1960. Dans les années 1970, la maison *BDK* et les magazines *Prisme* et *Baloune* favorisent l'innovation. Entre 1979 et 1994 paraissent les deux magazines *Croc* et *Cocktail* (1981-1982), qui permettent de révéler les grands noms de la bande dessinée québécoise.

Dès le milieu des années 1980, de plus grandes maisons d'édition commencent à s'y intéresser, comme les Éditions du Phylactère, KamiCase (dépendant du Boréal), Mondia, Ovale, ou encore Ville Marie, tentent de reprendre la part du marché que les productions américaines, franco-belges ou japonaises dominent à 95%. Les livres tirés d'émissions pour enfants apparaissent, mais le genre reste coûteux pour les éditeurs québécois.

A partir des années 1990, l'accroissement de la qualité et de l'inventivité des auteurs leur valent d'être les invités du Festival de la bande dessinée d'Angoulême en France, où ils connaissent un certain succès en 2000.

On remarque au Québec, comme ailleurs dans le monde global, une orientation des auteurs de bande dessinée vers les technologies de l'information et de la communication. La création se fait directement sur Internet. En 2007, la bande dessinée québécoise, reconnue dans le monde, semble parvenir à une forme de maturité. Le Festival de la bande dessinée francophone de Québec se tient tous les ans, et la Fondation du 9e art pour la reconnaissance de la bande dessinée francophone en Amérique du Nord, sous les auspices du ministère chargé de la culture, y contribue fortement.

3.6. Le livre scolaire et parascolaire

3.6.1. Les manuels scolaires

Au XVIIIe et XIXe siècles, c'est à l'Église que revient la responsabilité de l'enseignement et de la production des manuels scolaires. Les frères des Écoles chrétiennes fondent leur librairie en 1877, la Congrégation de Notre-Dame en 1881, les frères de l'Instruction chrétienne en 1900 et les frères du Sacré-Cœur en 1902. Ainsi l'édition de manuels scolaires au Québec a été fortement et longtemps marquée par la puissante et sévère tradition catholique locale.

Comme nous l'avons vu en introduction, la parenthèse du régime de Vichy en France entre 1940 et 1944 permet au Québec de fortement développer sa production, mais de manière éphémère, la France reprenant le contrôle dès 1945-46. Mais les écoles et les universités se développent également au Canada. Aux maisons d'édition bien établies, comme Beauchemin, Granger et Fides, se joignent bientôt le Centre pédagogique (1940), le Centre de pédagogie et de psychologie (1945), le Centre éducatif et culturel (1959), les Éditions du pélican, les Éditions pédagogiques (1960) et les Presses de l'Université Laval (1950).

En 1963, une commission d'enquête sur le commerce du livre est créée au Québec. Le Rapport Bouchard recommande la création d'une approbation par le ministère de l'Éducation du Québec des manuels scolaires ainsi que différentes mesures pour instaurer une véritable politique du livre. La Révolution tranquille passera dans ce paysage comme dans les autres, et la mainmise éditoriale de l'Eglise disparaît en 1964. Aujourd'hui alors que les éditeurs québécois sont totalement affranchis de cette tutelle, les disciplines se sont multipliées. La conception et l'édition des manuels scolaires sont devenues des préoccupations publiques. Le manuel scolaire québécois reflète aujourd'hui la diversité de la société : il est publié non seulement en français et en anglais, mais aussi dans toutes les autres langues, indigènes ou autres, qui constituent le Canada contemporain.

Le marché n'en subit pas moins les influences étrangères, notamment avec la forte présence des manuels venus de France, des Etats-Unis et du Canada anglais. Des aménagements s'opèrent : le groupe Chenelière, très puissant dans le domaine du manuel scolaire, a établi un partenariat avec McGraw-Hill aux Etats-Unis et a fait l'acquisition en 2005 du groupe historique Beauchemin. Mais depuis plusieurs années, il arrive au manuel québécois de s'exporter, jusqu'en Polynésie française. La collection « Plus », chez Hurtubise HMH, présente des textes d'auteurs de la francophonie à des classes d'immersion, de français langue seconde, et d'orthopédagogie ainsi qu'à un public en alphabétisation. Mais, une fois encore, la concurrence des éditeurs français demeure extrêmement vive.

3.6.2. Le domaine parascolaire et les usuels

La maison Quebecor Média, notamment avec le Trecarré, semble tenir le haut du pavé québécois. Toutefois, comme pour le livre scolaire, la concurrence très forte de la France, notamment avec les éditions Bordas, est particulièrement sensible.

3.7. Les éditions pour la jeunesse et pour la petite enfance

Dans ce domaine également, il semble que la présence sourcilleuse de l'Eglise catholique ait longtemps cantonné la littérature québécoise dans un registre étroitement moralisateur. Il ne faut pas négliger le fait que l'Index est en vigueur au Québec jusqu'en 1966. C'est dans la revue *L'Oiseau bleu* de Montréal, qu'on trouve le feuilleton *Les Aventures de Perrine et Charlot*, en 1923. On considère ce récit comme le premier texte québécois pour la jeunesse. Le roman historique est à l'époque l'un des rares genres dirigés vers la jeunesse, même si l'imaginaire romanesque pouvait encore, de la part des autorités religieuses, représenter quelque danger. En 1948 est fondée l'Association des écrivains pour la jeunesse. Plusieurs prix littéraires sont créés. C'est seulement dans le dernier quart du XXe siècle que le *je* narrateur apparaît, au détriment du *il* ou du *elle*, réduisant enfin la distance didactique avec le lecteur.

En 1971 est fondée l'association Communication-Jeunesse qui regroupe divers professionnels du livre. Le gouvernement provincial subventionne la littérature de jeunesse par différents programmes et le gouvernement fédéral offre aussi son aide à travers le Conseil des arts du Canada. Dans les années 1970 apparaissent les éditions Le Tamanoir (devenues La courte échelle en 1978). Les collections de romans de qualité « Théâtre pour enfants » et « Le Goéland » sont lancées respectivement en 1973 par Leméac et en 1974 par Fides. Dans les années 1980 la production québécoise du livre de jeunesse devient plus rentable que celle pour les adultes. Certaines maisons y consacrent alors une part importante de leur production. Ainsi Québec/Amérique crée sa série jeunesse « Contes pour tous ». Les années 1990 voient plusieurs universités offrir des formations en rapport avec la littérature jeunesse. Les colloques et les médias reflètent cette évolution. La présence du livre québécois pour la jeunesse sur la scène internationale est un signe de sa vitalité nouvelle. La série-vedette *Caillou* aux éditions Chouette est traduite dans de nombreux pays. De même pour les éditions La Courte échelle et Dominique et Compagnie[384], à forte préoccupation sociale et interculturelle, très célèbres au Québec, qui sont en train aujourd'hui de conquérir le marché francophone et français.

---

[384] http://www.dominiqueetcompagnie.com/

Désormais, chaque année, une quinzaine de maisons québécoises d'éditions pour la jeunesse produisent environ 200 livres. 3 d'entre elles publient à elles seules 50% de la production. Ce sont les éditions Héritage, Pierre Tisseyre et La Courte échelle. Hors Québec, plusieurs maisons publient courageusement des livres pour enfants en langue française. Il s'agit principalement des éditions Annick, du Vermillon, de Toundra, des éditions Prise de Parole en Ontario, et des éditions des Plaines au Manitoba.

Egalement le système des best-sellers dont nous avons parlé, forte tradition québécoise contemporaine, se manifeste avec force dans le monde de la littérature jeunesse. Parmi les précurseurs de ce modèle au Québec, on connaît Anique Poitras, dont la trilogie (*La Lumière blanche – La Deuxième Vie – La Chambre d'Éden*) a connu un succès tel qu'elle est devenue en 2000 un grand roman pour adultes, *Le Roman de Sara*, reconnu comme l'une des œuvres marquantes de ces 25 dernières années.

C'est ainsi que plusieurs auteurs locaux sont parvenus en 2006 à détrôner J.K. Rowling dans le cœur des jeunes Québécois, notamment Bryan Perro avec la série en 12 tomes *Amos Daragon*, Sylvain Hotte avec *Darhan*, Mario Francis avec *Leonis* et Corrine de Vailly avec *Celtina*, tous publiés par les Editions Les Intouchables[385].

4. L'environnement

4.1. L'Académie des Lettres du Québec[386]

Fondée en 1944, son objectif est de servir et de défendre la langue, la culture d'expression française et la place de la littérature dans la société québécoise et nord-américaine. Réunissant des écrivains et des intellectuels de toutes disciplines, cette société compte cinquante sièges. L'Académie organise des colloques, des rencontres avec des auteurs, publie un bulletin annuel, et décerne 3 prix littéraires chaque année.

4. 2. Les médias

4.2.1. Journaux et magazines

Au XIXe siècle, alors que les premiers éditeurs hésitent à publier des œuvres de fiction, plusieurs jeunes journaux publient, de manière fragmentée, soit des romans entiers, soit des contes ou de la poésie. Plusieurs revues littéraires ont permis l'essor des voix québécoises. Ainsi *Les Soirées Canadiennes* entre 1861 et 1865, d'inspiration régionaliste, avec Joseph-Charles

---

[385] http://www.lelibraire.org/article.asp?cat=14&id=2406
[386] http://:www.academiedeslettresduquebec.ca/

Taché et le célèbre abbé Casgrain, et *Le Foyer canadien* (1862-1866), puis *Les Nouvelles Soirées canadiennes* (1882-1888) sont des revues à la fois littéraires et historiques, mais également fortement catholiques et nationalistes. La *Revue canadienne* (1864-1922) montrera des velléités d'ouverture.

Au XXe siècle, la revue *Les Idées* (1935-1939), *La Relève* (1934-1941), s'éloignent des préoccupations folklorisantes des précédentes et s'intéressent à la modernité. *Amérique française* (1941-1964) ouvre ses colonnes à Jacques Ferron et à Anne Hébert. C'est la revue *Parti Pris* (1963-1968) qui tranche avec le catholicisme ambiant, rompt avec le nationalisme conservateur et offre une tribune au *joual*. Fondée en 1959, *Liberté* mène le même combat avec peut-être moins de radicalité mais publie aussi des auteurs non-québécois. La *Barre du Jour* (1965-1976) et *La Nouvelle Barre du jour* (1977-1990) s'intéressent davantage à une conception plus sociale de l'écriture. En 1968, la revue *Les Herbes rouges* provoque volontiers, sans dédaigner la poésie, tout comme *Estuaire*, fondée en 1976. *Stratégie* (1972-1977), de même que *Mœbius*, née en 1977, publient non seulement des poèmes et des nouvelles, mais également des études critiques. *Lettres québécoises* passe en revue les publications courantes. *Nuit Blanche*[387], revue d'information sur les livres écrits ou traduits en français, fondée en 1982, est publiée 4 fois par an. Le site de *Nuit Blanche* présente le contenu de chaque numéro du magazine, sous forme de sommaires, d'extraits d'articles ou de dossiers. Par ailleurs, des articles et des commentaires inédits sont réservés au site.

Les grandes revues universitaires sont *Études littéraires* à l'Université Laval, *Études françaises* à l'Université de Montréal, et *Protée* à l'Université du Québec à Chicoutimi. *Voix et Images*, publiée par les PUQ consacre une partie de chacun de ses numéros à un auteur québécois. A Sherbrooke, *Ellipse* publie des œuvres en traduction, tandis que *Présence francophone* rend compte des activités des pays de langue française. *Ruptures*, fondée en 1992, publie en français, en anglais, en espagnol et en portugais. En Acadie on trouve *Éloizes*, fondée en 1981, et *Vent d'est*, fondée en 1985.

Le magazine *Le Libraire*, incontournable, propose depuis 1998 des textes tant de libraires que de journalistes sur l'édition, les livres et la littérature, avec un tirage de plus de 40 000 exemplaires. Ce chiffre devrait croître considérablement avec l'ajout de quelque 70 nouveaux points de distribution grâce au nouveau regroupement, notamment dans 350 bibliothèques publiques. Selon Denis Lebrun, son éditeur, le site Internet du *Libraire*, enrichi de textes

---

[387] http://www.nuitblanche.com/AfficherPage.aspx?idMenu=2&idPage=2.

inédits ou repris d'autres médias, serait fréquenté par « 5 000 personnes par jour »[388].

Les grands quotidiens québécois *La Presse*, *Le Nouvelliste*, *Le Quotidien*, *La Tribune*, *Le Soleil*, *Le Devoir*, *Le Droit*, *la Voix de l'Est* consacrent épisodiquement des rubriques culturelles à l'édition et à la littérature. Le site *CyberPresse*[389] propose un condensé par thèmes à partir des articles de ces journaux. Les parties *Littérature* et *Lecture* servent de vitrines aux grands éditeurs internationaux traduits à destination de la France et du Québec. On observe sur ce site de grande diffusion que la chronique littéraire semble se placer très à la marge des grands organes d'information nationaux, et les articles – à titre d'exemple le 4 juillet 2007 – témoignent d'un souci davantage sensationnaliste que critique : « Paris Hilton et la Bible », « le 4e divorce de Salman Rushdie », ou encore « un exemplaire des Fleurs du Mal attribué pour 1 million de dollars ».

4.2.2. Les émissions littéraires

Canal Savoir[390], chaîne de télévision documentaire et pédagogique sur Internet propose une seule série d'émissions littéraires entre le 9 avril et le 8 juillet 2007 : « Des livres et des médias », à raison de 6 émissions de 30 minutes.

La rubrique *Livres de Radio Canada*[391] présentent la même sensibilité que les grands médias de la presse écrite : davantage du divertissement qu'une émulation intellectuelle. Le 4 juillet 2007, les nouvelles littéraires sont comparables à celles trouvées sur *Cyberpresse* et mentionnées plus haut.

4.2.3. Les prix et les concours

4.2.3.1. Le Salon du livre de Montréal[392]

Le Salon du livre de Montréal est membre de l'Association québécoise des Salons du Livre[393] et de l'Association de professionnels en exposition du Québec. On peut rappeler qu'en 2005-2006, Montréal a été nommée capitale

---

[388] http://www.lelibraire.org/apropos.asp

[389] http://www.cyberpresse.ca/section/CPARTS02

[390] http://www.canal.qc.ca/

[391] http://www.radio-canada.ca/arts-spectacles/livres/

[392] http://www.salondulivredemontreal.com/contenu/contenu_general/salon/gen_lesalon.sp

[393] http://www.aqsl.org/

mondiale du livre : une multitude de manifestations s'y sont tenues sur l'ensemble de l'année.

Une plus ample information sur ce grand salon international vous est donnée dans la troisième partie de cet ouvrage[394].

4.2.3.2. Le prix Québec/Wallonie-Bruxelles de littérature de jeunesse[395]

Ce prix encourage le développement de la littérature jeunesse de langue française et fait connaître les productions respectives des deux communautés. Remis pour la première fois en 1981, le prix Québec/Wallonie-Bruxelles de littérature de jeunesse est attribué conjointement tous les deux ans à un auteur ou illustrateur de la Communauté française Wallonie-Bruxelles et à un auteur ou illustrateur du Québec, ainsi qu'à leurs éditeurs. Ce sont les ministères québécois des Relations internationales et le ministère chargé de la Culture qui ont la responsabilité de l'administration de ce prix au Québec, tandis que la Communauté française Wallonie-Bruxelles en assure l'administration en Belgique. Le prix Québec/Wallonie-Bruxelles de littérature de jeunesse comprend des bourses à chacun des auteurs ou illustrateurs du Québec et de Belgique et des subventions à leurs éditeurs pour la promotion et la mise en marché des livres primés. On organise également une tournée promotionnelle des lauréats et une mission pour les éditeurs afin de procéder aux arrangements avec des partenaires sur chaque territoire. En 2007, le genre retenu est « Album pour jeune public de 6 à 9 ans ».

4.2.3.3. Le prix littéraire ville de Québec (Salon international du livre de Québec)

Le succès du Salon s'explique par venue de nombreux auteurs québécois et étrangers (plus de 800 en avril 2007), et par la présence d'un nombre impressionnant d'éditeurs venus du Canada, des États-Unis, d'Allemagne, de la Belgique, de France, de Monaco et de Suisse. Plus de 60 000 visiteurs se sont déplacés. La tenue du Festival de la bande dessinée francophone de Québec pour une troisième année au Salon a sans doute contribué au succès de l'édition 2007.

La programmation réserve en effet une place importante aux auteurs de Québec (qui représentent 10% des créateurs littéraires du Québec) en les intégrant à de nombreuses animations : 65% des auteurs présents sur la scène jeunesse et 35% sur la scène des Rendez-vous littéraires provenaient de la région de Québec.

---

[394] Voir *infra* p. 227.

[395] http://www.prix-qwb-litteraturejeunesse.org/historique.html

Le Salon international du livre de Québec bénéficie entre autres du soutien financier de la Société de développement des entreprises culturelles (SODEC) et du Conseil des arts du Canada.

4.2.3.4. Le Festival littéraire international de Montréal Metropolis bleu[396]

En 2007, Metropolis bleu a rassemblé près de 300 auteurs, traducteurs, journalistes et éditeurs venus du monde entier.

4.2.3.5. Le Festival de Trois-Rivières[397]

Trois-Rivières est devenue la ville reconnue de la poésie au quotidien, non seulement pour les poètes, mais surtout pour le public du Canada et d'Europe qui qui vient y lire les poèmes accrochés aux murs de la ville.

4.2.4. Les Bibliothèques

La plus ancienne bibliothèque québécoise est celle de Marc Lescarbot, érudit et avocat établi à Port-Royal en 1606. Les premières communautés religieuses également amassent des bibliothèques. Ainsi bon nombre d'ouvrages de la mission canadienne des jésuites datant de 1632, et du Collège des Jésuites de Québec fondé en 1635, figurent aujourd'hui dans les collections patrimoniales. Aux XVIIIe et XIXe siècles, on trouve aussi des bibliothèques dans les postes de traite ou les postes militaires.

Au XIXe siècle, les bibliothèques des universités, de même que les bibliothèques communautaires et publiques, prennent de l'ampleur. Le financement de la plupart des bibliothèques publiques des premières décennies du XIXe siècle provient des frais d'abonnement. La bibliothèque de Montréal est créée en 1796. Il faudra attendre le XXe siècle, et notamment les années 1960 pour que la politique des bibliothèques publiques connaisse un essor significatif quand plus de 125 d'entre elles sont ouvertes.

En 1998, la Grande Bibliothèque du Québec est ouverte à Montréal :

---

[396] http://metropolisbleu.org/Festival

[397] http://www.fiptr.com/FIPTR-fr/quoideneuf/quoideneuf_2006.html

4.2.4.1. La Bibliothèque et Archives nationales du Québec[398]

La BAnQ a été inaugurée au printemps 2005. C'est un vaste espace de 33 000 m² au cœur de Montréal permet un accès gratuit à plus de 4 millions de documents, dont 1 million de livres. En plus d'assumer la mission d'une bibliothèque nationale, la Bibliothèque et Archives nationales du Québec est la bibliothèque centrale de l'agglomération montréalaise. Il s'agit de la plus importante bibliothèque francophone de l'histoire du Québec.

4.2.4.2. La Bibliothèque électronique du Québec[399]

Cette bibliothèque numérique rassemble des milliers de textes d'auteurs appartenant au domaine public.

5. La difficile implantation du livre québécois en France

La première expérience d'exportation de l'édition québécoise date de la Seconde Guerre mondiale. Le Québec fournit alors l'ensemble du monde francophone en ouvrages que la France, coupée du monde depuis juin 1940, ne produit plus : ouvrages littéraires, scolaires et pour la jeunesse à destination de l'ensemble de l'Empire français, ainsi que du reste du monde. Les éditeurs québécois publient également des auteurs français réfugiés sur le continent américain : Bernanos, Duhamel, Caillois, Maritain, etc. Dans leur sillage, de jeunes auteurs québécois trouvent enfin leur voie : Anne Hébert, Gabrielle Roy, Roger Lemelin, etc. Mais dès le lendemain de la guerre, la situation antérieure est rapidement restaurée ; l'édition française, hégémonique, revient en force et bon nombre de jeunes maisons québécoises, qui ensemble détenaient une forme de monopole en 1945, ferment alors leurs portes.

A la fin des années 1950, pour la première fois, la Société des Editeurs Canadiens lance une démarche collective et provinciale. C'est le premier accord avec Hachette de 1959 pour la distribution d'ouvrages québécois en France. Mais en 1963 les éditeurs québécois procèdent à un pénible constat d'échec : en quatre années 523 ouvrages québécois seulement ont été vendus[400]. On conclut à juste titre à un manque d'organisation et d'expérience. Les quelques auteurs québécois connus en France à l'époque demeurent édités par des maisons parisiennes.

---

[398] http://www.banq.qc.ca/portal/dt/a_propos_banq/renseignements_generaux/grande_bibliotheque/rg_grande_bibli.jsp

[399] http://jydupuis.apinc.org/index.htm

[400] Vincent, Josée, *Les tribulations du livre québécois en France (1959-1985)*, op. cit., p.53.

En 1961, les instances qui souhaitent donner un statut au livre québécois, la Société des Editeurs Canadiens, la Société des Editeurs Canadiens de Manuels Scolaires, la Société des Libraires Canadiens et la Société des Ecrivains Canadiens créent le « Livre Canadien-Français »[401]. Puis, à la faveur de la Révolution tranquille, les aspects culturels de la vie québécoise connaissent une dynamique sans précédent. Le Conseil Supérieur du Livre, chargé de coordonner les efforts et intermédiaire unique entre l'Etat et le monde du livre, se trouve aux mains de la nouvelle vague de l'édition, et le restera pendant vingt ans. Les éditeurs littéraires deviennent alors les vecteurs du renouveau. Ils sont soutenus par les gouvernements provinciaux successifs soucieux de ménager leur soutien dans les grands mouvements de réforme et d'émancipation, et préconisant la pluralité des genres et une large diffusion de la langue française. Ils entreprennent alors de concurrencer la culture française importée et de se tailler également une place dans l'universalisme francophone proclamé. Le système d'accréditation se met en place la même année, qui permet aux libraires soutenant la cause de la culture québécoise de recevoir une aide financière de l'Etat. Grâce à cette mesure, dans les dernières années du XXe siècle, l'édition québécoise représente plus du tiers des ventes en librairie au Québec, ainsi que 95% du livre scolaire[402], malgré les puissantes offensives des français comme Hachette, Flammarion, Gallimard et Bordas. Lors d'Expo 67 est créé le Salon du livre de Québec. Le Salon du livre de Montréal, qui existe depuis 1952, prend son essor à partir de 1962 et revient en force en 1973 sous le nom de *Foire Internationale du livre de Montréal*. Tandis qu'au Québec la vente de 3 000 exemplaires d'un roman représente une réussite, en France la réussite se proclame à partir de 50 000 exemplaires : l'ouverture vers la France représenterait ainsi la fin des déficits des éditeurs québécois. On entend donc instaurer et cultiver, le plus exclusivement possible, des liens privilégiés et autonomes avec la France. Une compétition existe, immanquablement, entre Québécois et anglophones, et cependant les moyens accordés par L'Etat provincial demeurent insuffisants.

En 1967 s'ouvre pour la première fois à Paris un distributeur officiel d'ouvrages québécois, le Centre de diffusion du livre canadien-français. L'espoir est grand. Un catalogue est publié et diffusé auprès des libraires français. L'analyse de Josée Vincent montre combien, chaque année, la construction de ce

---

[401] C'est à cette même période que s'organisent les regroupements professionnels de l'édition canadienne anglophone. The Literary Press est créé en 1975 par l'association des éditeurs canadiens. Ce regroupement sera extrêmement actif notamment dans le domaine du lobbying.

[402] Michon, Jacques, « L'édition au Québec entre l'autonomie culturelle et les logiques marchandes », in Michon, Jacques et Mollier Jean-Yves, dir., *Les mutations du livre et de l'édition dans le monde, op. cit.,* p. 321.

catalogue témoigne du manque d'expérience de ses rédacteurs : classement par auteurs et non par genre (du moins pour la première livraison) et obstination à donner une image conservatrice du Québec. Selon l'expression de Josée Vincent, « l'image projetée par les catalogues demeure celle d'une littérature nationale, donc régionale pour les lecteurs français »[403]. D'autres erreurs s'accumulent : les prix des ouvrages à l'importation sont trop élevés ; personne ne se charge de la sélection des ouvrages proposés, pas plus que de la prospection, de la promotion publicitaire et de l'organisation de la vente des livres en France. En 1972 les instances réagissent, mais six années ont passé au cours desquelles les chiffres des ventes n'ont pas décollé : seuls quelques 30 000 volumes ont été vendus, résultat désolant au regard des investissements[404]. Pendant cette même période, la publication d'auteurs québécois s'est poursuivie en France sous l'égide d'éditeurs français, de même que les co-éditions entre éditeurs québécois et français ainsi que les habituelles cessions de droits. Le gouvernement provincial s'est discrédité aux yeux des éditeurs : avec son accord, Hachette, déjà très présent au Québec, notamment dans le livre scolaire, réussit en 1972 à acquérir 25% du marché local. Quatre solutions s'offrent alors aux éditeurs exaspérés :
- Passer par Bruxelles, davantage ouvert que Paris, pour une meilleure diffusion européenne et francophone (un Centre y a été ouvert).
- S'obstiner à exporter dans des structures frappées d'amateurisme, mais seulement dans le domaine relativement porteur des sciences humaines et sociales.
- Se tourner vers l'Etat fédéral.
- Signer des accords de co-édition ou de cession de droits avec les grands éditeurs français.

Toutefois, à partir des années 1970, prenant le relais de l'Etat provincial, Ottawa crée une dynamique sans précédent. Avec le projet « Livres du Canada – Books from Canada » le gouvernement fédéral propose de soutenir la culture québécoise à travers la promotion de l'unité canadienne[405]. Les points de vue divergent sur les motivations d'une telle entreprise : volonté de noyer le discours souverainiste dans une aventure globalisante pour certains, nécessité d'intervention du fédéral devant les défaillances du provincial pour d'autres. Néanmoins le Conseil des arts du Canada fait alors presque l'unanimité parmi les

---

[403] Vincent, Josée, *Les tribulations du livre québécois en France (1959-1985), op. cit.*, p.72.
[404] *Ibid.*, p. 82.
[405] C'est également à partir des années 1970 que sont créés les premiers salons du livre anglo-saxon au Canada, organisés notamment par les associations des éditeurs ou distributeurs. Book Expo à Toronto est désormais un événement incontournable. La plupart des grandes villes canadiennes ont lancé des événements pour les professionnels et pour le grand public : HarbourFront, Toronto (1991) ; Word on the Street, Vancouver ; Calgary, Toronto, Halifax, Kitchener, etc.

éditeurs francophones : subventions impressionnantes, programmes en faveur des éditeurs et des auteurs (compensations financières du déficit des ventes provoqué par l'action des bibliothèques publiques), politique d'affirmation des cultures canadiennes à l'international – programme dans lequel chaque communauté se retrouve. « Livres du Canada – Books from Canada » permet aux éditeurs de participer à bon nombre de manifestations et de lancer des actions à destination des Etats-Unis et de l'Europe. Mais les déconvenues ne tardent pas : les responsabilités respectives des deux Etats n'autorisent pas le fédéral à intervenir dans le domaine de l'éducation, et les livres scolaires et scientifiques sont exclus ; de même dans l'aide finalement limitée aux auteurs, qui relève du provincial ; également pour la propriété des maisons d'édition, le fédéral se trouve en retrait. Malgré ces obstacles, de grands chantiers sont lancés : quadrupler les envois internationaux d'ouvrages canadiens en 5 années à partir de 1972 ; diffuser collectivement, et à grands moyens, le livre canadien aux Etats-Unis, en Grande-Bretagne et en Europe continentale, et promouvoir le bilinguisme par le soutien à la traduction, discipline tout à fait négligée au Canada où se juxtaposent ce qu'on appelle alors « deux solitudes »[406]. Il s'agit là d'un puissant mouvement fédérateur de l'ensemble du pays, qui trouve de zélés défenseurs, notamment, c'est une évidence, du côté anglophone. Ainsi, en 1977, dans sa *Bibliographie des livres canadiens traduits de l'anglais au français et du français à l'anglais*, Philip Stratford dénonce :

« Il peut sembler étrange qu'un pays comme le nôtre qui a, depuis plus de deux siècles, adopté le principe de deux langues et de deux cultures, ait cependant produit si peu de chose dans le domaine de la traduction ; mais c'est un fait qu'en ce domaine nous nous situons derrière la plupart des pays occidentaux. [...] D'une part la situation minoritaire du Québec a toujours été accompagnée d'une certaine xénophobie, particulièrement à l'égard du reste du pays. [...] De son côté le Canada anglais ne s'est guère préoccupé d'établir une politique culturelle prévoyant la traduction et la vente de ses propres œuvres au Québec. Ce laisser-faire est basé sur la notion erronée d'un "bilinguisme à sens unique", la conviction qu'un Québécois cultivé est nécessairement bilingue et qu'il préfère, s'il en a le désir, lire les œuvres canadiennes-anglaises dans leur texte original »[407].

Trois filiales stratégiques sont implantées : New-York, Londres et Paris. Celle de Paris produit un catalogue de 550 titres destiné à plus de 350 libraires. Toutefois, celui-ci présente les mêmes erreurs que ceux du Centre de diffusion du livre canadien-français quelques années auparavant : ouvrages classés par

---

[406] Expression du romancier Hugh MacLennan reprise par l'éditeur Pierre Tisseyre pour désigner une collection au Cercle du Livre de France au début des années 1970, *in* Vincent, Josée, *Les tribulations du livre québécois en France (1959-1985)*, *op. cit.*, p.103.
[407] Ottawa, Conseil canadien de recherches sur les humanités, pp. X & XII. Voir Vincent, Josée, *op. cit.*, p. 103.

éditeurs, prix en dollars canadiens[408]. Un contrat de distribution est signé avec Flammarion pour la logistique et avec la Librairie Vuibert pour la vente des ouvrages scientifiques. Les désillusions apparaissent dès 1974 lorsque Flammarion rompt son contrat : 46% des livres, mal sélectionnés, sont retournés au distributeur[409]. La structure est déclarée déficitaire, les budgets sont revus à la baisse et en 1976 l'exercice est interrompu. Le projet a souffert, une fois encore, du manque d'expérience de ses cadres, d'une absence de sélection précise des titres parfois inadaptés au marché français, de la méconnaissance de celui-ci, d'une structure trop lourde, et, une fois de plus, les ouvrages sont vendus au prix canadien majoré de 30%. Pour les mêmes raisons, les centres de New-York et de Londres ferment dans les années qui suivent. Apparemment davantage politique que professionnelle, davantage mondaine que comptable, l'expérience a fait long feu, tout comme l'ensemble des initiatives collectives subventionnées. On conclura que l'un des maillons faibles de la chaîne est la distribution.

A la même époque, on assiste au Québec à un phénomène de concentration et de forte montée en puissance de la distribution, comparable à celui alors observé en France et dans l'ensemble du monde occidental. Au cours de la décennie 1970, la distribution des livres au Québec est assurée en large majorité par des distributeurs étrangers qui imposent leurs conditions aux éditeurs comme aux libraires, et qui ne se préoccupent pas nécessairement des ouvrages locaux. Les ministres des Affaires culturelles successifs, en 1976 puis en 1978, préconisent une mutation de la politique culturelle de la province, une collaboration avec d'autres ministères davantage dotés financièrement, et invoquent de plus en plus volontiers la dimension économique de l'industrie du livre et notamment le marketing. Dénonçant vigoureusement l'omniprésence de l'édition française, le gouvernement québécois applique à partir de 1981 la loi 51 favorisant le développement des initiatives québécoises dans le domaine de l'édition. Cette loi amplifie le système de 1965 des accréditations des libraires en l'appliquant également aux éditeurs et aux distributeurs. L'idée est de créer une centrale de distribution pour les livres québécois à l'international, dans la sensibilité souverainiste, l'Association Canadienne de Diffusion du Livre (ACDL), d'obédience péquiste et fossoyeur du CSL fédéraliste. Les opérations débutent en 1978 à Paris avec l'ouverture de la Librairie du Québec, jouant sur la sympathie supposée des Français à l'égard du nouveau gouvernement québécois. Apparemment les erreurs précédentes ne se reproduisent pas : les titres sont choisis et adaptés à l'environnement français, les investissements sont satisfaisants, les livres sont associés à d'autres produits (disques, arts et artisanat). En réalité, le terrain est miné. Les grands éditeurs, échaudés par les expériences précédentes, ne sont pas de la partie. Leur participation financière

---

[408] Vincent, Josée, *Les tribulations du livre québécois en France (1959-1985), op. cit.*, p.107.
[409] *Ibid.*, p. 116.

fait alors défaut et les subventions de l'Etat s'avèrent rapidement insuffisantes. La promotion s'éteint. En moins de deux ans, les livres sont éclipsés par les objets d'artisanat, et c'est apparemment grâce à ces derniers seulement que la Librairie du Québec de Paris parvient à vivoter jusqu'à sa fermeture en 1985. On recrute une attachée de presse qui s'installe à Paris et qui doit y jouer le rôle d'un agent littéraire. Son mandat est trop vaste et sa situation précaire. Malgré plusieurs réussites, Caroline Lévy est licenciée en 1983. Une fois encore, les réalités économiques ont été sous-estimées au profit de considérations culturelles et politiques.

Le Centre Québec-France de Diffusion du Livre (CQFDL) structure qui a tenu jusqu'à la fin des années 1980 grâce à plusieurs distributeurs québécois performants. Le Centre a ciblé des niches qui ont été rentables : livres pratiques, ésotérisme, beaux livres. Un début d'implantation s'est opéré pour une poignée d'éditeurs tels que Ulysse et Mortagne. Cet effort commercial n'a pas fait tache d'huile mais laisse des traces visibles dans le paysage éditorial français aujourd'hui.

Reste alors la diffusion individuelle non subventionnée, entretenue avec profit par des entreprises et de grands éditeurs québécois dans des secteurs spécifiques (sciences humaines, livres pratiques, livres de jeunesse, guides de voyage), qui ont eu les moyens financiers de rester à l'écart de politiques gouvernementales. En revanche, pour les petits éditeurs littéraires – les autres ont parfois réussi à se constituer des niches, il ne reste que la coédition ou la cession des droits. L'autre constat est que le marché parisien est plus que jamais fermé aux éditeurs étrangers, d'une part parce qu'il est culturellement aveugle et sourd à tout ce qui ne lui ressemble pas, mais également parce qu'il est lui-même saturé par sa propre production. En 2005 le marché éditorial français montre une progression de la production de 35,8% en cinq ans[410], même si la dernière année accuse une baisse des ventes de 0,5%. On observe un doublement du nombre de nouveautés annuelles au cours des 15 dernières années avec plus de 52 000 en 2004[411]. Bien que le tirage moyen ait diminué de moitié en 40 années, (7 840 exemplaires en 2004)[412], la littérature, qui représente 18,5%[413], progresse plus lentement que les autres secteurs du livre.

En conclusion, pendant près d'un demi-siècle, le gouvernement provincial s'est montré davantage intéressé par l'éducation que par la culture : les subventions ont été modestes, même si on a eu la volonté de faire de la culture le

---

[410] *Livres Hebdo, Le Marché du livre 2006, supplément au numéro 637*, 17 mars 2006, p.18.
[411] Pinhas, Luc, *Editer dans l'espace francophone, op. cit.*, p. 47.
[412] *Livres Hebdo, Le Marché du livre 2006, supplément au numéro 637*, 17 mars 2006, p.30
[413] Pinhas, Luc, *Editer dans l'espace francophone, op. cit.*, p. 48.

signe de la résistance au biculturalisme fédéral. Dans cette série de mésaventures, les éditeurs semblent avoir commis des erreurs comparables. Un mot récurrent, l'absence : absence de considération pour l'environnement économique français, absence de promotion, absence de sélection, absence de suivi des commandes, absence d'engagement et d'investissement véritables. Les éditeurs semblent considérer l'aventure, quelle qu'elle soit, comme un moyen de se débarrasser des excédents à bon compte, le reste étant abandonné au hasard. En 1991, le journaliste Louis-Bernard Robitaille écrit dans *La Presse* :

« Le temps des grandes illusions à propos du marché français paraît définitivement révolu pour les éditeurs québécois. Il y eut une époque où l'on s'imaginait qu'il suffisait de trouver un réseau de distribution pour vendre les livres québécois en France. [...] Il suffisait de s'installer en librairie. Mieux encore : comme le marché français est dix fois plus gros que le québécois, on en vendrait peut-être dix fois plus... Il y eut des entreprises colossalement ambitieuses. Des ententes groupées, séduisantes sur papier, avec des diffuseurs marginaux, mais réputés efficaces. Dans le premier cas, on perdit beaucoup d'argent. Dans le second, on se contenta de ne pas en faire du tout »[414].

Et cependant la production québécoise s'est multipliée par 23,6 entre 1962 et 2004[415]. Ce chiffre tient compte certes de la production littéraire, mais celle-ci, dont le poids est davantage symbolique qu'économique, reste en deçà des chiffres du livre de jeunesse et des ouvrages de sciences humaines et sociales, avec 28,9% des nouveaux titres en 2002[416]. Le groupe Chenelière, éditeur scolaire et universitaire, doit une part de sa prospérité à un partenariat avec l'américain McGraw-Hill. Les exportations de livres québécois ne représentent encore que 21,2% des importations[417]. En 2000 trois groupes se partagent la distribution – et donc le pouvoir : les Messageries ADP, la Socadis et Dimédia. En 2006, la maison d'édition Quebecor (14 librairies Archambault) est rachetée par Sogides (25 librairies). Le Québec se trouve aujourd'hui dans une situation de quasi monopole éditorial littéraire. Le groupe anglophone Chapters-Indigo diffuse abondamment dans les deux langues. On observe donc au Québec comme ailleurs une tension forte entre intérêts culturels locaux et intérêts économiques internationaux ; et cette tension serait sans doute fatale à l'édition littéraire sans l'intervention de structures administratives financées par l'Etat et cependant indépendantes du pouvoir politique.

---

[414] « Fini le temps des illusions pour les éditeurs québécois qui veulent percer le marché français », *La Presse*, 7 avril 1991, p. C2, *in* Vincent, Josée, *Les tribulations du livre québécois en France (1959-1985)*, *op. cit.*, p. 159.
[415] Pinhas, Luc, *op. cit.*, p. 50.
[416] *Ibid.*, p. 57.
[417] *Ibid.*, p. 243.

Aujourd'hui deux expériences parisiennes semblent éviter la déroute et la tentation du pittoresque. Est-ce parce qu'elles se présentent comme des initiatives biculturelles et fédéralistes ? En 1989 s'ouvre à Paris « Abbey Bookshop – La Librairie Canadienne ». Son rayonnement est modeste, sa reconnaissance marginale, mais la librairie existe encore en 2007, et 1/4 de son fonds est constitué d'ouvrages français. Une nouvelle Librairie du Québec, appartenant à Hurtubise, s'est ouverte en 1995. On y pratique également la diversification : technique avec le multimédia ; culturelle en anglais comme en français. Bien que partiellement subventionnée par l'Etat provincial, l'entreprise est privée. Si la Librairie du Québec fête en 2005 ses 10 années de succès, c'est sans doute grâce à sa propre structure de diffusion Distribution du Nouveau Monde, qui agit pour le compte de quelque 90 éditeurs. Toutefois, plusieurs grands éditeurs québécois, dont les Editions de l'Homme, ne passent pas par DNM, qui finalement, selon Luc Pinhas[418], ne représenteraient que 25% du nombre d'ouvrages québécois vendus en France.

6. Conclure sur le Québec

Le Québec éditorial est sorti il y a plus de 40 ans d'un long engourdissement dont il n'a rien gardé de pesant, contrairement aux idées reçues en France. Davantage américains que français, et certainement aujourd'hui canadiens avant tout, les Québécois se sont façonnés en moins d'un demi-siècle une modernité que bon nombre de pays européens, dont la France, peinerait à vouloir dépasser. D'un geste « révolutionnaire », les auteurs, éditeurs, distributeurs québécois ont su faire table rase de la censure et du regard d'une Eglise paralysante, écouter et faire entendre les voix des minorités tout en dépassant les éléments stériles du régionalisme, s'organiser afin de lutter contre les influences non souhaitées, et adopter avec grand profit les technologies de l'information et de la communication.

Reste que la francophonie de l'Amérique du Nord est une communauté clairsemée aux liens ténus qui éprouve encore des difficultés majeures à se rassembler, à se reconnaître elle-même et à se faire reconnaître. La langue est fragile. Sera-t-elle bénéficiaire ou bien victime de la mondialisation ? Sans doute les deux : reconnue et fossilisée ?

Toujours est-il que l'édition au Québec et dans les régions francophones du Canada est aujourd'hui très active et s'apprête à gagner en puissance. Non seulement elle a trouvé sa place localement mais elle part aujourd'hui à la conquête du reste de la francophonie et du monde. Il est évident que ce front ne sera solide que sur quelques points d'attache seulement, mais il le sera sans doute vraiment.

---

[418] *Ibid.*, p. 41.

Ainsi comme nous l'avons vu, la littérature jeunesse et les best-sellers pour les adultes comme pour la jeunesse sont deux points très forts. Sur le premier on observe le talent innovant, le goût pour l'humour et les produits de qualité de ces éditeurs québécois, qui savent trouver sur le large marché francophone un écho salutaire. Sur le second, on constate que, contrairement à la France contemporaine, le Québec sait dès aujourd'hui exploiter à son profit certaines recettes mises au point aux Etats-Unis.

A la fois confidentiel et grand public, le Québec actuel paraît disposer d'atouts majeurs pour affronter un XXIe siècle riche en possibilités contrastées.

Comment aborder le paysage éditorial québécois ? Voyez nos recommandations dans le chapitre suivant.

III RECOMMANDATIONS

Le contexte international dans lequel évoluent les deux pays participe largement à la définition des recommandations pour les professionnels du livre des deux côtés de l'Atlantique.

Cependant, chacun des deux pays, nous l'avons vu, préserve un certain nombre de spécificités. Il s'agit donc d'optimiser les chances offertes à l'échelle internationale tout en gardant à l'esprit les particularismes nationaux. Un éditeur canadien pour la jeunesse pourra ainsi trouver un agent spécialisé dans la littérature de jeunesse pour une vente de droits à un éditeur français en se rendant à la foire Bologne. Effectivement, il n'est pas étonnant que les transactions France-Canada passent par l'Italie, l'Allemagne, la Grande Bretagne ou les Etats-Unis qui proposent des salons internationaux.

Les quelques recommandations avec lesquelles nous proposons de clore cet ouvrage s'appuient largement sur les constats précédemment établis, et chaque lecteur pourra sans doute parvenir à des conclusions similaires à partir de la matière fournie. Nous consacrerons cependant quelques pages aux salons, tant il est vrai que ces derniers constituent un élément clé de toute stratégie à l'international.

1. Recommandations générales

Quitte à débuter par quelques évidences, une liste de recommandations générales s'impose à tout professionnel du livre souhaitant effectuer une percée vers l'international.

Ainsi, il convient assurément de :

- Connaître relativement bien de la langue du pays-cible. On est toujours mieux perçu et donc nettement plus efficace lorsqu'on parle la langue de son interlocuteur. Le vocabulaire spécifique à l'industrie du livre est facilement repérable en allant sur les sites Internet d'interlocuteurs potentiels.
- Développer une saine sensibilité interculturelle, et par voie de conséquence le sens de la relativité des valeurs.
- Participer aux actions professionnelles gouvernementales dans le pays cible (trade missions).
- Participer aux salons internationaux et nationaux.

- Etudier les revues spécialisées.
- Se constituer des bases de données : fichiers d'adresses, de sources d'information de toutes sortes (presse professionnelle, organismes professionnels).
- Connaître les particularités du système du pays dans lequel on souhaite s'implanter.
- Etablir des liens avec des partenaires, des clients et des fournisseurs potentiels.
- Développer des partenariats privilégiés avec des objectifs précis.

Pour les sept premiers points évoqués ci-dessus, les deux premières parties du présent ouvrage constituent, nous l'espérons, un outil efficace. Il s'agit maintenant de développer les deux derniers points : comment établir des liens et développer des partenariats.

La première question à se poser est bien évidemment : « Quel est le type de partenariat recherché ? ». En effet, il s'agit de déterminer si l'on souhaite établir un partenariat pour une édition (vente des droits d'un livre existant), une co-édition, une diffusion et distribution.

En amont de cette décision, une première étape consistera à prendre connaissance des ouvrages publiés par les différentes maisons cibles, en repérant les champs d'intérêts des éditeurs, en fréquentant les divers salons du livre, en consultant les catalogues des éditeurs et en se rendant dans les librairies, les bibliothèques et dans tous les lieux où il est possible d'interroger des auteurs, des libraires, des bibliothécaires, des enseignants, etc.

Selon le secteur d'édition, les possibilités de partenariats sont multiples. Pour reprendre l'exemple de l'éditeur canadien pour la jeunesse qui souhaite se faire connaître en France, plusieurs pistes peuvent être explorées pour clarifier l'objectif : cession de droits, co-édition, diffusion/distribution. Certains partenaires français, qui sont des prescripteurs situés en-dehors de la relation commerciale, seront de bon conseil. Une prise de contact avec des partenaires, des clients et des fournisseurs potentiels permettra d'établir différentes possibilités de projets.

1.1. Fichiers, annuaires et modèles porteurs

Nous développerons la question des fichiers et des annuaires français et canadiens à destination des professionnels canadiens d'abord et français ensuite dans les chapitres qui suivent. Signalons simplement ici quelques informations utiles à l'international et notamment la richesse des données américaines. Notre propos n'est pas ici d'expliciter les méthodes de pénétration du marché américain mais simplement d'indiquer l'existence d'outils utiles à l'international. Des informations sur les fichiers de *BookWire, Bowker Publisher Services* – qui gère la base US ISBN, sont disponibles à partir de leurs sites. Les organisateurs de salons aux Etats-Unis proposent également des bases de données ou des catalogues intéressants. Si on s'intéresse aux outils proposés par les organisateurs de salons, c'est sans doute le salon de Francfort qui offre la base de données internationale la plus importante – nous y reviendrons.

Par ailleurs, bien que le Canada, comme la France, fasse le constat de l'égocentrisme américain[419], il est impossible, à l'heure actuelle, d'ignorer les phénomènes et les sources d'information américains. Ainsi, au-delà des fichiers et annuaires précédemment cités, il est utile d'observer les initiatives professionnelles à l'international et notamment les initiatives américaines. Il suffit de :

- lire la presse professionnelle américaine (et également britannique) : *Publishers Weekly, The Bookseller, Booseller International, Editor and Publisher*, etc.
- de consulter les sites des organisations professionnelles (Booksense, The Bookseller Association, The American Publisher Association, International Publishers Association, etc.

Ces structures proposent également des fichiers et des études spécifiques.

1.2. Les foires et autres événements d'envergure internationale

Plusieurs sont essentielles et s'inscrivent dans un parcours logique tant il est vrai que les professionnels font de chacune de ces manifestations un rendez-vous incontournable. Le site du BIEF propose un listing régulièrement mis à jour comprenant les actions menées en vue d'une participation aux principaux événements internationaux. On y trouve non seulement la liste des foires mais également celle de catalogues collectifs réalisés à l'occasion de nombreux événements internationaux précis[420].

---

[419] Voir notamment les articles d'Alberto Manguel.
[420] Edition d'un catalogue collectif franco-anglais de titres de jeunesse et de bandes dessinées jeunesse ; Programme Goldschmidt 2007, Programme franco-allemand pour jeunes traducteurs littéraires ; Goldschmidt-Programm 2007, deutsch-französisches Austauschprogramm für junge Literaturübersetzer ; Edition d'un catalogue collectif franco-anglais en sciences humaines et sociales ; « La bibiothèque de l'art de vivre » : édition d'un catalogue collectif franco-espagnol en art de vivre ; Edition d'un catalogue collectif pour les Foires internationales du livre de Taipei et Pékin ; Foire internationale du livre de Taipei ; Taipei international book exhibition ; E-catalogue en sciences humaines et sociales ; 13ᵉ Salon international de l'édition et du livre de Casablanca ; 95ᵉ

Nous nous contenterons de résumer les principales caractéristiques des foires les plus fréquentées par les Européens et les Canadiens, à savoir celles de Francfort, New-York, Londres, Bologne, New-Delhi, Genève et Bruxelles, mais également celles qui se sont imposées récemment à Pekin, au Caire, et en Amérique latine, à Sao Paulo et à Guadalajara. Nous traiterons ultérieurement des salons français et canadiens afin de souligner leur spécificité dans la perspective des échanges entre les deux pays.

1.2.1. La Foire de Francfort[421]

La Foire du livre de Francfort est la plus grande foire du monde dans ce domaine. Elle se tient tous les ans à la mi-octobre, pendant 5 jours. Environ 300 000 visiteurs s'y précipitent, auprès de 7 000 exposants (280 000 visiteurs pour 7 200 exposants en 2005). C'est en effet au cours de cette foire que se négocient, entre autres, les droits de traduction et d'adaptation des textes au cinéma, ainsi que les droits sur les produits dérivés. C'est la raison pour laquelle la liste des professionnels qui s'y retrouvent est impressionnante : éditeurs, agents, distributeurs, détaillants, bibliothécaires, universitaires, illustrateurs, sociétés de services, artistes, auteurs, antiquaires, imprimeurs, professionnels de l'informatique et du multimédia, journalistes, producteurs de films, etc. Certains

---

Conférence de la College Art Association ; Formation des éditeurs d'Algérie ; Formation des libraires d'Algérie ; 23e Foire internationale du livre de Jérusalem ; 20e Foire internationale du livre de Téhéran ; 20th Tehran international book fair ; Foire du livre de Leipzig ; Leipziger Buchmesse ; Salon du livre de Paris ; 33e Foire internationale du livre de Buenos Aires ; Foire du livre de Londres ; Foire du livre de jeunesse de Bologne ; 8e Festival franco-irlandais de littérature ; Edition d'un catalogue franco-arabe en droit et sciences politiques ; 13e Foire internationale du livre de Prague (13rd International book fair - Bookworld 2007) ; 42e Congrès international d'Études Médiévales ; Foire internationale du livre de Turin ; Edition d'un catalogue collectif franco-chinois en littérature pour la Foire internationale du livre de Pékin ; Foire du livre de Thessalonique ; 52e Foire internationale du livre de Varsovie ; Edition d'un catalogue collectif en sciences et médecine ; Foire internationale du livre de Séoul ; Book Expo America ; Foire du livre du Cap ; Séminaire des libraires francophones d'Afrique centrale ; 14th Tokyo international Book Fair ; Hong Kong Book Fair ; Foire internationale du livre de Pékin, Beijing international Book Fair ; Edition d'un catalogue collectif franco-chinois en sciences humaines et sociales pour la Foire internationale du livre de Pékin ; Journées franco-portugaises du livre d'art ; Exposition itinérante de bandes dessinées et de livres de jeunesse au Brésil ; E-catalogue en sciences humaines et sociales ; 52th Belgrade international Book Fair ; Frankfurter Buchmesse ; Gaudeamus - Foire internationale du livre et de l'éducation ; 12e Salon international du livre d'Alger ; Journées franco-portugaises du livre de jeunesse et bande dessinée ; Séminaire des libraires francophones du Proche-Orient ; Catalogue collectif franco-espagnol pour l'espace Art ; 21e Foire internationale du livre de Guadalajara ; 9e Foire internationale Fiction/Non fiction.
[421] http://www.frankfurt-bookfair.com/en/portal.html

professionnels, ne pouvant pas se déplacer choisissent un mode d'exposition « en ligne ».

Cette foire au livre remonte à 500 ans. Elle est créée peu de temps après l'invention de Gutemberg à Mayence (à deux pas de Francfort), à l'initiative de plusieurs librairies. Jusqu'au milieu du XVIIIe siècle, c'est la foire la plus importante d'Europe avant d'être détrônée par celle de Leipzig à l'époque des Lumières. Après 1945, la foire s'est implantée à nouveau à l'Eglise St-Paul et a su garder depuis sa première place mondiale. Quelques chiffres de 2006 : 104 566 nouveaux titres sur un total de 350 619 ; 173 943 visiteurs professionnels ; 12275 journalistes venant de 92 pays différents; 2 855 événements dans le cadre de la foire. Au-delà de l'événement, la société organisatrice propose des services sur l'ensemble de l'année, une base de données Internet ou encore des outils de promotion internationale. Ces services annexes méritent une attention toute particulière car le service base de données, par exemple, permet aux professionnels de préparer des rencontres qui se feront sur la foire et donc d'optimiser le séjour à Francfort.

La base de données du salon de Francfort comprend tous les exposants de la foire et plus encore : 8 000 entreprises de 114 pays différents, 7 300 adresses mails, 5 500 liens aux sites des entreprises. L'organisation de la base permet des ciblages selon plusieurs critères (pays, domaine d'activité). L'accès à la base est gratuit pour les exposants.

1.2.2. BookExpo America

BookExpo America (BEA) est la plus grande foire du livre des Etats-Unis. Elle a toujours lieu dans une métropole – souvent à Chicago, à Washington D.C. en 2006, à New York en 2007, à Los Angeles en 2008 – et dure environ 4 jours. Programmée fin mai, elle déborde parfois sur le début du mois de juin. Tous les grands éditeurs américains y sont représentés ainsi que bon nombre d'éditeurs étrangers. Il s'agit d'un rendez-vous privilégié pour tous les professionnels du livre : plus de 2 000 exposants, 500 auteurs, 60 conférences.

1.2.3. La foire de Bologne[422]

La Foire du livre pour enfants de Bologne existe depuis 1963. C'est le plus grand rendez-vous professionnel annuel de l'édition mondiale du livre de jeunesse. En avril 2006, la foire a rassemblé 1 200 exposants (éditeurs, agents littéraires, créateurs de films, packagers, imprimeurs, organismes internationaux), venus de 64 pays, ainsi que plus de 4 500 visiteurs étrangers. Cette foire s'est donnée l'envergure de la foire de Londres ou de Leipzig, et a

---

[422] http://www.bookfair.bolognafiere.it

connu une croissance récente pour se stabiliser désormais autour de ses 1 200 exposants actuels.

Selon Roberta Cinni, organisatrice de la foire, 81 éditeurs français et 30 éditeurs canadiens y étaient représentés en 2006[423]. L'édition française y est réputée de qualité, autant pour le contenu des livres et que pour les illustrations. L'édition canadienne y est de plus en plus présente, parfois de manière collective. En effet, les stands collectifs comprennent ceux de Toronto et de Montréal. Par ailleurs, le Canada est très présent sur les livres scolaires, notamment avec les Editions Docet.

En 2007, le pays invité d'honneur de la manifestation est la Belgique-Walonnie. Deux expositions lui sont consacrées. La première, intitulée « Parade » met en lumière l'humour, la fantaisie et le brio de l'univers des Fêtes de carnaval, qui ont été inscrites au Patrimoine de l'Humanité par l'UNESCO. 15 artistes parmi les plus connus ont créé pour l'occasion chacun une « image » originale pour la Foire de Bologne. Elles sont toutes réunies dans un portfolio. La deuxième présente un très vaste kaléidoscope des styles et des œuvres d'une cinquantaine d'illustrateurs contemporains originaires de la Communauté française de Belgique-Wallonie. L'office culturel de Catalogne et la Foire du livre de Francfort prennent aussi une place particulière dans cette manifestation, qui réunit toutes les tendances actuelles de l'image pour enfants. Un projet où le Canada sera à l'honneur est à l'étude.

Pour l'organisation de la foire au mois d'avril, Roberta Cinni prend ses rendez-vous dès décembre. Malgré la réputation grandissante de cet événement, il s'agit d'entretenir les liens avec les partenaires existants et de prospecter pour en accueillir de nouveaux, afin que la foire puisse parfaire son excellente réputation internationale.

La foire décerne un prix, le Bologna Ragazzi Award, dans trois catégories : Fiction, Non Fiction et New Horizons, ce dernier attribué aux éditeurs des pays émergents. Le jury est constitué de personnalités internationales reconnues pour leur expertise dans le domaine de la littérature jeunesse.

A cette occasion plusieurs auteurs-illustrateurs et éditeurs français ont été récompensés, voire révélés par le salon de Bologne. En 2005 l'éditeur Thierry Magnier[424] a remporté le prix « Fiction ». En 1995 Véronique Deiss[425] avait reçu le prix « Non Fiction » tandis que Marcelino Truong[426] était récompensé pour *Enfants prostitués en Asie*. En 1991 l'illustrateur Jean Claverie y avait été

---
[423] Entretien avec Christine Evain et Frédéric Dorel, décembre 2006.
[424] *Ibid.*
[425] *Ibid.*
[426] *Ibid.*

récompensé d'une mention « Prix Graphique » pour *Little Lou*. Yan Nascimbene, le concepteur des couvertures de la collection « Page Blanche » de Gallimard y a également obtenu un prix graphique en 1988, puis de nouveau en 1992 pour *Antibes, Clavière et autres couleurs*. L'illustratrice Anne Herbauts y a elle aussi été mise à l'honneur en 1999.

Chaque année, la foire héberge une exposition d'illustrateurs : 100 artistes sur 3 000 qui se présentent sont récompensés par un généreux système de prix. En effet, l'exposition des illustrateurs permet au public d'apprécier les originaux de créateurs, sélectionnés par un jury international de professionnels de l'édition et de l'image. Cette initiative d'exposition, animation et jeu-concours n'est pas unique en soi. Au salon de Montreuil, on trouve également une animation sous forme de jeux concours (le concours « figures futures » dédié aux écoles) – initiative que Roberta Cinni salue en décrivant du dynamisme international du livre pour enfants. Effectivement, selon l'organisatrice du salon, il s'agit de faire en sorte que les foires et les salons soient non seulement des vitrines vivantes de l'activité de la profession mais également des lieux privilégiés de renforcement de ce dynamisme.

On remarque la forte présence des agences à Bologne : agences littéraires, packagers, agences de licensing audiovisuels, ou encore qui se consacrent aux produits dérivés (TV, vêtements produits par des grands groupes).

Les petits éditeurs occupent une place non négligeable : ils se manifestent par des produits raffinés.

Roberta Cinni souligne le fait que pour que la présence dans les foires commence à porter ses fruits, il faut compter la participation à deux ou trois salons en Europe. C'est un investissement qui se fait sur la durée : il s'agit de construire des relations avec des partenaires éventuels.

1.2.4. London Book Fair[427]

Le London Book Fair a lieu traditionnellement au mois de mars et a eu lieu au mois d'avril en 2008. C'est un événement qui s'adresse aux professionnels uniquement. Contrairement à BookExpo America la foire de Londres est résolument internationale. 23 000 exposants venant de plus de 100 pays s'y retrouvent chaque année. Cette foire est aujourd'hui devenue presque aussi importante que la foire de Francfort.

---

[427] http://www.londonbookfair.co.uk

1.2.5. World Book Fair de New Delhi

Créée en 1972, cette foire organisée par le National Book Trust of India (NBT) est la plus ancienne du pays. Elle se tient au mois de février. L'Inde est le 3ᵉ producteur mondial de littérature anglo-saxonne. Avec 12 000 éditeurs et environ 90 000 titres par an, la production de livres en Inde est en pleine expansion. La foire de New Delhi accueille 1 million de visiteurs et des exposants venant de 18 pays différents. Cette foire est sans aucun doute amenée à connaître une progression spectaculaire dans les années à venir.

1.2.6. Le Festival Suisse de Littérature pour l'Enfance et l'Adolescence de Genève[428]

Cette manifestation vise à promouvoir la littérature de jeunesse par une série d'événements (expositions, spectacles, conférences, animations) destinés non seulement au jeune public mais aussi aux parents et à tous les professionnels. Le Festival se tient tous les deux ou trois ans dans sa version francophone, étant organisé chaque année, en alternance, dans l'une des 3 régions linguistiques de la Suisse.

1.2.7. La Foire du livre de Bruxelles

La Foire du livre de Bruxelles prend de l'ampleur chaque année. Pour sa 37ᵉ édition, en mars 2007, les chiffres ont été les suivants : 162 exposants représentant 1 375 éditeurs, 800 auteurs et plus de 70 000 visiteurs. Bien que cette foire soit encore modeste, c'est un rendez-vous important dans le monde francophone et les organisateurs souhaitent renforcer sa réputation en faisant porter leurs efforts à la fois sur l'accueil des professionnels et du grand public, la programmation culturelle et la couverture médiatique.

1.2.8. La Foire du livre de Pékin

La Foire du livre de Pékin (Beijing International Book Fair[429]) est maintenant incontournable. Les éditeurs français, grâce à l'aide du BIEF commencent à s'y intéresser sérieusement. Plus de 3 000 exposants d'une cinquantaine de pays différents et plus de 150 000 visiteurs dès 2005. Ce nombre ne cesse d'augmenter.

---

[428] http://www.exfolie.net/rubriques/10lireetecrire03.htm
[429] http://www.bibf.net

1.2.9. La Foire du livre du Caire

La Foire du livre de du Caire (Cairo International Book Fair[430]) a lieu pendant une semaine chaque année. Avec plus de 30 00 exposants et un nombre de visiteurs qui varie entre 1 et plus de 4 millions selon les sources, la dimension de cette foire dépasse largement sa réputation auprès de ce qu'imagine le public français.

1.2.10. Les Foires de Sao Paulo et de Guadalajara

Les Foires du livre de Sao Paulo (Bienal internacional do livro de São Paulo[431]) et de Guadalajara (Feria internacional del libro de Guadalajara [432]) ont lieu respectivement deux et une fois par an.

La Foire du livre de Sao Paulo accueille plus de 500 000 visiteurs et organise plus de 130 heures d'événements. Les exposants sont moins nombreux que pour la Foire de Guadalajara (environ 320 en 2004), mais leur nombre augmente chaque année.

La Foire de Guadalajara s'installe au premier rang des foires d'Amérique Latine, et rivalise avec les plus grands salons du monde : c'est le seul qui propose un programme aussi important, à la fois grand public et professionnel. Les professionnels sont de plus en plus nombreux à s'y rendre. Depuis 2005, ils sont plus de 15 000, sur un total d'environ 500 000 visiteurs. Les agents littéraires viennent également en force (plus d'une centaine depuis 2005). Le nombre des exposants dépasse maintenant les 1 600 ; plus de 45 pays étant représentés.

1.2.11. Autres foires en expansion

La foire de Hong Kong, avec 390 exposants et 640 000 visiteurs en 2005 contre 367 et 500 000 en 2004, rassemble les principaux éditeurs hongkongais, taiwanais et de Chine continentale. Mais il existe également des foires spécialisées par domaines, dont plusieurs en dehors de l'Europe et de l'Amérique du Nord. Le BIEF mène un certain nombre d'actions facilitant les démarches des éditeurs spécialisés.

1.2.12. Pour conclure sur le sujet des salons internationaux

Les actions gouvernementales mises en valeur sur le site du BIEF méritent une attention toute particulière. Elles récapitulent les efforts récents des professionnels français pour s'aventurer sur des territoires nouveaux et

---

[430] http://www.cibf.org.
[431] http://www.bienaldolivrosp.com.br.
[432] http://www.fil.com.mx.

notamment découvrir les salons hors de l'Europe et de l'Amérique du Nord. Ces foires, inconnues du grand public français, sont devenues très récemment les plus grandes du monde. Elles représentent des marchés considérables dont plusieurs sont encore peu exploités par les éditeurs français et canadiens. Il suffit de noter le nombre d'exposants et de visiteurs sur les foires de Pékin, du Caire, de Sao Paulo et de Guadalajara, pour comprendre que ces foires sont d'ores et déjà incontournables. Par ailleurs, comme nous l'avons souligné pour le salon de Francfort, les bases de données et services annexes proposés par les organisateurs méritent une attention toute particulière. Tous les salons ne proposent pas nécessairement un service aussi performant que celui mis en place par Francfort, mais il est important pour un professionnel qui se déplace à l'étranger d'optimiser son séjour en préparant en amont les rendez-vous qu'il souhaite programmer pendant le salon. Si l'organisateur du salon n'est pas en mesure de fournir un fichier électronique, il suffit parfois d'avoir le catalogue de l'année précédente pour organiser son temps. Après le salon, il s'agit bien évidemment d'exploiter les contacts établis et d'organiser un suivi efficace.

1.3. Les agents et services internationaux

On remarque souvent que les agents américains ont une envergure internationale et permettent à leurs clients de pénétrer le marché canadien aussi facilement que le marché américain ou même européen. Mais les agents s'appuient généralement sur des relais locaux.

Pour les services de distribution ou de packaging, notre information est intégrée aux parties concernant la France et le Canada.

2. Recommandations pour les professionnels canadiens (anglophones et francophones)

2.1. Contacts privilégiés, fichiers et annuaires

La situation est très différente pour les anglophones et les francophones. Pour les premiers, si les collections ou les ouvrages considérés ne requièrent que peu ou pas de travail de mise en page ou d'illustration, la cession des droits semble être la solution la plus largement adoptée. Pour ce type de démarche, une présence dans les salons internationaux est tout à fait indispensable. Il ne sera pas étonnant que les contrats conclus sur ces salons permettent à l'éditeur canadien d'être accueilli par des maisons qui, déjà, font preuve d'un intérêt certain pour la production canadienne.

Nous l'avons vu, plusieurs maisons, chez Hachette et chez Editis, s'ouvrent à la littérature canadienne : Hachette avec Grasset ; Editis avec Laffont et Plon. Certaines sont indépendantes : Gallimard (avec le Boréal), Flammarion, La Martinière-Le Seuil, Albin Michel et enfin Actes Sud, présent au Canada avec Leméac. Par ailleurs, plusieurs grossistes, (par exemple, les départements "Industrie et Services" au sein d'Hachette et Editis), montrent également un intérêt certain pour le Canada.

Le deuxième cas est celui de l'éditeur francophone ou anglophone qui choisit de ne pas opter pour une cession de droits. Ainsi les collections ou ouvrages considérés représentent un investissement important au niveau de la mise en page ou des illustrations, et l'éditeur peut souhaiter explorer les champs des co-éditions et des éditions internationales.

Pour cela, il n'existe pas d'autre méthode que de rechercher des partenaires spécifiques selon les marchés. Par exemple, pour le livre de jeunesse, il est important de contacter :
- les prescripteurs : La Joie par les livres, les revues pour enfants, pour enseignants ou autres revues spécialisées ;
- les organisateurs de salons spécialisés en France (le salon de Montreuil, notamment) ;
- les organes publicitaires, qui peuvent offrir non seulement des espaces pour une publicité, mais également des possibilités de marketing direct.

Il est important, par ailleurs, de ne pas dépenser son énergie en vain sur un projet qui ne saurait aboutir. Nous l'avons vu, le marché du manuel scolaire est extrêmement difficile à pénétrer : il se trouve presque exclusivement entre les mains des grands groupes français qui suivent de près les programmes scolaires établis par le ministère. Les éditeurs étrangers ont actuellement peu de possibilités d'acquérir une part de marché sur ce terrain-là.

Selon le secteur, les recherches de prescripteurs, d'organes publicitaires, de presse spécialisée, prendront une orientation différente. Cependant, il existe des outils communs à tous les secteurs. Outre la presse spécialisée, dont nous avons déjà parlé dans la première partie de cet ouvrage, la plupart des institutions évoquées proposent des supports et des fichiers qu'il convient d'exploiter. Les outils du journal *Livres Hebdo*, ou bien des syndicats et des groupements professionnels ou institutions précédemment mentionnés, se présentent sous forme de fichiers, études ou rapports, et constituent une source d'information quelque peu labyrinthique. Pour ne pas s'y perdre, un ciblage judicieux est nécessaire. Des requêtes spécifiques auprès des organismes ciblés permettent souvent de gagner du temps. D'où l'importance également des conseils demandés aux partenaires éventuels.

2.1.1. Le « European Book World » (EBW)[433]

Pour celui qui cherche un annuaire très général, le « European Book World » (EBW) offre la possibilité de couvrir l'Europe : cet annuaire décrit le marché du livre en Europe de l'Ouest et de l'Est et comprend les maisons d'édition, bibliothèques et librairies. Il s'adresse à une clientèle internationale parmi les éditeurs, libraires, agents littéraires, universitaires, chargés d'études de marketing, écrivains, imprimeurs, tous ceux qui cherchent des contacts dans le marché du livre européen.

Précisons les trois principales sections qui composent le EBW :
- L'édition : 55 000 maisons d'édition référencées, comprenant les éditeurs de livres, CD-Roms et autres publications électroniques, et aussi les packagers.
- Les bibliothèques de tous types : 64 000 bibliothèques d'ouvrages de référence et les bibliothèques de prêt de toutes tailles, les bibliothèques universitaires/tertiaires, générales et spécialisées, les bibliothèques d'entreprise, les bibliothèques juridiques, médicales/en milieu hospitalier, techniques, de recherche, gouvernementales et bien d'autres.
- Le commerce du livre : 50 000 détaillants – y compris la vente par correspondance – les grossistes, diffuseurs et distributeurs, les représentants, les soldeurs, les sociétés d'abonnement, les clubs de livres.

Par ailleurs, l'annuaire comprend des sections mineures de plus en plus significatives : agents littéraires, sociétés littéraires, prix et récompenses littéraires, associations d'éditeurs, de libraires et de bibliothèques, imprimeurs, livres et revues de référence sur le marché du livre.

Le système d'indexation EBW permet d'extraire les données recherchées dans une base très vaste. Les index spécialisés offrent la recherche par taille d'organisation, situation géographique, type de livre, et l'index de sujets comporte plus de 4 000 sujets hiérarchisés.

Au-delà des adresses, EBW fournit des informations relatives à l'organisation des structures ciblées (le personnel, les spécialisations, la structure de l'organisation, etc.). S'il s'agit d'une maison d'édition, la base de données précisera également les ventes, les lectorats-types, les distributeurs, représentants, etc.

EBW existe en version papier; sur CD-Rom et sur Internet.
L'acquisition de ce fichier est particulièrement intéressante pour un professionnel de l'édition s'intéressant au potentiel non seulement de la France mais de toute l'Europe.

---
[433] http://www.andrand.com/

Cependant, il est possible de travailler également sur des fichiers plus ciblés.

En ce qui concerne la France, les syndicats et organismes professionnels précédemment évoqués sont susceptibles de fournir des outils recherchés pour le marché national.

Par ailleurs, nous avons vu que de nombreux sites offrent des informations ciblées. Celui du salon du livre de jeunesse à Montreuil comprend une base de données qui présente les 250 nouveautés des exposants présents au salon. On peut retrouver le nom et les coordonnées des éditeurs par ordre alphabétique.

Pour revenir à une approche plus ciblée, il s'agit d'établir la liste de quelques partenaires spécifiques. Pour ce faire, l'éditeur canadien peut se reporter à la description du paysage français de l'édition dans la première partie de notre ouvrage. Pour récapituler les contacts incontournables qui permettent de débuter la recherche, une première prise de contact avec le Syndicat national de l'Edition (SNE) permet de recenser les salons.

2.1.2. L'Alliance des Editeurs

Financée par des fondations, l'Alliance des Editeurs a été créée en 2002 pour porter une thématique de l'UNESCO. En octobre 2005, cet organisme vote une convention pour la protection et promotion de la diversité des expressions culturelles. 179 pays sont signataires. L'Alliance des Editeurs est donc une voix qui s'élève contre « la logique des containers ». La préférence est toujours donnée aux acteurs locaux. D'où la dénonciation des marchés de l'Education nationale et la préconisation de coéditions. Pour se faire, il s'agit de créer un chaînage et des partenariats visant à promouvoir l'empowerement. Les partenariats structurels sont limités. L'association privilégie les partenariats plus souples.

Pour mettre en place un projet, un éditeur leader est désigné. Plusieurs éditeurs se regroupent autour de lui et contractualisent avec un auteur.

Depuis les années 1980, les éditeurs indépendants bénéficient d'un rayon FNAC spécifique (« éditeurs indépendants de création ») : d'un point de vue commercial, leur label est porteur. Certaines maisons l'ont compris, parmi lesquelles on trouve Gallimard et Actes Sud. Par exemple, *L'ombre d'Imana* de Véronique Tadjo est d'abord publié chez Actes Sud, qui cède ensuite les droits à l'Alliance des Editeurs pour une co-édition internationale.

L'état d'esprit de l'Alliance des Editeurs marque le passage de l'exception culturelle à la défense formelle de la diversité des expressions culturelles. La valorisation des différents membres de la Francophonie est au cœur de cette entreprise. Etienne Galliand, actuellement responsable de l'Alliance, est un médiateur interculturel entre les éditeurs. L'éditeur traditionnel se montre parfois individualiste, féodal (la maison). Le partenariat n'est donc pas spontané. Il n'y a pas d'aide possible par l'intermédiaire des syndicats. L'Alliance des Editeurs est donc davantage un état d'esprit au service des membres de la Francophonie qu'une structure. Dans les programmes de co-édition choisis, l'Alliance s'occupe de la mise en place et du suivi du timing. Cette structure est un garant juridique du projet. Par ailleurs, elle assure la promotion de l'ensemble du catalogue.

Etienne Galliand sait se montrer optimiste : l'indépendance, l'autonomie et la modestie des projets deviendront des avantages commerciaux. Les éditeurs indépendants sont à l'avant-garde par leur capacité d'adaptation et de survie, par leur sens de l'acculturation intelligente[434]. Ce sont des altermondialistes modérés souhaitant favoriser l'action.

2.2. Les foires et événements français d'envergure nationale ou internationale

Il existe plusieurs fêtes du livre en-dehors de Paris qui permettent une démarche ciblée. Ces événements sont souvent considérés comme plus ouverts, car ils donnent une chance à des livres avec peu de moyens promotionnels et ils « déparisianisent » l'édition. Ainsi « Etonnants Voyageurs » à Saint-Malo (Michel Le Bris assure la postérité de Nicolas Bouvier et Elia Maillard), le Salon du livre de Poche à Bordeaux, la Fête du livre de Brive.

Ces événements, conçus par des institutions qui veulent faire vivre les réseaux locaux, sont parfois fragiles. Par exemple, le Salon du livre à Nice n'existe malheureusement plus. Malgré la fragilité des événements régionaux, le système promotionnel se déparisianise : on observe une force nouvelle des régions, une démocratisation des initiatives. Quelques grandes maisons régionales reflètent ce phénomène, par exemple Actes Sud et Piquier.

Voici quelques-uns des événements nationaux d'envergure internationale soutenus par le SNE :

• Le Salon du livre de Paris

• Les Belles Etrangères

• Le Salon du livre de jeunesse à Montreuil

---

[434] Voir Gilles Colleu, *Editeurs indépendants : de l'âge de raison vers l'offensive? : L'éditeur indépendant de création, un acteur majeur de la bibliodiversité*, Paris, Alliance des Editeurs Indépendants, 2006, p. 94.

• Les petits salons spécialisés : le Salon de la BD à Angoulême, Mai du livre d'Art, les Parcours professionnels pour la lecture jeunesse (PPLEJE), Lire en Fête, le Salon du livre de science pour tous, etc.

Outre les rencontres entre les professionnels et le public, remarquons que ces événements sont souvent l'occasion de remises de prix. Par ailleurs, notons que le dynamisme de chaque type de salon est directement lié au dynamisme du secteur. Par exemple, bien que le salon « Mai du livre d'Art » existe depuis une vingtaine d'années, celui-ci reste de taille moyenne, alors que le Salon du livre de jeunesse à Montreuil est en pleine expansion (plus de 250 exposants en 2007).

Selon les professionnels eux-mêmes, les salons deviennent des lieux de rencontre profitables lorsque la démarche n'est pas une initiative ponctuelle. Il s'agit de préparer et de suivre le travail occasionné par un salon. Si possible, il s'agit également d'effectuer ce travail sur la durée, en participant à plusieurs salons, afin d'assurer un développement logique des relations professionnelles.

2.2.1. Le Salon du livre de Paris[435]

Le Salon du livre de Paris est une manifestation consacrée à l'écrit créée en 1981, organisée chaque année au printemps, qui a lieu au Parc des expositions de la Porte de Versailles depuis 1992. Il se tenait auparavant au Grand palais.

La manifestation accueille à la fois grands et petits éditeurs. Son originalité est d'être ouverte aux professionnels comme au grand public. Des rencontres avec les écrivains y sont organisées, ainsi que des débats thématiques, qui font de ce rendez-vous un grand moment culturel et festif.

L'édition 2006, organisée du 17 au 22 mars, a accueilli 174 000 visiteurs (+5,4%), dont 54 000 à titre payant. Elle a réuni 1 200 éditeurs, dont 300 étrangers représentant 25 pays. L'ensemble des stands couvre une superficie de 55 000 m².

Le Salon du livre de Paris est consacré chaque année à un thème différent : l'Allemagne (1989 et 2001), l'Inde (1990), l'Italie (1991 et 2002), l'Espagne (1992), les États-Unis (1996), le Japon (1997), le Brésil (1998), le Québec (1999), le Portugal (2000), la littérature néerlandophone (2003), les lettres chinoises (2004), la Russie (2005) et la francophonie (2006).

L'Inde a été choisie comme invitée d'honneur de l'édition 2007.

Le Salon du livre de Paris est une création du Syndicat national de l'édition, qui a en confié l'organisation, depuis l'origine, à la société Reed Expositions France.

---

[435] http://www.salondulivreparis.com.

2.2.2. Les Belles Etrangères

Les Belles Étrangères[436] ont lieu chaque année au mois de novembre. Ce salon favorise la découverte des littératures étrangères contemporaines. Le principe de la manifestation repose sur l'invitation d'un groupe d'écrivains d'un même pays ou d'une même aire linguistique, et l'organisation d'une série de rencontres dans toute la France, dans des librairies, des bibliothèques, des universités et des associations culturelles. Un livre et un film accompagnent l'événement.

2.2.3. Le Salon du livre de la jeunesse à Montreuil[437]

Eclectique dans ses propositions, ce salon met en scène, pendant six jours, le livre, la presse et la bande dessinée jeunesse, ainsi que des documentaires. 250 exposants présentent leurs nouveautés et offrent un panorama complet de l'édition pour la jeunesse. Avec 145 000 visiteurs en 2006, ce salon est sur le chemin de devenir aussi important que le Salon du livre de Paris. Rythmé par des lectures, des rencontres, des expositions, des animations et des dédicaces, ce salon propose une étonnante diversité de styles et de formes. Cet événement, qui s'adresse aussi bien au grand public qu'aux professionnels, propose, à titre d'exemple :

- un kiosque de la presse des jeunes où 100 titres de magazines sont à consulter en libre-service (ce secteur séduit les jeunes : 3 enfants sur 4 lisent régulièrement un magazine) ;

- un grand marché de l'édition, dédié aux très petits et aux jeunes éditeurs (une soixantaine de structures est concernée) ;

- « l'archipel bande dessinées » qui accueille une quarantaine d'éditeurs indépendants et innovants ;

- un nouvel espace spécialisé en littérature étrangère où les éditeurs et les libraires présentent des ouvrages en langue originale : cet espace est baptisé « Le temps en V.O. ».

Le bilan de 2006 affiche fièrement plus de 2 000 rencontres organisées entre près de 500 illustrateurs, une soixantaine de maisons d'édition et de magazines pour les jeunes. Le but de ces rencontres est de faire le lien entre experts et néophytes. Les visites de groupes donnent également au Salon de Montreuil une large popularité : plus de 1 000 visites scolaires, des classes de maternelles au collège.

---

[436] http://www.belles-etrangeres.culture.fr.
[437] http://www.salon-livre-presse-jeunesse.net

Du côté des professionnels, 21 000 personnes accréditées ont participé aux débats, ateliers et tables rondes.

Par ailleurs, les prix littéraires attribués par le Salon de Montreuil et ses partenaires ont pour objectif de favoriser la création et de promouvoir une littérature de jeunesse de qualité qui prenne en compte l'évolution des jeunes lecteurs et celle de la société. Les prix littéraires 2006 sont le Baobab, le Tam-Tam et le prix de la Presse des Jeunes. Le Baobab récompense l'album français le plus créatif de l'année. Ce prix, doté de 7 500 euros, est attribué par un jury d'artistes et de professionnels. Ce prix est parrainé par le Syndicat de la Librairie Française, *Le Monde*, l'Association des librairies spécialisées jeunesse et le Salon du livre et de la presse jeunesse. Le prix Baobab 2006 a été remis à l'album *Le Nez*, d'Olivier Douzou (édité par MeMo). Attribués par deux jurys composés de jeunes de moins de 15 ans, les 2 prix Tam-Tam permettent d'initier enfants et adolescents à la critique littéraire. Quatre romans sont ainsi soumis aux 9-12 ans, et autant aux 12-15 ans. Lecteurs solitaires ou membres d'un groupe, en classe ou entre amis, ils ont voix « aux chapitres » et peuvent, jusqu'au 6 novembre, voter grâce aux bulletins de participation téléchargeables et publiés dans les revues *J'aime lire* et *Je bouquine*, partenaires des prix. En 2006, les prix Tam-Tam du roman jeunesse ont été attribués à des ouvrages des éditeurs La Joie de lire et Gallimard jeunesse. Créé en 2003 par le Syndicat de la presse des jeunes pour « aider à faire comprendre le monde d'aujourd'hui », le prix de la Presse des Jeunes récompense deux ouvrages à caractère documentaire, l'un s'adressant aux moins de 10 ans (catégorie Enfant), l'autre aux enfants plus âgés (catégorie Junior). Attribué par un jury de journalistes, en 2006 ce prix est parrainé par le secrétaire général de Reporters sans frontières. Nathan et La Martinière jeunesse furent les deux éditeurs primés en 2006.

Outre les occasions de rencontres et l'animation offerte par le Salon du livre de jeunesse à Montreuil, le site Internet dédié à cet événement est précieux tout au long de l'année pour celui qui s'intéresse à l'édition de jeunesse. En effet, celui-ci comprend une base de données qui présente les 250 nouveautés des exposants présents au salon. On peut retrouver le nom et les coordonnées des éditeurs par ordre alphabétique.

2.2.4. Les autres salons

Parmi les autres salons, plus petits et plus spécialisés que l'on peut retenir pour une approche plus ciblée, citons simplement : La Fête de la BD[438], le Salon Mai du Livre d'Art[439] (ce petit salon – 48 éditeurs seulement – existe depuis 19

---

[438] http://lachaine.tf1.fr/lachaine/fetedelabd/
[439] http://www.mai-livredart.com

ans) ; les Parcours professionnels pour la lecture jeunesse (PPLEJE)[440]; Lire en Fête[441]; Salon du livre de science pour tous[442].

Enfin, pour conclure ce chapitre sur les salons, nous souhaitons mettre en lumière un festival en particulier. Lors de sa 3e édition, le Festival America a accueilli 55 auteurs du continent nord-américain pendant trois jours. Ce festival rassemble lectures, débats, café littéraire et rencontres qui permettent des échanges à plusieurs échelles. Expositions, concerts, films documentaires et longs métrages viennent compléter la parole et l'écrit afin que le public puisse mieux saisir les réalités et la diversité culturelle de l'Amérique du Nord : une Amérique en trois langues et riche d'une véritable palette de cultures différentes. En bâtissant un pont entre le Vieille Europe et le Nouveau Monde, le festival s'est fixé pour objectif de célébrer la richesse et la diversité des littératures.

Voici le commentaire du journaliste Julien Wagner : « Amazing! Vincennes s'américanise le temps d'un week-end. Le parvis de l'hôtel de ville s'est orné des plus belles photos de Montréal pour conduire le public vers le chapiteau destiné à présenter ce qui se fait de mieux en Amérique en matière de littérature. Ainsi, entre les incontournables ouvrages de Dan Brown et Bret Easton Ellis, on part à la découverte de la nouvelle vague d'auteurs tantôt amoraux et subversifs tels que Chuck Palahniuk, Norman Green ou Ken Kalfus, tantôt aventureux comme Joseph Boyden ou Gary Indiana, tantôt plus intimistes tels que Pan Bouyoucas ou Nancy Huston. Certains de ces romanciers ont donné vie à des longs métrages essentiels qui seront projetés pour l'occasion »[443].

---

[440] http://www.parcours-lecture-jeunesse.com

[441] http://www.lire-en-fete.culture.fr. Lire en Fête est organisée par le ministère chargé de la Culture (Centre national du livre) avec le soutien de nombreux autres ministères : Education nationale, Enseignement supérieur et recherche, Justice, Affaires étrangères, Santé et protection sociale, Outre-mer. Pendant trois jours, en France et dans plus de 150 pays, des milliers de manifestations sont organisées gratuitement dans des lieux parfois inhabituels, comme des cafés, des places de villes et de villages, des commerces, des gares, des marchés, des cinémas, des théâtres, mais aussi des hôpitaux ou des prisons et, dans les lieux habituels du livre tels les librairies et les bibliothèques. En octobre 2007, Lire en Fête commence par « La Nuit de l'écrit » qui célèbre la rencontre des arts et le mélange des formes. Comédiens et auteurs se réunissent dans des lieux insolites pour organiser des lectures inattendues, des déambulations poétiques, des cabarets, des bals littéraires, des soirées de contes, des concerts-signatures. La thématique « Une Ville, une œuvre » propose un voyage dans la géographie de l'imaginaire, à travers un flot de manifestations pluridisciplinaires.

[442] http://www.sciencespourtous.org.

[443] Voir le site Internet du Festival America 2006 : http://www.evene.fr/culture/agenda/festival-america-2006-8523.php.

Le Festival America est un exemple d'une nouvelle ouverture du monde du livre en France vers l'Amérique du Nord. Il fait partie des jeunes initiatives à suivre, leur dynamisme pouvant rapidement les transformer en événements incontournables pour un éditeur canadien.

L'enseignement à tirer sur les salons en France ressemble à ce que nous avons dit au sujet des salons à l'étranger : outre l'occasion de rencontres, il s'agit d'exploiter les services des organisateurs. Si pour des petits événements, ces services se limitent à la production d'un catalogue, d'autres salons (et tout particulièrement ceux en croissance) proposent des outils précieux sur leurs sites Internet.

2.3. Les agents

Comme nous l'avons vu précédemment, les agents ne sont pas aussi bien établis en France que dans le monde anglo-saxon. Néanmoins, nous avons remarqué que pour les ouvrages d'origine étrangère, ils sont pratiquement incontournables. De plus, ils sont peu nombreux : inutile de se reporter à un annuaire professionnel pour les recenser. Nous avons cité les principaux (François Samuelson, Susanna Lea, Michelle et Catherine Lapautre, Pierre Astier, Mary Kling, Vanessa Kling, Michèle Kanonidis, Eliane Bénisti, Lora Fountain, Anne Confuron, Anna Jarota et Georges Hoffman[444] – tous présents au Festival America de Paris en 2006).

Le compte-rendu de nos entretiens avec certains d'entre eux[445] permet de mieux situer leur approche professionnelle. Nous recommandons vivement ces agents à tout éditeur souhaitant s'implanter en France.

3. Recommandations pour les professionnels français

3.1. Contacts privilégiés, fichiers et annuaires

De leur côté, les professionnels français souhaitant travailler avec le Canada ont également des pistes à suivre :
- recours aux agents et aux professionnels,
- connaissance du système de diffusion (Dimedia[446], Rainscoast, etc.),

---

[444] Au décès de son frère Boris en octobre 2007, Georges Hoffman a pris la décision de poursuivre l'activité de l'agence.
[445] Voir *supra*, p. 77-78.

- connaissance des annuaires spécialisés.

Pour aller à l'essentiel, voici quelques sites incontournables pour le monde francophone et anglophone, à partir desquels tous les autres annuaires sont accessibles :

Pour le monde francophone :
L'Association nationale des éditeurs de livres (ANEL) qui regroupe près de 125 maisons d'édition de langue française au Québec et au Canada[447] ; par ailleurs, il existe des annuaires spécialisés tels que celui de l'édition publié par Livre d'Ici[448], ainsi que l'annuaire des distributeurs exclusifs de langue française[449].

Pour le monde anglophone :
L'annuaire *The Book Trade in Canada* publié par le *Quill and Quire* et disponible sur leur site. Cet annuaire propose une information sur 4 600 entreprises dont 800 éditeurs, 2 500 libraires, 9 000 noms de professionnels mis à jour chaque année. Cet annuaire comprend également un descriptif des organisations professionnelles et des événements phares de la profession allant des salons aux remises de prix[450].

---

[446] Diffusion Dimedia diffuse et distribue des livres de langue française au Canada depuis 1974. En plus des livres, Dimedia propose une gamme de produits dérivés. Dimedia travaille avec plus de cent cinquante éditeurs (dont une quarantaine d'éditeurs québécois) pour près de cent mille titres au catalogue.
[447] http://www.anel.qc.ca
[448] redaction@livre-dici.qc.ca
[449] adelf@sympatico.ca
[450] Le site Quill and Quire dresse une table des matières :
"Contents of The Book Trade in Canada:
* Publishers and Distributors: Book publishers, distributors, wholesalers, sales agents and producers of audio-visual materials that maintain a place of business in Canada, with indexes by type of publisher and subjects they publish in
* Associations and Government Agencies: Book-related associations and federal, provincial and municipal agencies
* Printing, Production, and Design: Includes printers, binderies and film houses, as well as photographers, illustrators, graphic designers and web masters
* Literary Agents and Law Firms: Literary agents serving clients in the Canadian book industry and law firms dealing with copyright, libel and media law
* Editorial Services: Firms and individuals that provide writing, editing, manuscript evaluation, indexing and translation services
* Advertising, Marketing, and Publicity: Advertising and public relations firms and freelance publicists
* Print and Broadcast Media: Literary magazines and journals, scholarly journals, major newspapers, trade magazines and radio and television programs with book-related content

3.2. Les foires et événements canadiens d'envergure nationale ou internationale

3.2.1. Le Salon du Livre de Montréal

Le Salon du livre de Montréal adopte en 2006 le slogan "incontournable". Il gagne en effet en popularité chaque année depuis sa création en 1977 dans le hall d'exposition de la place Bonaventure (il existait depuis 1950 sous une forme plus modeste[451]). Il se tient maintenant pendant plusieurs jours au mois de novembre. En 2006, le Salon a dénombré 123 000 visiteurs, 1 450 auteurs et 875 stands. Ce salon accorde une importance particulière à la jeunesse. En témoignent les matinées scolaires et les activités ciblées pour les enfants.

Des partenaires se joignent aussi au Salon pour créer des prix.

- Depuis 1983, le prix du public *La Presse* invite le public à se prononcer pour ses auteurs préférés,

- le prix Fleury-Mesplet, créé en 1987, rend hommage à un artisan du milieu,

- le prix Brive-Montréal du livre pour l'adolescence à contribué, entre 1990 et 1997, à créer un jumelage entre les salons des deux livres,

- le prix Marcel-Couture, créé en 2000 en collaboration avec Hydro-Québec, qui récompense un auteur ou un illustrateur francophone. Pour des professionnels français, ce salon est particulièrement intéressant pour le secteur de la jeunesse. Pour tous les autres secteurs, il est également important d'envisager une offre en anglais et de se positionner sur les salons anglophones.

---

* Awards, Contests, and Grants: Awards, contests and grants given to books, authors, and publishers, with index by type
* Courses, Workshops and Retreats: Courses, workshops and retreats related to writing, publishing and library education
* Calendar of Events: Major events for the book industry in 2003, with index by month
* Booksellers: A geographical listing of booksellers across Canada, with index by specialty
* Publishing Marketplace Directory: Key book trade personnel and how to reach them"
[451] 1950 voit la naissance d'un petit événement qui deviendra grand : la journée du livre, une initiative de la Société de développement du livre d'alors, se déroule à l'hôtel Windsor. Tentatives multiples, interruptions, renaissances et refontes aboutissent finalement à la formule actuelle du Salon.

3.2.2. Harbourfront

Harbourfront est un festival est créé en 1980. Il attire à Toronto chaque année des écrivains et des auditoires du monde entier. L'objectif pour un éditeur français est d'y envoyer "ses auteurs" à la conquête du public canadien. Le festival accueille aussi bien des célébrités que des auteurs moins connus. Par exemple, sur le programme de 2007, nous trouvons l'annonce suivante : « Le maître-conteur dont les livres se vendent à des millions d'exemplaires, l'auteur à succès Stéphane King fait sa première intervention publique au Canada. Venez profiter d'une nuit avec des invités célèbres, y compris Margaret Atwood, Clive Barker et George Stroumboulopoulos et d'un entretien approfondi avec Stéphane King conduit par Chuck Klosterman ».

3.2.3. The Word on the Street

En automne, les libraires et le grand public participent aux festivals *The Word on the Street* qui se tiennent d'un bout à l'autre du Canada. Créé il y a 18 ans, cet événement annuel d'une seule journée se déroule le dernier dimanche de septembre. Face au succès de l'événement à Toronto en 1990, l'événement se propage à Halifax et Vancouver en 1995, puis Calgary en 1998 et enfin Kitchener, Ontario en 2002. Ces trois festivals, organisés en partenariat avec des éditeurs, des libraires, des bibliothèques et des autres professionnels du livre, attirent 375 000 participants chaque année.

Ce festival à localités multiples est également l'occasion pour les éditeurs français d'entrer en contact avec le public canadien.

3.3. Les agents

Il est vivement conseillé aux éditeurs français qui ne sont pas encore établis au Canada et qui cherchent une première collaboration de choisir un agent au Canada. Pour se faire il convient de se rapporter au guide du *Quill and Quire* ou bien d'établir des contacts sur des salons internationaux.

CONCLUSION

Devant la multitude d'interrogations que suscite sans doute notre analyse, nous souhaitons maintenant que notre conclusion nous ramène vers deux séries de questions qui nous paraissent fondamentales :

1. L'édition canadienne et l'édition française sont-elles aujourd'hui, comme toutes les industries du livre, abandonnées aux caprices du marché ? Est-il encore possible, dans ces deux pays, d'éditer des œuvres de qualité ?

2. La France et le Canada sont-ils des pays ouverts à la production étrangère ? Quel type de production accueillent-ils ? Quel degré d'ouverture supplémentaire est-on en mesure d'espérer ?

En réponse à la première série de questions, notre analyse montre que la France et le Canada possèdent tous deux des atouts majeurs pour défendre une production de qualité. Chacun de deux pays s'appuie sur une législation et un système d'aides permettant à une production à faible marché – mais reconnue comme précieuse culturellement – de survivre.

Si le modèle canadien se rapproche davantage que le modèle français du système américain, il s'en écarte également par les moyens mis en place afin de sauvegarder une identité culturelle forte. Les aides financières à destination des petites maisons d'édition canadiennes n'ont pas d'équivalent en France. De même le lobbying permettant à ces aides d'être renouvelées en permanence est spécifiquement canadien.

La France, quant à elle, défend son réseau de librairies, notamment avec la loi Lang, avec pour objectif de maintenir la qualité de conseils dans les points de vente. Ceux-ci sont estimés nécessaires à la vente de livres qui n'entrent pas dans le schéma de marketing des grosses machines promotionnelles. Par ailleurs, le rôle de l'éditeur en France se rapproche encore du modèle traditionnel : celui-ci ne tentera pas de déformer l'œuvre pour la rendre conforme au marché.

Le Canada, pour sa part, dans les années 1970, montre par sa qualité éditoriale qu'une nation nouvelle peut s'affirmer sereinement aux côtés des pays anglophones dominants. Ainsi, jusque dans les années 1990, le Canada se définit par sa littérature, par son marché, et par sa protection des écrivains.

Si l'on ne peut répondre de manière exhaustive à la première série de questions, il paraît plus complexe encore de tenter de répondre à notre deuxième série, tant il est vrai que notre analyse fait entrer en jeu une perception subjective.

La France et le Canada se déclarent ouverts à la production étrangère. Le Canada anglophone l'est par nécessité : afin de développer les maisons d'édition, le premier objectif des structures canadiennes et de leurs filiales étrangères est de négocier de pouvoir éditer au Canada même des œuvres étrangères[452]. Le succès de cette entreprise se manifeste par une montée en puissance de la production canadienne dans les années 1970. Quant au Québec, l'ouverture de son marché à la production française est l'expression même de son besoin vital de cultiver sa spécificité linguistique.

Aujourd'hui le Québec tend plus que jamais à compenser son ancien retard en prenant des initiatives non seulement culturelles mais également scientifiques, technologiques, industrielles et économiques, qui donnent de cette région longtemps déshéritée l'image d'un pays au diapason non seulement du Canada anglophone mais également des Etats-Unis. La distinction entre Canadiens anglophones et Québécois recouvre-t-elle encore aujourd'hui une réalité aussi naturellement exploitable qu'il y a seulement trente ans ? Les rivalités s'effaceraient-elles ? Les clivages s'estomperaient-ils ? Les frontières, sans pour autant disparaître, deviendraient-elles davantage perméables ? Aux Québécois chargés d'une histoire et d'une mémoire douloureuses, les anglophones proposent des principes citoyens universels, auxquels les premiers sont loin d'être insensibles. Leur résistance légitime et louable à l'uniformité et à l'indifférenciation ne leur fait pas perdre pour autant le sens d'une citoyenneté démocratique tournée vers l'avenir. Aux yeux des Canadiens, malgré les différences, pas seulement linguistiques, entre les deux communautés, c'est une forme d'unité continentale économique, et donc culturelle et artistique, qui commencerait à se dessiner. Déjà en 2000, l'auteur argentin Alberto Manguel, à l'époque récemment naturalisé canadien et en résidence à Calgary, montrait une voie : « Dans ce pays la définition de nationalité reste ouverte, elle s'offre comme une sorte d'utopie pour tout immigrant. C'est en partie une illusion bien sûr, car, comme dans le monde entier, il y a toutes sortes de préjugés, d'injustices et de racismes. Mais on peut nommer *canadien* les mondes de Michael Ondaatje, de Rohinton Mistry, de Niel Bisoondath, de Jane Urquhart. L'Irlande, le Sri Lanka, l'Inde, les Caraïbes, l'Amérique latine font partie du Canada, le *deviennent*. Si l'on pouvait partir de là pour recréer un monde, ce serait une utopie idéale ! […] Aujourd'hui le Canada possède des histoires, mais il continue de rester ouvert »[453]. Par ailleurs, la France, confrontée à la mondialisation, se montre sans doute mieux à même aujourd'hui de faire une place aux particularités. La République dédaigneuse qui repoussait naguère les considérations nationales au nom des Lumières et de la réconciliation universelle dont elle se voulait l'instigatrice et le guide, fait aujourd'hui l'expérience de sa

---

[452] En 1982-83, le roman de Julian Barnes *Flaubert's Parrot* est publié au Canada avec des droits canadiens achetés pour la première fois. A. Manguel insiste sur la valeur de ce roman.
[453] Le *Magazine littéraire,* n° 387, mai 2000, p. 23.

propre fragilité économique, politique, linguistique. Plus modeste, la France d'aujourd'hui se met tant bien que mal à l'écoute du monde alors que les Canadiens sont susceptibles de frapper à nouveau à la porte.

La question de l'ouverture de la France est en effet plus délicate. Mais selon Guillaume Husson à la DLL, en fin de compte, les doléances des Québécois n'ont pas d'équivalents chez les éditeurs belges. Cela signifierait que la France reçoit plus favorablement ceux qui – plus proches peut-être – comprennent mieux les spécificités de son marché. Il faut préciser toutefois que ce marché est lui-même saturé par la production nationale. Par ailleurs, certains secteurs, comme l'édition scolaire, sont intimement contenus par les directives du ministère de l'Education nationale et donc d'un accès difficile depuis l'étranger. Si l'édition scolaire est très fermée, l'édition de jeunesse est au contraire largement ouverte à l'international. En outre on peut sans doute dire aujourd'hui que la littérature jeunesse est désormais entrée « dans la cour des grands » !

« La cour des grands » reste la question fondamentale pour les éditions française et canadienne. En effet, que deviendront-elles dans le contexte de la production mondiale et notamment dans le contexte de la force de production et de promotion américaine ? Selon Alberto Manguel[454] à nouveau, le plus grand marché est aussi le plus sourd et le plus aveugle à toute production écrite non anglophone. Les Américains ne témoignent d'aucune curiosité pour ce qui n'est pas produit dans leur langue. La traduction des écrivains francophones a donné peu de résultats. Même pour la production anglophone, le processus de sélection est désastreux : on reproche à Doris Lessing d'écrire des textes trop longs. Pour ses derniers ouvrages, le grand auteur britannique, victime d'un marché bassement commercial, ne trouve plus d'éditeur, alors qu'elle reçoit le prix Nobel de littérature en octobre 2007. Les décisions sont prises par les distributeurs. Secker de Random House a racheté Harville, maison littéraire unique. Très rapidement tout ce qui se plaçait au-dessous d'un niveau de vente préétabli a été retiré du catalogue de la maison. Les book-clubs se contentent désormais de conseiller du prêt-à-penser de qualité médiocre : Bloomsbury réédite des classiques préfacés par des auteurs de « chick lit » qui introduisent des écrivains qui les dépassent. « On éduque le lecteur dans la stupidité. Navrant. Des marchands de saucisses ! » nous dit Manguel. Les éditeurs sont à la solde des grandes maisons essentiellement tournées vers le marketing et la distribution massives. Ils pratiquent une censure intégrée, et dans le sillage des « creative writing classes », jugent que la matière de tout auteur doit être retravaillée afin d'atteindre une forme de perfection mécanique qui n'existe que dans leur imagination : une écriture modélisée, fer de lance de la machine éditoriale industrielle anglo-saxonne.

---

[454] Entretien avec Christine Evain et Frédéric Dorel, Mondion, Vienne, Février 2007.

Il convient de savoir, toutefois, que le paysage évolue : ce sont les maisons d'édition universitaires américaines qui prennent aujourd'hui le relais. Les œuvres de Dürrenmatt sont en train d'être reprises par une maison universitaire aux Etats-Unis. Les auteurs eux-mêmes tentent de se défendre mutuellement auprès de leurs éditeurs.

On ne peut donc que regretter que les éditeurs ne raisonnent pas – ou plus – en fonction de l'auteur mais plutôt en fonction du livre, car il ne s'agit jamais de publier un livre, mais un auteur. L'œuvre peut comporter des irrégularités précieuses – des livres pour des publics ciblés et différemment définis. Alberto Manguel constate que certains de ses livres ne sont pas publiés en anglais : la part de marché est insuffisante aux yeux des éditeurs. Un de ses textes consacrés à Borgès, considéré comme trop court par l'éditeur, n'est pas publié. Son ouvrage *La Bibliothèque la nuit* est édité par Knopf au Canada, mais pas aux Etats-Unis.

Alors ce qu'Alberto Manguel apprécie en France, chez Actes Sud en particulier, c'est la volonté de publier systématiquement tous les livres de chaque auteur maison. L'éditeur ne flatte pas le public, et il revendique le droit à l'erreur tout comme celui de produire pour des publics restreints. Ainsi selon Manguel la situation de l'édition en France est loin d'être aussi catastrophique qu'aux Etats-Unis. En France, le livre n'est pas une marchandise. Ce sont les marchands de saucisses calibrées qui se trompent : « il y aura toujours des lecteurs intelligents ! » clame Alberto Manguel dans la pénombre de sa bibliothèque.

La course au profit serait-elle moins prononcée en France, « nation littéraire »[455] ? Françoise Nissen, à la tête d'Actes Sud, ne fait pas fortune. Dans sa maison, la littérature est placée au dessus de l'argent. Dans le protocole français un académicien a la priorité sur un ministre : la littérature est placée au-dessus de la politique.

A l'heure actuelle, dans le monde de l'édition anglo-saxon, on exige un minimum de 10 000 exemplaires pour tout livre que l'on s'apprête à publier. Et cependant un bref historique des livres importants du XXe siècle montre que les petits tirages génèrent, sur le long terme, des ventes régulières. Il faut donc donner leur chance aux ouvrages à petits tirages.

Malgré les atouts du système français vantés par Alberto Manguel, la situation est de plus en plus préoccupante dans l'ensemble du monde global, d'autant plus que la France, ou le Québec, tout en se drapant dans leur exception culturelle, ne fonctionnent pas en système fermé. Le monde entier est inévitablement affecté par ce qui se passe aux Etats-Unis. Et c'est sans doute sur ce point que la France et le Canada se rejoignent dans une problématique commune : la résistance contre la mentalité « winner-takes-it-all ».

---

[455] Pricilla Parkhurst Ferguson, *La France nation littéraire, op. cit.*.

Certains prédisent l'apocalypse éditoriale. Peut-être ont-ils raison. Malgré leur analyse sévère des systèmes actuels, malgré leurs colères inquiètes, Epstein et Manguel demeurent néanmoins optimistes. Avec un sourire entendu ils imaginent la suite : « Les petites maisons d'édition reprendront le flambeau, les presses universitaires en particulier... Et l'édition recouvrera un dynamisme nouveau, qui commencera par les petits ».

A bon éditeur, salut !

BIBLIOGRAPHIE

1. Ouvrages Généraux

Benhamou, Françoise, *Économie du Star-system*, Paris : Odile Jacob, 2002.

Blasselle, Bruno, *Le Triomphe de l'édition. Histoire du livre, II*, Paris : Gallimard, 1998.

Carlier, Jean-Pierre, *Les Clubs de livres aux USA, au Royaume-Uni, en Allemagne, en France, en Suisse et en Belgique : études comparatives*, Bruxelles : Institut supérieur d'études sociales de l'Etat, 1972.

Chartier, Roger et Martin, Henri-Jean, dir., *Histoire de l'édition française*, volume 3, *Le Temps des éditeurs. Du Romantisme à la Belle Époque* ; volume 4, *Le Livre concurrencé 1900-1950*, Promodis, 1985-1986 ; Paris : Fayard / Cercle de la Librairie, 1990-1991.

Colleu, Gilles, *Editeurs indépendants : de l'âge de raison vers l'offensive ? : L'éditeur indépendant de création, un acteur majeur de la bibliodiversité*, Paris : Alliance des Editeurs Indépendants, 2006.

Donnat, Olivier. *Les Pratiques culturelles des Français : enquête 1997*. Paris : La Documentation française, 1998.

Escarpit, Robert, dir., *Le Littéraire et le social. Éléments pour une sociologie de la littérature*, Paris : Flammarion, 1970.

Legendre, Bertrand, dir., *Les Métiers de l'édition*, Paris : Le Cercle de la Librairie, 1999.

McLuhan, Marshall & Powers, Bruce R., *The Global Village*, Oxford University Press, 1989.

Mc Luhan, Marshall, *La Galaxie Gutenberg*, Paris : Le Seuil, 1967.

Pinhas, Luc, *Editer dans l'espace francophone*, Paris : Alliance des éditeurs indépendants, 2005.

Histoire du livre et de l'imprimé au Canada, Les Presses de l'Université de Montréal.

Volume I. *Des débuts à 1840*. Sous la direction de Patricia Fleming, Gilles Gallichan et Yvan Lamonde. 570 p., 2004.

Volume II. *De 1840 à 1918*. Sous la direction de Yvan Lamonde, Patricia Fleming et Fiona A. Black. 694 p., 2005.

Volume III. *De 1918 à 1980*. Sous la direction de Carole Gerson et Jacques Michon. 672 p., 2007.

Version anglaise : *History of the Book in Canada*. Toronto, Buffalo : University of Toronto Press, 2004-2007.

1.1. France

Barluet, Sophie, *Edition de sciences humaines et sociales : le cœur en danger ?*, Paris : PUF, 2004.

Baudrillard, Jean. *La société de consommation*. Paris : Denoël, 1970.

Bessard-Banquy, Olivier, dir. *L'Edition littéraire aujourd'hui*. Presses Universitaires de Bordeaux, Université Bordeaux 3, Pôle des métiers du livre, 2006.

Bourdieu, Pierre, « Une Révolution conservatrice dans l'édition », *Actes de la recherche en sciences sociales*, vol. 126-127, mars 1999, Paris : Seuil, Édition, Éditeurs, pp. 3-28.

Chaumard, Fabien, *Le Commerce du livre en France, entre économie et culture*, Paris : L'Harmattan, 1998.

Diderot, Denis. *Lettre sur le commerce de la librairie*. Paris : Mille et Une Nuits, 2003.

Ford, Hugh, *Published in Paris. L'édition américaine et anglaise à Paris, 1920-1939*, Paris : Imec Éditions, 1996.

Fouché, Pascal, dir., *L'Édition française depuis 1945*, Paris : Le Cercle de la Librairie, 1998.

Gèze, François, *Les Défis de l'édition française*, Paris : Syndicat national de l'édition, 1995.

Horellou-Lafarge, Chantal et Segré, Monique, *Sociologie de la Lecture en France – Bilan des recherches*, Paris : Laboratoire de recherche et d'étude en sciences sociales / ENS Cachan, L'Harmattan, 1996.

Ministère de l'Économie, des Finances et de l'Industrie – Statistiques et études industrielles (Sessi), *Panorama de l'industrie en France*, 2007. http://www.industrie.gouv.fr/observat/chiffres/panorama/ifc20.htm

Mollier Jean-Yves, dir. *Le Commerce de la librairie en France au XIXe siècle 1789-1914*, Paris : Imec Éditions / Éditions de la Maison des Sciences de l'Homme, 1997.

____. *Où va le livre ?*, Paris : La Dispute Editeurs, 2007.

Piault, Fabrice, *Le Livre : La Fin d'un Règne*, Paris : Stock, 1995.

Poulain, Martine, dir., *Pour une sociologie de la lecture : lectures et lecteurs dans la France contemporaine*, Paris : Le Cercle de la Librairie, 1987.

Pricilla Parkhurst Ferguson, *La France nation littéraire*, Bruxelles : Labor, 1991.

Santantonios (Laurence), *Auteur/Éditeur. Création sous influence*, Paris, Loris Talmart, 2000.

Syndicat National de l'Edition (SNE), *L'édition en perspective 2005-2006*.

1.2. Pays anglophones

Atwood, Margaret, *Curious Pursuits: Occasional Writing 1970-2005*, London: Virago. 2005.
____, *Second Words: Selected Critical Prose*, Toronto: Anansi, 1982.
____, *Strange Things: The Malevolent North in Canadian Literature*, Oxford: Clarendon, 1995.
____, *Survival: A Thematic Guide to Canadian Literature*, Toronto: Anansi, 1972.
____, *Negotiating with the Dead*, Toronto: Cambridge UP, 2002.

Avery Donald and Roger Hall, *Coming of Age: Readings in Canadian History Since World War II*, Toronto : Harcourt Brace Canada, 1996.

Bates, Jem, *The Canadian Writer's Market*, Toronto: McClelland & Steward, 1998.

Baverstock, Alison, *How to Market Books*, London: Kogan Page, 3rd edition 2000.

Berg, A.Scott, *Max Perkins Editor of Genius*, New York: Riverhead Books, 1978.

Cooke, Nathalie, *Margaret Atwood: A Biography*, Toronto: ECW Press, 1998.
Davies, Gill, *Book Commissioning and Acquisition*, London: Routledge, 2nd edition 1996.
Epstein, Jason, *Book Business: Publishing Past Present & Future*, New York: Norton 2000.

Evain Christine, Khandpur Reena, eds, *Atwood on her work: "Poems open the doors. Novels are the corridors"*, CRINI/CEC Canadensis series, Université de Nantes, 2006.

Evain Christine, ed, *Douglas Gibson Unedited: On Editing Robertson Davies, Alice Munro, W.O. Mitchell, Mavis Gallant, Jack Hodgins, Alistair MacLeod, etc.*, Bruxelles: Peter Lang, 2007.

Farr, Cecilia Konchar, *Reading With Oprah: The Book Club That Changed America*, New York: University of New York Press, 2004.

Frye, Northrop, *The Bush Garden*, Toronto: Anansi, 1971.

Gerson, Carole, "The Question of a national Publishing System in English-speaking Canada: As Canadian as Possible, under the Circumstances», in Michon, Jacques et Mollier Jean-Yves, dir., *Les mutations du livre et de l'édition dans le monde*, Saint-Nicolas, Québec : Presses de l'Université Laval et Paris : L'Harmattan, 2001.

Gordon, Giles, *"Literary Agents" Publishing Now*, London: Peter Owen, 1996.

Greco, Albert, The Book Publishing Industry, Boston: Allyn and Bacon, 1997.

Gross, Gerald, ed. *Editors on Editing*, New York: Grove Press, 1993.

Hyde, Lewis, *The Gift*, London: Random House, 1999.

Ingersoll, Earl G., ed, *Margaret Atwood, Conversations*, Princeton, N.J.: Ontario Review Press, 1990.

King, James, *The Story of Jack McClelland*, Toronto: Alfred A. Knopf, 1999.

Lessing, Doris, *Walking in the Shade*, London: Flamingo, 1997, 97.

Lodge, David, *The Practice of Writing*, London: Penguin, 1997.

Lorimer Rowland, John W. Maxwell, and Jillain G. Shoichet, eds., *Book Publishing 1: Publishing Studies*, Vancouver: CCSP, 2005.

MacSkimming, Roy, *The Perilous Trade*, Toronto: McClelland & Stewart, 2003.

____, "Making Literary History", Anansi website.

Martel, Yann, *Life of Pi*, Toronto: Vintage Canada, 2002.

Mogel, Leonard, *Making it in Book Publishing*, New York: Macmillan, 1996.

Owen, Peter et al., *Publishing Now*, London: Peter Owen Publishers, 2nd edition 1996.

Rooney, Kathleen, *Reading with Oprah*, University of Arkansas Press, 2005.

Schiffrin, André, *The Business of Books: How the International Conglomerates Took Over Publishing and Changed the Way We Read*, New York: Verso Books, 2000.

Spadoni, Carl and Judy Donnelly, compilers, *A Bibliography of McClelland and Stewart Imprints, 1909-1985: A Publisher's Legacy*, Toronto: ECW Press, 1993.

Sullivan, Rosemary, *Red Shoes: Margaret Atwood Starting Out*, Toronto: Harper Collins Canada, 1998.

Todd, Richard, *Consuming Fictions. The Booker Prize and Fiction in Britain Today*, London: Bloomsbury, 1996.

1.3. Québec

Michon, Jacques, "L'édition au Québec entre l'autonomie culturelle et les logiques marchandes", in Michon, Jacques et Mollier Jean-Yves, dir., *Les mutations du livre et de l'édition dans le monde*, Presses de l'Université Laval, Paris : L'Harmattan, p. 316-323.

Michon, Jacques, *Histoire de l'édition littéraire au Québec au XXe siècle*, volume 2, *Le temps des éditeurs, 1940-1959*, Montréal : Fides, 2004.

Pinhas, Luc, « Québec : une édition nationale : Livre et lien social, *Communication et langages,* n°132, 2002, pp. 49-64, Paris : Nathan. *RapportBulte*.

http://www.bibliotheques.uqam.ca/informations/Bibliocliq/dossiers/droit_auteur3.html

Vincent, Josée, *Les tribulations du livre québécois en France (1959-1985)*, Québec : Nuit blanche éditeur, 1997.

2. Articles Universitaires

2.1. France

Barthes, Roland, « Petite sociologie du roman français contemporain », Documents, n°2, février 1955. *Œuvres Complètes*, tome I, Paris : Seuil, 1993, pp. 465-74.

Diament, Nick, « Pour en finir avec le plaisir de lire » *Revue ABF*, 2006.

Kantcheff, Christophe, *La critique littéraire sous contraintes*, 6 octobre 2005, Paris, Institut français de presse, séminaire « La critique impossible ? », animé par Christophe Kantcheff et Bertrand Leclair.

http://www.politis.fr/article1824.html

2.2. Pays anglophones

Christian, William, "George Grant's Lament", *Coming of Age: Readings in Canadian History since World War II*, Eds. Avery Donald and Roger Hall, Toronto: Harcourt Brace Canada, Ltd, 1996. pp. 235-246.

Evain, Christine, "Le marketing du livre aux Etats-Unis" in Dickason, Renée et Liliane Kerjan, eds., *La consommation culturelle dans le monde anglophone*. Presses Universitaires de Rennes, 1999, pp. 411-436.

____, "When the border becomes permeable: a new challenge for Canada's book industry", *Le Canada : nouveaux défis / Canada Revisited*, Toulouse: Editions Universitaires du Sud, 2005, pp. 45-56.

____, "'Can Lit' : Littérature nationaliste ou produit fabriqué ? ", *Nationalismes et régionalismes*, Feith, Michel, ed., Nantes : CRINI, Université de Nantes, 2005, pp. 281-293.

____, "Relations éditeurs / auteurs : évolution et perspectives dans le contexte de l'industrie du livre canadienne", *Itinéraires du livre avant et après sa publication*, Paris : Publibook Université, 2007, pp. 173- 189.

____, "Whatever the trick is, you have it: International marketing of Canadian-authored books in relation to Commonwealth literary prizes", *Itinéraires du livre avant et après sa publication*, Paris : Publibook Université, 2007, pp. 191-210.

Gordon, Giles, "Literary Agents" *Publishing Now*, London: Peter Owen Publishers, 1996, pp. 125-132.

Hutcheson, John, "Culture and Free Trade", *Coming of Age: Readings in Canadian History since World War II*, Eds. Avery Donald and Roger Hall, Toronto: Harcourt Brace Canada, Ltd, 1996. pp. 446-463.

Juby, Susan, "Editor to Author: Some Personal Reflections on Getting Published", Rowland Lorimer, John W. Maxwell, and Jillain G. Shoichet, eds., *Book Publishing 1: Publishing Studies*, Vancouver: CCSP, 2005.

Lesperance, Jean Talon, "Parting Words", *Canadian Illustrated News*, 28, No.26 December 29, 1883.

Lorimer, Rowland and Roger Barnes, "Book Reading, Purchasing, Marketing, and Title Production", Rowland Lorimer, John W. Maxwell, and Jillain G. Shoichet, eds., *Book Publishing 1: Publishing Studies*, Vancouver: CCSP, 2005.

Marek, Richard, "How Books Are Chosen", *Editors on Editing*, Ed. Gross, Gerald, New York: Grove Press, 1993, pp. 83-90.

Maxwell, John W, "PEXOD: The Publisher's Extensible Online Database", Rowland Lorimer, John W. Maxwell, and Jillain G. Shoichet, eds., *Book Publishing 1: Publishing Studies*, Vancouver: CCSP, 2005.

Sanderson, Heather, "A PEXODyssey: Bibliographic Data Management and the Implementation of PEXOD at the Dundurn Group", Rowland Lorimer, John W. Maxwell, and Jillain G. Shoichet, eds., *Book Publishing 1: Publishing Studies*, Vancouver: CCSP, 2005.

Waterstone, Tim, "The Other Side: Bookselling in Britain and the United States", *Publishing Now*, London: Peter Owen Publishers, 1996, pp. 114-124.

3. Articles de presse

3.1. France

Barluet, Sophie, « Le salut des revues passera par Internet », *Le Monde des Livres*, 07/09/2006. Djian, Jean-Claude, « le parcours d'un livre », *Les Nouvelles* n° 26 26/10/2004 http://perso.orange.fr/cielj/charte/parcours%20livre.html.
Festival America 2006.
Le Magazine littéraire n° 387, mai 2000.
Le Monde du 07/12/2006.

Le Monde, 1/09/ 2006.

Lemieux, Emmanuel, « Comment parler des livres à la télévision ? », *Lire*, mai 2003.
Livres-Hebdo, Le Marché du livre 2006, supplément au numéro 637, 17 mars 2006.

Livres-Hebdo, Le Marché du livre 2007, supplément au numéro 682, 23 mars 2007.

3.2. Pays anglophones

Bethune, Brian, *Back to the Fun Part*, Maclean's, 26/04/2004, pp. 42-43.
Brieger, Peter, "Indigo says it's 'turned corner' on merger: First-quarter loss drops", *National Post*, Aug 20, 2003, FP6.
Donnelly, Pat, "Book shopping goes global: Online booksellers like amazon.ca may not be popular with local bookstores, but they have opened up new markets for small publishers and provide welcome exposure for authors", *The Ottawa Citizen*, 11/09/2003, D4.

Edemariam, Aida, "Us? Boring? Ha! Just when they thought it was safe to ignore Canadians, three of us turn up on the Booker shortlist" The *Guardian*, 27/09/2002.
Fulford, Robert, "Will the M&S story have a happy ending?", *National Post*, 27/06/2000: B1 / Front.
Friedman, Matthew, "Swimming up the Amazon" subtitled "The Americans are coming! The American are coming! And they're coming up the Amazon!", *eBusiness Journal*, 09/2002, Vol. 4 No. 9, (www.cbc.ca/news).

Gibson, Douglas, "It's Canadian business as usual at M&S", *The Ottawa Citizen*, 09/07/2000, A15.

Gibson, Douglas, "Canadian Literature strong and free: U.S. role exaggerated." *National Post*, 24/06/2000, B2.
Gray, Charlotte, "Whither Canadian books?: Charlotte Gray anxiously awaits clues from new owners at McClelland & Stewart", *The Ottawa Citizen*, 30/06/2000, A17.

Jack, Ian, "Stop Amazon expansion: booksellers: Call to Heritage Minister", *National Post*, 28/05/2002, FP1.

Livingston, Gillian, "Chapters scrambles to reassure shareholders: 'Facts, not headlines,' key, CEO argues at meeting", *The Ottawa Citizen*, 14/09/2000 : C3.

____, "Profitable Chapters doesn't need restructuring as rival claims, CEO says: Hostile bid cites overcapacity in bookselling sector", *Edmonton Journal*, 13/12/2000, G2.

____, "Future Shop rides to Chapters' rescue with friendly $200-million merger: Deal that surprises many effectively shuts out hostile takeover bid from Trilogy", *Vancouver Sun*, 19/06/2001, F9 / FRONT.

____, "Chapters battle takes a new twist: Chapters says financier Gerry Schwartz privately talked about offering up to $20 a share", *Vancouver Sun*, 22/12/2000, C7 / Front.

____, "Fight for Chapters `getting nastier'", *Vancouver Sun*, 6/01/2001, C3.

____, "Competition Bureau adds new dimension to Chapters saga", *Vancouver Sun*, 23/01/2001, C13.

____, "Chapters merger approved, but some stores must be sold: Giant book chain also agrees to adopt a code of conduct on its relations with publishers", *Vancouver Sun*, 06/04/2001, F9 / Front.

____, "Who would buy merger's castoffs?: Competition Bureau confident of bidders for Chapters-Indigo leftovers. Book industry observers aren't so sure", *Vancouver Sun*, 07/04/2001, C3.

____, "Move to block Indigo/Chapters deal underway: Hearing tomorrow: Group says plan to sell bookstores will hamper competition", *National Post*, 04/06/2001, C3.

____, "Chapters books $84.5-million loss: Layoff costs and inventory writedowns posted as new management clears the balance sheet", *Vancouver Sun*, 04/07/2001, D2.

Mallet, Gina, "Bookstore Wars: Chapters has transformed the bookselling business in Canada. In the process, it might just be setting the scene for the arrival of the U.S. bookstore giants", *The Financial Post*, 01/05/1997, 42.

Mandel, Charles, "Book Biz Takes on Amazon.ca" 08/08/2002, *CBC News*, (www.cbc.ca/news).

____, "Canada Writers Decry Amazon" 20/01/2001, *CBC News*, (www.cbc.ca/news).

Martinovich, Steven, "*Opinion*: Help a business, harm the consumer", *The Ottawa Citizen*, 29/06/2002, B7.

Morash, Gordon, "M&S move narrows choices for writers", *Edmonton Journal*, 02/07/2000, E13.

Newman, Peter C., "Letter to the Chair of the SCCH", 27/03/2000 (voir le rapport SCCH, référence n° 11).

Prittie, Jennifer and Paul Waldie, "M&S gift sparks fear in book world: University of Toronto deal raises concern that Random House will steamroller rivals", *National Post*, 27/06/2000, A1 / Front.

Richler, Noah, "Keeping it in the family: The handover of a Canadian institution brings both applause and puzzlement", *National Post*, 27/06/2000, B5.

Shaw, Hollie, "Amazon.com takes direct aim at Indigo: Canadian launch today: Online retailer under fire for getting around regulations", *National Post*, 25/06/2002, FP1 / Front.

____, "Amazon not in breach of book sale laws: Canadian Heritage rules in favour of U.S. Internet giant", *National Post*, 11/06/2002, FP1 / Front.

____, "Indigo seeks review of Amazon's Canadian unit: Booksellers claim U.S. retail giant contravenes rules", *National Post*, 03/08/2002, FP1 / Front.

____, "Indigo online prospering since Amazon.ca launch: But losses nearly double: 'Sales have increased significantly,' says Heather Reisman", *National Post*, 29/08/2002, FP1 / Front.

____, "Amazon.ca throws down a gauntlet to Chapters.Indigo: 40% discount on bestsellers a test of Reisman's resolve", *National Post*, 18/09/2002, FP1 / Front.

____, "Indigo matches Amazon.ca: Discount on best-sellers", *National Post*, 21/09/2002, FP3.

____, "Amazon, Chapters cut delivery fees: Shipping charges latest casualties in online bookselling war: 'We're here to fight'", *National Post*, 30/10/2002, FP3.

____, "Indigo matches Amazon on shipping", *National Post*, 24/01/2003, FP3.

Strauss, Marina, "Chapter Online loss jumps 12-fold, adding to parent's woes", *Globe and Mail*, 09/ 02/2000.

Starr, Ryan, "Amazon needs to do more to capture Canada" (www.cbc.ca/news).

Tibbetts, Janice, "Booksellers challenge Amazon.com court ruling", The StarPhœnix (Saskatoon), 3/08/2002, D1 / Front.

Wilson, Peter, "Atwood's online sales on top: Amazon.ca remains controversial among nation's booksellers after its first year", *Vancouver Sun*, 26/06/2003, F1 / Front.

Wilson, Peter, "Atwood's online sales on top: Amazon.ca remains controversial among nation's booksellers after its first year", *Vancouver Sun*, 26/06/2003, F1 / Front.

Zand, Nicole, "La 'Can Lit' arrive en France", *Le Monde*, 3/05/1996.

3.3. Québec

La Presse, 13/10/2005.
Le Devoir, 13/10/ 2005.
Le Devoir, 23/02/07.

4. Sites Internet

4.1. Sites événementiels (salons du livre, etc.) : France, Québec et Canada anglophone (et Etats-Unis)

Festival International de la Poésie du Québec http://www.fiptr.com/FIPTR-fr/quoideneuf/quoideneuf_2006.html

Foire du livre de Francfort http://www.frankfurt-bookfair.com/en/portal.html

Foire du livre de Londres http://www.londonbookfair.co.uk

Foire du Livre jeunesse de Bologne http://www.bookfair.bolognafiere.it

Harbourfront http://www.readings.org/

Le Mai du Livre d'Art http://www.mai-livredart.com
Lire en Fête http://www.lire-en-fete.culture.fr

Métropolis http://metropolisbleu.org/Festival

Prix de la littérature Jeunesse http://www.prix-qwb-litteraturejeunesse.org/historique.html

Salon du Livre de jeunesse http://www.salon-livre-presse-jeunesse.net

Salon du livre de Montréal http://www.salondulivredemontreal.com/contenu/contenu_general/salon/gen_les alon.asp

Salon du livre de Paris http://www.salondulivreparis.com.

Salon Parcours Professionnel pour la Littérature Jeunesse http://www.parcours-lecture-jeunesse.com

Sciences pour tous http://www.sciencespourtous.org.

4.2. France

4.2.1. Professionnels du livre (éditeurs, libraires, distributeurs, agents, revues professionnelles, etc.)
Cultura http://www.cultura.com/?bi_tracked=1&sstlcmpid=8888&xtor=SEC 38&gclid=CLaq0ueMmI4CFSbXXgodwiqwSQ

Cyberpresse http://www.cyberpresse.ca/section/CPARTS02

Editions de l'Hexagone http://www.edhexagone.com/

Editions de l'Homme http://www.edhomme.com/
Editions du jour http://www.edjour.com/
Editions Economica http://www.economica.fr/
Editions EDP http://www.edpsciences.org/
Editions Elsevier http://france.elsevier.com/html/index.cfm
http://www.elsevier.com/wps/find/homepage.cws_home
Editions Gallimard http://www.gallimard.fr/catalog/Html/revue/nrf.htm
http://www.le-debat.gallimard.fr/
Editions Hachette http://www.hachette.com/index.htm
Editions Lavoisier http://www.lavoisier.fr/
Editions Masson http://www.masson.fr/
Editions Thomson http://scientific.thomson.com/
Editions Wolter Skluwer http://www.wolterskluwer.com/
Editis http://www.editis.com
FNAC http://www.fnac.com/
http://www.centrale-edition.fr/html/connaitre.php
Leclerc http://www.e-leclerc.com/c2k/portail/enseigne/enseignes_fiche_culturel.asp
Ombres Blanches info@ombres-blanches.fr http://www.ombres-blanches.fr/index.php
perso.orange.fr/cielj/charte/parcours%20livre.html
Pierre Astier, agent : http://www.pierreastier.com/mask/index.htm
Politis http://www.politis.fr/article1824.html

4.2.2. Groupements professionnels (associations d'éditeurs, de libraires, d'écrivains, etc.)
FILL http://www.fill.fr/
http://goliath.ecnext.com/coms2/product-compint-0001240364-page.html
http://lachaine.tf1.fr/lachaine/fetedelabd/
http://otomo.free.fr/akira_vf.htm
http://perso.orange.fr/alain.bellet/PAGES/Charte%20des%20auteurs.html
http://poesie.evous.fr/poesie.php?article901
http://www.abf.asso.fr/rubrique.php3?id_rubrique=44
Société des gens de Lettres Paris http://www.sgdl.org/
SODEC http://www.sodec.gouv.qc.ca/
SOFIA http://www.la-sofia.org
Syndicat de la librairie française www.syndicat-librairie.fr/images/charte.pdf
Syndicat national de l'édition www.sne.fr/2_actualite/pdf_doc/Petite-edition.pdf

4.2.3. Institutionnels ou instances gouvernementales
Bibliographie nationale française Livres, publications en séries et documents électroniques http://www.bnf.fr/web-bnf/catalog/cd-bnf.htm

Bibliographie nationale http://bibliographienationale.bnf.fr/

Bibliothèque nationale de France http://www.bnf.fr/

BIEF http://www.bief.org
CELF http://www.celf.fr/
Centre National du livre http://www.centrenationaldulivre.fr/
Dilicom www.dilicom.net.
Drac www.draccentre.culture.gouv.fr.
Gallica http://gallica.bnf.fr/
http://www.bnf.fr/PAGES/infopro/cooperation/intropol.htm
http://www.culture.gouv.fr/documentation/bibrep/pres.htm
La Joie par les livres
http://www.lajoieparleslivres.com/Default.asp?INSTANCE=JOIE
La Maison des écrivains http://www.maison-des-ecrivains.asso.fr/
Ministère de la culture http://www.culture.gouv.fr/culture/dll/dll98.htm
Ministère de l'Économie, des Finances et de l'Industrie – Sessi – 29/05/2007.
Statistiques et études industrielles (Sessi)Panorama de l'industrie en France – Édition 2007. http://www.industrie.gouv.fr/observat/chiffres/panorama/ifc20.htm
Ministère des affaires étrangères http://www.diplomatie.gouv.fr/fr/
www.culture.gouv.fr/culture/guides/dll/libraire.htm

4.2.4. Autres sites (radios, encyclopédies, journaux, programmes de promotion du livre, etc.)

Cote Maison http://www.cotemaison.fr/

Courrier International

http://www.courrierinternational.com/gabarits/html/default_online.asp

Elle http://www.elle.fr/elle/
Intermagazines
http://www.intermagazines.com/?rubrique=21&numero_titre=155
La République des lettres http://www.republique-des-lettres.fr/
Le Figaro Littéraire http://www.lefigaro.fr/litteraire/
Le Journal du Dimanche http://www.lejdd.fr/
Le Libraire http://www.lelibraire.org/editeur.asp?id=24
Le Magazine littéraire http://www.magazine-litteraire.com/
Le Matricule des anges http://www.lmda.net/
Le Monde des livres http://www.lemonde.fr/web/sequence/0,2-3260,1-0,0.html
Le Point http://www.lepoint.fr/
Les Belles Etrangères http://www.belles-etrangeres.culture.fr.
Les Presses Libres http://www.presseslibres.com/
Libération http://www.liberation.fr/culture/livre/

Lire http://www.lire.fr/
Livre au centre www.livreaucentre.fr.
Marie-France ttphttp://www.viapresse.com/via/141/abonnement-magazine-marie-france.html
Télérama http://www.telerama.fr/
www.livreaucentre.fr.
Zazie http://www.zazieweb.fr ; http://www.revues.org/index.html?/apropos/154-presentation-generale, ou encore http://entrevues.org/

Exfolie Suisse. http://www.exfolie.net/rubriques/10lireetecrire03.htm

IBBY http://www.ibby.be/IBBYMENU/debut.html

4.3. Canada anglophone (et Etats-Unis)

4.3.1. Professionnels du livre (éditeurs, libraires, revues professionnelles, etc.)
http://eu.wiley.com/WileyCDA/Section/index.html: John Wiley (Higher Education)
http://www.mcclelland.com/: McClelland & Stewart (M&S)
http://www.randomhouse.ca/
Quill & Quire www.quillandquire.com
www.anansi.ca

4.3.2. Groupements professionnels (associations d'éditeurs, de libraires, d'écrivains, prix littéraires, etc.)
American Bookseller Association (ABA) www.bookweb.org
Association of Canadian Publishers http://www.publishers.ca/

Canadian Authors Association http://www.canauthors.org/

Canadian bookseller Association www.cbabook.org/

Canadian Booksellers www.cbabook.org
Griffin Poetry Prize http://www.griffinpoetryprize.com/home.php

Independent Book Publisher Association (PMA) http://www.pma-online.org/
Independent Online Booksellers Association http://www.ioba.org/index.html
International ISBN Agency http://www.isbn-international.org/
International Publishers Association http://www.internationalpublishers.org/
Publishing Central http://www.publishingcentral.com/articles/20031015-1-7bdb.html?si=1
www.writersunion.ca.

4.3.3. Institutionnels ou instances gouvernementales :

Association for the Export of Canadian Books http://aecb.org/

Book Sense: http://www.booksense.com/

BookNet agency : http://www.booknetcanada.com/mambo/

Canada Council http://www.canadacouncil.ca/home-f.htm

Canada Council Prizes http://www.canadacouncil.ca/prizes/

Canada's copyright legislation site http://www.accesscopyright.ca/

Canadian heritage site (qui comprend également "Publishing Industry Development Program") http://www.pch.gc.ca/

Competition Bureau Canada http://competition.ic.gc.ca/

Department of Foreign Affairs and International Trade (DFAIT) http://www.dfait-maeci.gc.ca/

Government-wide Culture programs http://culturecanada.gc.ca

Industry Canada site http://www.ic.gc.ca/

Investment Canada Act http://www.investcan.ic.gc.ca/

4.3.4. Autres sites (radios, encyclopédies, journaux, programmes de promotion du livre, etc.)

Canada's national public broadcaster (The Canadian Broadcasting Corporation) http://cbc.ca/:

Encyclopédie Canadienne http://thecanadianencyclopedia.com.
http://www.booksincanada.com.
Radio Canada http://www.radio-canada.ca/arts-spectacles/livres/
The Danforth Review
www.danforthreview.com/features/interviews/lpg_interview.htm.

4.4. Québec :

4.4.1. Professionnels du livre (éditeurs, libraires, distributeurs, revues professionnelles, etc.)

Adams-Blake Co. http://adams-blake.com/item.php?recordid=rant4-10-04&pagestyle=default

Editions Dominique et Compagnie http://www.dominiqueetcompagnie.com/

Editions Le Boreal http://www.editionsboreal.qc.ca/fr-boreal.php

Editions le Septentrion http://www.septentrion.qc.ca/

Editions Les Intouchables
http://www.lesintouchables.com/intouchables2004.htm

Editions Nuit Blanche
http://www.nuitblanche.com/AfficherPage.aspx?idMenu=2&idPage=2.

Editions Quebecor http://www.quebecor.com/LeisureEnternainment/Books.aspx
Editions Springer http://www.springer.com/
Editions Stanke http://www.edstanke.com/
Editions Typo http://www.edtypo.com/
Editions Utilis http://www.edutilis.com/
Editions VLB http://www.edvlb.com/
Editons Publistar http://www.edpublistar.com/
Edtions SCEC http://www.editionscec.com/
http://collectioncanada.ca/index-f.html.

http://www.pulaval.com/catalogue/editions-de-iqrc.html

http://www.quebec-amerique.com/

http://www.readersdigest.ca.
Librairie Archambault http://www.archambault.ca/store/default.asp

Librairie Pantoute www.librairiepantoute.com/article/article.asp?id=1589 - 61k

Librairie Renaud-Bray http://www.renaud-bray.com/francais/menu/gabarit.asp?Section=Livre&Page=palmares_wsc.asp

Librairies francophones http://www.librairesfrancophones.org.
Messageries ADP Québec http://www.messageries-adp.com/

Presses de 'Université Laval http://www.pulaval.com/

Presses de l'Université de Québec http://www.puq.ca/fr/

Société québécoise de gestion collective des droits de reproduction
www.copibec.qc.ca
Sogides http://www.sogides.com/
Videotron http://www.videotron.com/services/fr/index.jsp

4.4.2. Groupements professionnels (associations d'éditeurs, de libraires, d'écrivains, etc.)

Académie des Lettres du Québec http:://www.academiedeslettresduquebec.ca/

ARL - Association of Research Libraries, www.arl.org
Association pour l'exportation du livre canadien
http://www.aecb.org/fra/default.asp
Association québécoise des auteurs dramatiques www.aqad.qc.ca
DramActionQuébec
http://www.dramaction.qc.ca/phpBB2/viewtopic.php?p=353&sid=4445728b6ae236c2062ed640154e2b57
L'Ile http://www.litterature.org/
Union des écrivaines et écrivains québécois http://www.uneq.qc.ca/

4.4.3. Institutionnels ou instances gouvernementales
ADELF adelf@sympatico.ca
ANEL http://www.anel.qc.ca/
Bibliothèque du Québec
http://www.banq.qc.ca/portal/dt/accueil.jsp?bnq_resolution=mode_1280

BPI http://www.bpi.fr/

http://www.alq.qc.ca/
http://www.alq.qc.ca/sujet_alq/historique.php

http://www.aqsl.org/

http://www.calq.gouv.qc.ca/index_flash.htm

http://www.cetuq.umontreal.ca/presentation.htm

http://www.collectionscanada.ca/comics/027002-8000-f.html.
http://www.collectionscanada.ca/massey/h5-406-f.html
http://www.crilcq.org
http://www.mcc.gouv.qc.ca/
http://www.mcc.gouv.qc.ca/index.php?id=100

4.4.4. Autres sites (radios, encyclopédies, journaux, programmes de promotion du livre, etc.)

Business and Consumer http://strategis.ic.gc.ca/engdoc/main.html

Canal Québec ttp://www.canal.qc.ca/

5. Rapports, conférences et colloques sur Internet

David Kirkpatrick "The Midlist Books Study": http://www.authorsguild.org
http://www.pch.gc.ca/progs/ac-ca/progs/padie-bpidp/index_e.cfm

http://www.quillandquire.com/announcement/index.cfm?act=main_detail&announce_posting_id=557: "Canucks shut out of Booker longlist." Aug 10, 2005:
www.goodreports.net/news.htm
www.MobyLives.com

Christophe Kantcheff. http://www.politis.fr/article1824.html
Copyright Reform: The Package, the Policy and the Politics, Toronto, May 1996. (conférence sur le site *The Globe &Mail*)
Gendreau, Ysolde. "Canadian Copyright Reform : We Do It Our Way", Conference Insight.
Ministre de la Culture et de la Communication, Colloque « L'avenir du livre », Direction du livre et de la Lecture, Centre National du Livre, Paris, le 22 février 2007, p. 10. http://www.centrenationaldulivre.fr/spip.php?article1001.
Ce document comprend les interventions de : Jean-Claude CASANOVA, Renaud DONNEDIEU DE VABRES, Président : Pierre NORA, Assia DJEBAR, Tanguy VIEL, Patrick BAZIN, Bruno LATOUR, Agnès DESARTHE, Marc FUMAROLI, Alain MABANCKOU, Olivier ASSAYAS, Claude LANZMANN, Denis OLIVENNES, Bruno RACINE, Président : Jean-Noël JEANNENEY, Marcel GAUCHET, Olivier COHEN, Antoine GALLIMARD, Christian THOREL, Xavier GARAMBOIS, Elmar MITTLER, Daniel RENOULT, Pierre LEPAPE, Clémence BOULOUQUE, Daniel MARTIN, Benoît YVERT.

6. Entretiens

Canada :
Douglas Gibson (éditeur chez M&S, Canada) : entretien avec Christine Evain, Toronto, mai 2004 et mai 2005.
Louise Dennys (Responsable de Random House, Canada) : entretien avec Christine Evain, Toronto, mai 2005.
Margaret Atwood (auteur) : entretien avec Reena Khandpur et Christine Evain, Ottawa, mai 2004.
Scott Griffin (créateur du prix Scott Griffin) : entretien avec Christine Evain, Toronto, mai 2005.
Rowland Lorimer (Publishing Programme à SFU) : entretien avec Christine Evain, Vancouver, juillet 2006.
Michelle Benjamin (Pole Star, Raincoast) : entretien avec Christine Evain, Vancouver, juillet 2006.
Stephen Osborne (Arsenal Pulp Press, GEIST) : entretien avec Christine Evain, Vancouver, juillet 2006.
Brian Lam (Arsenal Pulp Press) : entretien avec Christine Evain, Vancouver, juillet 2006.
Margaret Reynolds (Association of Book Publishers of British Columbia) : entretien avec Christine Evain, Vancouver, juillet 2006.

Rob Sanders (Greystone & McIntyre's) : entretien avec Christine Evain, Vancouver, juillet 2006.
Jim Douglas (Douglas & McIntyre's) : entretien avec Christine Evain, Vancouver, juillet 2006.
José Vincent (Université de Sherbrooke) : entretien téléphonique avec Frédéric Dorel, décembre 2006.

France :
Colette Gagey (Directrice éditoriale chez Bayard Jeunesse) : entretien avec Christine Evain, décembre 2006.
Hedwige Pasquet (directrice de Gallimard-jeunesse) : entretien téléphonique avec Christine Evain et Frédéric Dorel, décembre 2006.
Roberta Cinni, (organisatrice de Bologna book fair) : entretien téléphonique avec Christine Evain et Frédéric Dorel, décembre 2006.
Pierre Astier (agent) : entretien avec Frédéric Dorel et Christine Evain, décembre 2006.
Jean-Yves Mollier (Saint Quentin en Yvelynes), entretien avec Frédéric Dorel et Christine Evain, décembre 2006.
Luc Pinhas (Paris XIII) : entretien avec Frédéric Dorel et Christine Evain, décembre 2006.
Etienne Galliant (Alliance des éditeurs indépendants) : entretien avec Frédéric Dorel et Christine Evain, décembre 2006.
Fabrice Piault (redacteur en chef adjoint Livres Hebdo) : entretien avec Frédéric Dorel et Christine Evain, décembre 2006.
Michelle Lapautre (agent) : entretien avec Frédéric Dorel et Christine Evain, décembre 2006.
Olivier Bessard-Banquy (Bordeaux): entretien avec Frédéric Dorel et Christine Evain, décembre 2006.
Christian Roblin (Directeur de la Sofia) : entretien avec Frédéric Dorel et Christine Evain, décembre 2006.
Nic Diament (La Joie par les livres) : entretien avec Frédéric Dorel et Christine Evain, février 2007.
Sylvain Neault (directeur de la Librairie du Québec, Paris) : entretien avec Frédéric Dorel et Christine Evain, février 2007.
Anne-Lise Schmitt (AILF) : entretien avec Frédéric Dorel et Christine Evain, février 2007.
Guillaume Husson (BIEF) : entretien avec Frédéric Dorel et Christine Evain, février 2007.
Marc Vanderhagen (directeur de la FNAC, Nantes) : entretien avec Christine Evain, Nantes, septembre 2006.
Alberto Manguel (auteur) : entretien avec Christine Evain et Frédéric Dorel, Mondion, Vienne, février 2007.

L'HARMATTAN, ITALIA
Via Degli Artisti 15 ; 10124 Torino

L'HARMATTAN HONGRIE
Könyvesbolt ; Kossuth L. u. 14-16
1053 Budapest

L'HARMATTAN BURKINA FASO
Rue 15.167 Route du Pô Patte d'oie
12 BP 226
Ouagadougou 12
(00226) 50 37 54 36

ESPACE L'HARMATTAN KINSHASA
Faculté des Sciences Sociales,
Politiques et Administratives
BP243, KIN XI ; Université de Kinshasa

L'HARMATTAN GUINÉE
Almamya Rue KA 028
En face du restaurant le cèdre
OKB agency BP 3470 Conakry
(00224) 60 20 85 08
harmattanguinee@yahoo.fr

L'HARMATTAN CÔTE D'IVOIRE
M. Etien N'dah Ahmon
Résidence Karl / cité des arts
Abidjan-Cocody 03 BP 1588 Abidjan 03
(00225) 05 77 87 31

L'HARMATTAN MAURITANIE
Espace El Kettab du livre francophone
N° 472 avenue Palais des Congrès
BP 316 Nouakchott
(00222) 63 25 980

L'HARMATTAN CAMEROUN
Immeuble Olympia face à la Camair
BP 11486 Yaoundé
(237) 458.67.00/976.61.66
harmattancam@yahoo.fr

558455 - Février 2014
Achevé d'imprimer par